ALLE KRAFT IST WILLE
1849

Gesellschaftsrechtliche Vereinigung Österreichs – GVÖ

Band 1

Wien 2011
Manzsche Verlags- und Universitätsbuchhandlung

Die GmbH & Co KG ieS nach OGH 2 Ob 225/07p – eine Kapitalgesellschaft?

Herausgegeben von

Eveline Artmann
Friedrich Rüffler
Ulrich Torggler

Wien 2011
Manzsche Verlags- und Universitätsbuchhandlung

Zitiervorschlag: *Autor, (Titel des Beitrags,)* in *Artmann/Rüffler/Torggler* (Hrsg), Die GmbH & Co KG ieS nach OGH 2 Ob 225/07p – eine Kapitalgesellschaft? (2011) [Seite]

ISBN 978-3-214-12506-6

Telefon: (01) 531 61-0
E-Mail: verlag@MANZ.at
www. MANZ.at
Datenkonvertierung und Satzherstellung: Druckerei Robitschek, 1050 Wien
Druck: Prime Rate Kft., Budapest

Vorwort

Zur Förderung der wissenschaftlichen Durchdringung des Gesellschaftsrechts wurde 2010 die Gesellschaftsrechtliche Vereinigung Österreichs (GVÖ) gegründet. Angestrebt wird insbesondere ein Dialog mit Vertretern von Rechtsprechung und Rechtspraxis.

Zu diesem Zweck wurde im März 2011 in Innsbruck die erste Jahrestagung der Vereinigung abgehalten. Generalthema war der Gläubigerschutz bei „verdeckten Kapitalgesellschaften“, insbesondere bei der GmbH & Co KG ieS. Ausgangspunkt bildete eine aktuelle und umstrittene Entscheidung des Obersten Gerichtshofs (OGH 2 Ob 225/07p), wonach auf Kommanditgesellschaften, deren einziger Komplementär keine natürliche Person ist, die §§ 82 f GmbHG über die Kapitalerhaltung analog anzuwenden sind. Im Wesentlichen bedeutet dies, dass Zuwendungen der Gesellschaft an ihre Kommanditisten und eventuell auch Komplementäre nur mehr im Rahmen der Gewinnverteilung zulässig sind (§ 82 Abs 1 GmbHG).

Die Richtigkeit dieser Ansicht ist umstritten. Zudem ergeben sich zahlreiche schwierige Folgefragen, die für Wissenschaft und Praxis gleichermaßen relevant sind. Sowohl die Grundsatzfrage als auch die Konsequenzen der neuen Rechtsprechung wurden von den Teilnehmern der Jahrestagung intensiv diskutiert. Im Einklang mit den Zielen der Gesellschaftsrechtlichen Vereinigung Österreichs soll der vorliegende Tagungsband die Vorträge und Diskussionsbeiträge einer breiteren Öffentlichkeit zugänglich machen.

Linz/Wien/Innsbruck im Juni 2011

Eveline Artmann
Friedrich Rüffler
Ulrich Torggler

Die Jahrestagung 2011 der Gesellschaftsrechtlichen Vereinigung Österreichs (GVÖ) und der vorliegende Tagungsband wurden ermöglicht durch die freundliche Unterstützung von

BINDER GRÖSSWANG Rechtsanwälte GmbH
Wien – Innsbruck

bpv Hügel Rechtsanwälte OG
Wien – Mödling – Baden – Brüssel

Dorda Brugger Jordis Rechtsanwälte GmbH
Wien

Fellner Wratzfeld & Partner Rechtsanwälte GmbH
Wien

LeitnerLeitner GmbH Wirtschaftsprüfer und Steuerberater
Linz – Bratislava – Bukarest – Budapest – Ljubljana – Prag – Salzburg – Sarajevo – Wien – Zagreb

Rechtswissenschaftliche Fakultät der Universität Innsbruck

Saxinger Chalupsky & Partner Rechtsanwälte GmbH
Linz – Bratislava – Brüssel – Budapest – Graz – Pilsen – Prag – Wels – Wien

Schönherr Rechtsanwälte GmbH
Wien – Sofia – Zagreb – Prag – Brüssel – Budapest – Warschau – Bukarest – Belgrad – Bratislava – Ljubljana – Kiew

Universität Innsbruck

Inhaltsübersicht

Inhaltsverzeichnis

Teil II: Die GmbH & Co KG ieS nach OGH 2 Ob 225/07p

Autorenverzeichnis

Univ.-Prof. Dr. Eveline Artmann
Universität Linz

Univ.-Prof. Dr. Hanns F. Hügel
bpv Hügel Rechtsanwälte, Mödling

Univ.-Prof. Dr. Martin Karollus
Universität Linz

em. Univ.-Prof. Dr. Hans-Georg Koppensteiner, LL.M. (Berkeley)
Universität Salzburg

Univ.-Prof. Dr. Friedrich Rüffler, LL.M. (Schloss Hofen)
Universität Wien

Univ.-Prof. Dr. Ulrich Torggler, LL.M. (Cornell)
Universität Innsbruck

Univ.-Ass. MMag. Martin Trenker
Universität Innsbruck

Abkürzungsverzeichnis

aA	=	andere(r) Ansicht
aaO	=	am angeführten Ort
ABGB	=	Allgemeines Bürgerliches Gesetzbuch JGS 946
Abs	=	Absatz
aF	=	alte Fassung
AG	=	Aktiengesellschaft
	=	Die Aktiengesellschaft (Zeitschrift)
AHGB	=	Allgemeines Handelsgesetzbuch RGBl 1863/1
AktG	=	Aktiengesetz BGBl 1965/98
AktRÄG 2009	=	Aktienrechtsänderungsgesetz 2009 BGBl I 2009/71
Anh	=	Anhang
Anm	=	Anmerkung
AnwBl	=	Anwaltsblatt
Art	=	Artikel
BB	=	Betriebs-Berater; Zeitschrift für Recht und Wirtschaft
Bd	=	Band
BGBl	=	Bundesgesetzblatt
BGH	=	(deutscher) Bundesgerichtshof
BGHZ	=	Entscheidungen des deutschen Bundesgerichtshofs in Zivilsachen
BStFG	=	Bundes-, Stiftungs- und Fondsgesetz BGBl 1975/11
bzgl	=	bezüglich
bzw	=	beziehungsweise
d	=	deutsch (vor einer anderen Abkürzung)
dAktG	=	deutsches Aktiengesetz RGBl I 1937/107
DB	=	Durchführungsbestimmung,-en
dBGBl	=	deutsches Bundesgesetzblatt
dens	=	denselben
ders	=	derselbe
dGmbHG	=	deutsches Gesetz betreffend die Gesellschaften mit beschränkter Haftung dRGBl 1892, 477
dh	=	das heißt
dHGB	=	deutsches Handelsgesetzbuch RGBl 1897, 219
dUmwG	=	deutsches Umwandlungsgesetz = Artikel 1 des Gesetzes zur Bereinigung des Umwandlungsrechts (UmwBerG) dBGBl 1994 I 3210
DZWIR	=	Deutsche Zeitschrift für Wirtschaftsrecht
E	=	Entscheidung
EBRV	=	Erläuternde Bemerkungen zur Regierungsvorlage
EG	=	Europäische Gemeinschaft(en)
EGG	=	Erwerbsgesellschaftengesetz BGBl 1990/257
Einl	=	Einleitung
EKEG	=	Eigenkapitalersatz-Gesetz BGBl I 2003/92
EStG	=	Einkommensteuergesetz 1988 BGBl 1988/400

EU	=	Europäische Union
EU-GesRÄG 1996	=	EU-Gesellschaftsrechtsänderungsgesetz BGBl 1996/304
ev	=	eventuell
EvBl	=	Evidenzblatt der Rechtsmittelentscheidungen in Österreichische Juristen-Zeitung
EVHGB	=	Vierte Verordnung zur Einführung handelsrechtlicher Vorschriften im Lande Österreich dRGBl I 1938, 1999
EWiR	=	Entscheidungen zum Wirtschaftsrecht
f	=	und der, die folgende
ff	=	und der, die folgenden
FN	=	Fußnote
FS	=	Festschrift
GBU	=	GmbH-Bulletin (ab 2004)
GedS	=	Gedächtnisschrift
gem	=	gemäß
GeS	=	Zeitschrift für Gesellschafts- und Steuerrecht
GES	=	Zeitschrift für Gesellschaftsrecht und angrenzendes Steuerrecht
GesR	=	Gesellschaftsrecht
GesRÄG 2011	=	Gesellschaftsrechts-Änderungsgesetz 2011 BGBl I 2011/53
GesRZ	=	Der Gesellschafter
ggf	=	gegebenenfalls
GIRÄG 2003	=	Gesellschafts- und Insolvenzrechtsänderungsgesetz 2003 BGBl I 2003/92
GmbH	=	Gesellschaft mit beschränkter Haftung
GmbH & Co KG	=	Gesellschaft mit beschränkter Haftung & Co Kommanditgesellschaft
GmbHG	=	Gesetz über Gesellschaften mit beschränkter Haftung RGBl 1906/58
GmbHR	=	GmbH-Rundschau
GP	=	Gesetzgebungsperiode
Großkomm	=	Großkommentar
GS	=	Gedenkschrift
GVÖ	=	Gesellschaftsrechtliche Vereinigung Österreichs
hA	=	herrschende Ansicht
HaRÄG	=	Handelsrechts-Änderungsgesetz BGBl I 2005/120
HGB	=	Handelsgesetzbuch dRGBl 1897, 219
hM	=	herrschende Meinung
Hrsg	=	Herausgeber
HV	=	Hauptversammlung
ie	=	id est (das ist)
idF	=	in der Fassung
idR	=	in der Regel
iE	=	im Ergebnis
ieS	=	im engeren Sinn
insb	=	insbesondere
InsO	=	Insolvenzordnung dBGBl 1994 I 2866
IO	=	Insolvenzordnung (vormals Konkursordnung) RGBl 1914/337
IRÄG	=	Insolvenzrechtsänderungsgesetz 2010 BGBl I 2010/29
iSd	=	im Sinne des
iSv	=	im Sinne von
iVm	=	in Verbindung mit

IWP	=	Information – Wissenschaft & Praxis
	=	Institut Österreichischer Wirtschaftsprüfer
iZm	=	im Zusammenhang mit
JAP	=	Juristische Ausbildung und Praxisvorbereitung
JBl	=	Juristische Blätter
JRP	=	Journal für Rechtspolitik
Kdt	=	Kommanditist(en)
KEG	=	Kommandit-Erwerbsgesellschaft
KG	=	Kommanditgesellschaft
	=	Kreisgericht
KO	=	Konkursordnung RGBl 1914/337 idF IRÄG BGBl 1982/370 Art II
krit	=	kritisch
KStG	=	Körperschaftsteuergesetz 1988 BGBl 1988/401
KStR	=	Körperschaftsteuerrichtlinien
lit	=	litera (Buchstabe)
LMK	=	LMK, kommentierte BGH-Rechtsprechung
mE	=	meines Erachtens
MoMiG	=	Gesetz zur Modernisierung des GmbH-Rechts und zur Bekämpfung von Missbräuchen dBGBl 2008 I 2026
MünchKomm	=	Münchner Kommentar
mwN	=	mit weiteren Nachweisen
Nachw	=	Nachweis, -e
NJW	=	(deutsche) Neue Juristische Wochenschrift
Nr	=	Nummer
NZ	=	Österreichische Notariatszeitung
NZG	=	Neue Zeitschrift für Gesellschaftsrecht
NZI	=	neue Zeitschrift für das Recht der Insolvenz und Sanierung; das gesamte Verfahren der Unternehmens- und Verbraucherinsolvenz
ÖBA	=	Österreichisches Bankarchiv
OG	=	Offene Gesellschaft
OGH	=	Oberster Gerichtshof
OGHE	=	Entscheidung des Obersten Gerichtshofs
OHG	=	offene Handelsgesellschaft
OLG	=	Oberlandesgericht
PSG	=	Privatstiftungsgesetz BGBl 1993/694
RdW	=	Österreichisches Recht der Wirtschaft
RGBl	=	Reichsgesetzblatt
RL	=	Richtlinie der EU
RLG	=	Rechnungslegungsgesetz BGBl 1990/475
Rn	=	Randnummer(n)
Rsp	=	Rechtsprechung
RWZ	=	Österreichische Zeitschrift für Rechnungswesen
Rz	=	Randzahl
	=	Randziffer
s	=	siehe
SE	=	Societas Europaea, dt: Europäische Gesellschaft, Rechtsform für Aktiengesellschaften in der Europäischen Union
sog	=	sogenannt, -e, -er, -es
SpaltG	=	Spaltungsgesetz BGBl 1996/304

stRsp	=	ständige Rechtsprechung
SWK	=	Österreichische Steuer- und Wirtschaftskartei
SZ	=	Entscheidungen des österreichischen Obersten Gerichtshofs in Zivil- (und Justizverwaltungs-)sachen
ua	=	und andere, -s
	=	unter anderem
UGB	=	Unternehmensgesetzbuch (vormals Handelsgesetzbuch) BGBl I 2005/120
UmgrStG	=	Umgründungssteuergesetz BGBl 1991/699
URG	=	Unternehmensreorganisationsgesetz BGBl I 1997/114 Art XI
uU	=	unter Umständen
va	=	vor allem
VerG	=	Vereinsgesetz BGBl I 2002/66
vgl	=	vergleiche
wbl	=	wirtschaftsrechtliche blätter, Zeitschrift für österreichisches und europäisches Wirtschaftsrecht
WM	=	Zeitschrift für Wirtschafts- und Bankrecht
WPg	=	Die Wirtschaftsprüfung
Z	=	Ziffer
zB	=	zum Beispiel
ZfRV	=	Zeitschrift für Europarecht, internationales Privatrecht und Rechtsvergleichung
ZGR	=	Zeitschrift für Unternehmens- und Gesellschaftsrecht
ZIK	=	Zeitschrift für Insolvenzrecht und Kreditschutz
ZInsO	=	Zeitschrift für das gesamte Insolvenzrecht
ZIP	=	Zeitschrift für Wirtschaftsrecht
zust	=	zustimmend

Teil I:

OGH 2 Ob 225/07p – zulässige oder unzulässige Rechtsfortbildung?

Ulrich Torggler

Die GmbH & Co KG nach OGH 2 Ob 225/07p – eine neue Gesellschaftsform

I. Einleitung

Sehr geehrte Damen und Herren!

Ich darf Sie im Namen der Veranstalterin, der Gesellschaftsrechtlichen Vereinigung Österreichs, sehr herzlich willkommen heißen, Ihnen für das zahlreiche Erscheinen danken und einige Worte zur Veranstalterin sagen.

Die GVÖ wurde vergangenes Jahr von drei Wissenschaftlern der jüngeren Generation gegründet, um das Gesellschaftsrecht zu pflegen und seine Entwicklung zu fördern. Insb geht es um den Dialog der Wissenschaft mit Rsp und Praxis. Ein wichtiges Mittel zur Förderung dieser Zwecke ist die Abhaltung von Jahrestagungen. Deren erste findet eben heute hier, an der Universität Innsbruck, statt.

Die Veranstalterin ist also noch ein ganz junges Geschöpf und wagt sich außerdem zum ersten Mal an ein solches Vorhaben. Sehen Sie uns daher bitte nach, wenn vielleicht das eine oder andere Missgeschick passiert. Wir lernen daraus und hoffen, dass die GVÖ ein langes Leben hat, um Erfahrungen zu sammeln und zu nützen.

Lassen Sie mich einen Wechsel in die Rolle eines Vortragenden vollziehen und vom Prolog zum ersten Akt schreiten. Unsere Tagung ist einer Entscheidung des Obersten Gerichtshofs[1]) gewidmet, durch die eine verbreitete und zumindest bisher beliebte Erscheinungsform der KG (in Österreich gibt es etwa 16.000[2]))

---

[1]) OGH 2 Ob 225/07p GesRZ 2008, 310 *(Stingl)* = GBU 2008/11/01 = RdW 2008/542 = ecolex 2008/343 = AnwBl 2008, 431 = RWZ 2008/72 = GeS 2008, 315 *(Bauer)* = JAP 2008/2009/14 *(Rauter)*.

[2]) Vgl *Reich-Rohrwig*, Empirische Untersuchungen über die GmbH in Österreich, in FS Frotz (1993) 381, 382.

einem neuen Regime unterworfen wurde, an sich zwar nur punktuell, aber mit weitreichenden Konsequenzen.

Während diese Folgefragen den Gegenstand des Nachmittagsprogramms bilden, wollen wir uns zunächst dem Urteil zuwenden und es einer kritischen Überprüfung unterziehen. Mit anderen Worten ist der Vormittag der Grundsatzfrage gewidmet, ob der OGH in 2 Ob 225/07p einen zulässigen Schritt der Rechtsfortbildung *praeter legem* gesetzt oder doch eine unzulässige Kompetenzüberschreitung *contra legem* begangen hat. Für beide Sichtweisen gibt es gewichtige Argumente und für beide Sichtweisen ist es uns gelungen, gewichtige Fürsprecher zu finden. Mir bleibt die eher bescheidene Aufgabe, in die Problematik einzuführen und das Urteil mit seinen Kernaussagen darzustellen. Vorweg möchte ich bitten, die Themenschwerpunkte auch in den jeweiligen Diskussionen zu beachten.

II. Gläubigerschutzmodelle im Gesellschaftsrecht

Viele von Ihnen werden sich in diesen altehrwürdigen Hallen an Ihre Studienzeiten zurückerinnern. Vielleicht auch an Ihre Gesellschaftsrechtsvorlesung, in der Sie wahrscheinlich gehört haben, dass es im Gesellschaftsrecht zwei klassische Fragestellungen gibt, jene nach dem Minderheiten- und jene nach dem Gläubigerschutz. Und Sie haben vielleicht auch gehört, dass dem Gesetzgeber der Gläubigerschutz dann ein besonderes Anliegen sein muss, wenn die Gesellschaft nicht bloß – wie etwa beim Idealverein – ideelle Zwecke verfolgt, sondern typischerweise unternehmerischen Zwecken dient. Denn die Verfolgung solcher Zwecke ist in aller Regel mit einer großen und unbestimmten Zahl von Gesellschaftsgläubigern verbunden, denen das Gesetz ein typisiertes Mindestschutzniveau „von der Stange" bietet, auch um individuelle Vorkehrungen in den meisten Fällen überflüssig zu machen oder – wie man in der modernen Terminologie der Rechtsökonomie sagen würde – um Transaktionskosten zu senken.

Hinzu kommt ein weiterer, vielleicht noch wichtigerer Grund für einen erweiterten Gläubigerschutz bei Unternehmergesellschaften: Zwar nicht notwendig (§ 1 UGB), wohl aber typischerweise sind Unternehmergesellschaften auf Gewinnerzielung gerichtet, was risikolos kaum möglich ist. Denn es ist ein ökonomisches Grundgesetz, dass die Gewinnchancen auch eine Funktion des übernommenen Risikos sind. Wie man im Englischen sagt: *There ain't no such thing as a free lunch.* Oder auf gut Deutsch: Nichts ist umsonst im Leben. Dieses Risiko wird aber nicht allein von den Gesellschaftern getragen, sondern auch von Fremdkapitalgebern, also Gläubigern. Und es besteht sogar ein gewisser Anreiz zur Verschuldung, nicht nur aus steuerlichen Gründen, sondern auch und vor allem, um das (hoffentlich) gewinnbringende „Spielkapital" zu vermehren. Man nennt das den Hebeleffekt, oder auf Neuhochdeutsch: *leverage effect.*

In Ihrer Gesellschaftsrechtsvorlesung haben Sie dann vielleicht als nächstes gehört, dass das Gesellschaftsrecht im Wesentlichen zwei Grundmodelle des Gläubigerschutzes bei Unternehmergesellschaften kennt. Das erste Modell baut auf die persönliche unbeschränkte Haftung der Gesellschafter. Der Gesellschaftsgläubiger kann hier also auch auf das Privatvermögen der Gesellschafter greifen, freilich mit dem Risiko, dass dort nichts zu holen ist. Am augenscheinlichsten ist dieses Modell bei der OG durchgeführt, bei der bekanntlich gem § 128 UGB sämtliche Gesellschafter unbeschränkt für die Gesellschaftsverbindlichkeiten haften. Entsprechendes gilt für die Komplementäre einer KG. Aber auch bei Kommanditisten ist das Grundmodell verwirklicht. Diese haften zwar gem § 171 UGB nur betragsbeschränkt, wobei die Einlagenleistung in das Gesellschaftsvermögen haftungsmindernd und eine Entnahme aus dem Gesellschaftsvermögen haftungserhöhend wirken (§ 172 UGB). Dennoch bleibt das System der Gesellschafterhaftung das Gleiche. Nur ist bloß ein Teil des Gesellschaftervermögens dem Gläubigerzugriff ausgesetzt und zwar – so das gesetzliche Modell – unabhängig davon, wo sich diese Vermögensgegenstände gerade befinden. Man kann sich die Haftmasse daher bei Personengesellschaften als Inhalt kommunizierender Gefäße vorstellen, die das Gesellschaftsvermögen, das gesamte Privatvermögen der Komplementäre und einen Teil des Vermögens der Kommanditisten umfassen und in denen die Haftungsmasse unter dem Gesichtspunkt des Gläubigerschutzes frei fließen kann, weil sie überall dem Gläubigerzugriff ausgesetzt ist, bei den Gesellschaftern über die Haftung gem §§ 128, 171 UGB. Daraus folgt, dass die Haftung gem § 172 Abs 3 UGB bei entsprechenden Entnahmen auch die Haftsumme übersteigen kann.[3]) Davor, dass die Haftungsmasse durch ungünstigen Geschäftsverlauf schwindet, sozusagen „verdunstet", sind die Gläubiger freilich nicht gefeit.

Beim Alternativmodell des Kapitalgesellschaftsrechts bestehen demgegenüber keine kommunizierenden Gefäße mit offenen Durchlässen. Vielmehr steht den Gesellschaftsgläubigern von vornherein nur das Gesellschaftsvermögen offen, gut verschlossen in einem Gefäß, das die Gesellschafter bis zu einer satzungsmäßig definierten Marke anfüllen müssen und das keinen Abfluss in Richtung der Gesellschafter kennt. Immerhin gibt es einen Überlauf auf Höhe der Markierung, der freilich mit einem Ventil ausgestattet ist, das sich nur nach förmlicher Überprüfung einer Pegelerhöhung gegenüber dem markierten Sollstand öffnet. Auch hier sind die Gläubiger freilich nicht davor gefeit, dass der Gefäßinhalt durch schlechten Geschäftsgang schwindet. Ihr Schutz beruht also nicht auf einem fortbestehenden Mindestvermögen, sondern vielmehr darauf, dass die Gesellschafter ein Eigenopfer erbringen mussten, das sie nicht zurück erhalten können und das für eine Interessengleichrichtung der Gesellschafter mit der Gesellschaft, also für

[3]) So auch *Dellinger*, Rechtsfähige Personengesellschaften in der Liquidation (2001) 58; aA hM, insb BGH II ZR 25/70 BGHZ 60, 324, 327; BGH II ZR 201/81 BGHZ 84, 383, 387; BGH II ZR 268/88 NJW 1990, 1725, 1729; *Baumbach/Hopt*, HGB[34] § 172 Rz 5; *Harrer*, Vermögensbindung bei der GmbH & Co KG, wbl 2009, 328, 332; *Huber*, Gesellschafterkonten in der Personengesellschaft, ZGR 1988, 1, 14 f; *Jabornegg/Artmann* in *Jabornegg/Artmann*, UGB[2] § 172 Rz 26 f; *K. Schmidt* in MünchKomm HGB[2] §§ 171, 172 Rz 65; *Nowotny*, Die GmbH & Co KG auf dem Weg zur Kapitalgesellschaft? RdW 2009, 326, 327, 331; *Oetker* in *Oetker*, HGB[2] § 172 Rz 16 ff; *Schilling* in GroßKomm HGB[4] § 172 Rz 10; *Strohn* in *Ebenroth/Boujoung/Joost/Strohn*, HGB[2] § 172 Rz 22; *von Gerkan/Haas* in *Röhrich/Graf v Westphalen*, HGB[3] § 172 Rz 31; *Wiedemann*, Gesellschaftsrecht II (2004) 811 ff; vgl *Koppensteiner/Rüffler*, GmbHG[3] § 82 Rz 20.

Verhaltenssteuerung sorgt. Denn es ist sichergestellt, dass sie mitbetroffen sind. Gewissermaßen sitzt der Kapitän im Boot.

Es ist nur allzu verständlich, dass in diesem Modell den Gesellschaftern dann die Zügel durch den Insolvenzverwalter aus der Hand genommen werden, wenn sie selbst nichts mehr zu verlieren haben, weil das Nettoaktivvermögen negativ geworden ist – mit anderen Worten ein negatives Eigenkapital vorliegt. Denn wenn ich 100 in der Kasse habe und gleichzeitig Verbindlichkeiten in gleicher Höhe, ist es ein rationales Verhalten, den gesamten Bargeldbestand ins Casino zu tragen und dort auf meine Lieblingszahl zu setzen: Geht es schief, fallen die Gläubiger um ihre Befriedigungsaussichten um; geht es gut, wird mein Eigenkapital positiv, was mir im Wege der Gewinnausschüttung oder Liquidation zugute kommt. Es besteht also ab dem Zeitpunkt der Überschuldung ein Anreiz zur Spekulation auf dem Rücken der Gesellschaftsgläubiger und gerade deswegen ist bei den Kapitalgesellschaften Überschuldung als Insolvenzgrund vorgesehen.

III. Die GmbH & Co KG (ieS) nach OGH 2 Ob 225/07p

Auf die Frage, welches der beiden Modelle bei einer KG in Kraft ist, deren einziger Komplementär eine GmbH ist, also bei einer GmbH & Co KG ieS, hätte man vor einigen Jahren noch ohne Zögern geantwortet: „Das Erste, die kommunizierenden Gefäße“. Nach einer Andeutung in einer früheren Entscheidung[4]) hat der OGH aber in unserem Anlassfall entschieden, dass das „Überlaufmodell“ anzuwenden sei, und zwar, wenn ich ihn richtig verstehe, nicht alternativ, sondern zusätzlich.[5]) Der zugrundeliegende Sachverhalt ist einigermaßen kompliziert, läuft aber im Endeffekt darauf hinaus, dass eine GmbH & Co KG ieS über Jahre hinweg einen Kredit zurückgezahlt hatte, den nicht sie, sondern ihr Kommanditist (im Zuge einer fremdfinanzierten Übernahme) bei der beklagten Bank aufgenommen hatte.

Im Gesellschaftskonkurs verlangte der Masseverwalter von der Bank die Rückzahlung der geleisteten Raten, ua mit der Begründung, dass die Bank schuldhaft an einer verbotenen Einlagenrückgewähr an den Kommanditisten teilgenommen habe. Entscheidungswesentlich wurde damit, ob bei der GmbH & Co KG ieS ein Verbot der Einlagenrückgewähr analog §§ 82 ff GmbHG besteht, das unter der zusätzlichen Voraussetzung der Schlechtgläubigkeit auch gegenüber einem an dem Verstoß beteiligten Dritten durchschlägt. Denn mit dem KG-Recht alleine kann nur eine erhöhte Haftung *des Kommanditisten* gegenüber Gesellschaftsgläubigern bzw – im Gesellschaftskonkurs – gegenüber der Masse begründet werden (§§ 171 f UGB): Mangels Rechtswidrigkeit eines Vermögensflusses innerhalb der „kommunizierenden Gefäße“ ist vordergründig ein Dritter nicht rückersatzverpflichtet.[6])

Der OGH hat es sich nicht leicht gemacht und den Meinungsstand gründlich aufbereitet. Ausführlich referiert er insb die Vorarbeiten von *Karollus*, der

---

[4]) OGH 8 Ob 2124/96b SZ 69/166 = ecolex 1996, 863 *(Reich-Rohrwig)*.

[5]) OGH 2 Ob 225/07p (FN 1) GesRZ 2008, 310, 316 *(Stingl)*.

[6]) Siehe aber auch unten in FN 21 f.

schon 1996 im Anschluss an vorhergehende Andeutungen des OGH für eine analoge Anwendung der §§ 82 ff GmbHG auf Gesellschaften mbH und Co KG ieS eingetreten war.[7]) Durchaus zu Wort kommen aber auch die Gegner der Analogie, insb *Koppensteiner/Rüffler*, die „bloß" für einen erweiterten Vermögensschutz der Komplementär-GmbH eintreten, und zwar (insofern abweichend von der deutschen Rsp und herrschenden Meinung)[8]) nur im Verhältnis zu GmbH-Gesellschaftern und nicht auch gegenüber „Nur-Kommanditisten", die an der GmbH nicht beteiligt und daher nicht unmittelbare Adressaten der §§ 82 ff GmbHG sind.[9])

Im Ergebnis folgt der OGH dann der von *Karollus* begründeten Auffassung, die freilich mit zusätzlichen Argumenten untermauert wird. Dabei bewegt sich das Höchstgericht gewissermaßen im Krebsgang, indem es zunächst auf mögliche Einwände eingeht und erst danach auf die Analogievoraussetzung einer Lücke:

Der Analogie stehe nicht entgegen, dass im Zuge der Handelsrechtsreform keine ausdrückliche Einbeziehung der „verdeckten" Kapitalgesellschaften in das Kapitalerhaltungsrecht stattgefunden hat; ein beredtes Schweigen des Gesetzgebers liege nicht vor. Dem wird man zustimmen können und müssen. Allerdings ist die Haltung des Gerichtshofs insofern inkonsistent, als er im GmbH-Recht eine Auflösungsklage analog § 133 UGB wiederholt mit dem Argument abgelehnt hat, dass der Gesetzgeber in Kenntnis der Streitfrage mehrere Gelegenheiten für eine Gesetzesänderung ungenützt gelassen hat und daher eine Lücke nicht vorliege.[10]) Es ist zu hoffen, dass sich in dieser Frage die neue Judikaturlinie durchsetzt, auch und gerade im Kontext der GmbH-Auflösungsklage. Denn eine „Theorie des beredten Schweigens" ist mit der „Politik der kleinen Schritte" im Gesellschaftsrecht unvereinbar.[11])

Das Vorliegen einer Lücke begründet der OGH dann mit der Beobachtung, dass der Gesetzgeber in den vergangenen Jahrzehnten durch § 67 Abs 1 IO (Konkurs bei Überschuldung), § 189 Abs 1, § 221 Abs 5 und § 244 Abs 3 UGB (Rechnungslegungspflicht), § 22 Abs 2 URG (Haftung bei Reorganisationsbedarf) und § 4 Z 3 EKEG (Eigenkapitalersatz) ein Sonderrecht für „verdeckte Kapitalgesellschaften" geschaffen habe. Diesen Regeln sei die Zielrichtung des Gläubigerschutzes gemeinsam, was sie mit dem Verbot der Einlagenrückgewähr gem § 82 GmbHG teilten. Das sei Anlass zu einer analogen Anwendung der zuletzt genannten Norm:

„Aufgrund des insoweit gleichen Zwecks der erwähnten Gesetzesbestimmungen und des Verbots der Einlagenrückgewähr kommt daher der erkennende Senat zum Ergebnis, dass das Verbot der Einlagenrückgewähr gem § 82 Abs 1 GmbHG auch auf den „Nur"-Kommanditisten einer GmbH & Co KG analog anzuwenden ist." Aktiv legitimiert sei die KG bzw ihr Masseverwalter.[12])

---

[7]) *Karollus*, Verstärkter Kapitalschutz bei der GmbH & Co KG, ecolex 1996, 860.

[8]) Siehe FN 3.

[9]) *Koppensteiner/Rüffler*, GmbHG³ § 82 Rz 20.

[10]) OGH 3 Ob 57/00d EvBl 2001/112; RIS-Justiz RS0114677.

[11]) Ausf *U. Torggler*, Treuepflichten im faktischen GmbH-Konzern (1996/2007) 251 ff; *ders* in *Kalss/Rüffler*, GmbH-Konzernrecht (2003) 49, 69 ff.

[12]) OGH 2 Ob 225/07p (FN 1) GesRZ 2008, 310, 314 *(Stingl)*.

IV. Kritik

Wir werden über das Für und Wider bzgl des Analogieschlusses noch zwei Referate hören, denen ich nicht vorgreifen will. Soviel sei aber erlaubt, dass nämlich die Argumentation des OGH für sich zu kurz greift. Allein der Hinweis auf den Zweck des Gläubigerschutzes bei vereinzelten Gleichstellungen von „verdeckten" Kapitalgesellschaften mit „echten" reicht nicht aus zum Nachweis einer Lücke des KG-Rechts, die erst Raum für eine Analogie bieten würde. Erforderlich wäre vielmehr der Beweis, dass der Gesetzgeber, wenn er denn bei der Regelung der KG an die Sonderform der GmbH & Co KG ieS gedacht hätte, anstelle oder – nach dem OGH – zusätzlich zu dem Haftungsmodell der „kommunizierenden Gefäße" das Kapitalerhaltungsrecht des GmbHG eingeführt hätte. Das ist durch die bloß ähnliche Schutzrichtung der genannten Normen nicht einmal indiziert, weil ja auch die §§ 171 ff UGB Gläubigerschutz bezwecken und erst zu beweisen wäre, dass diese Normen bei der GmbH & Co KG nicht plangemäß sind. Anders ausgedrückt setzt das Argument voraus, was es zu beweisen vorgibt.

Nicht weiterführend ist mE übrigens auch der in diesem Zusammenhang geäußerte Gedanke, dass das KG-Recht Entnahmen nur zulasse, weil der Komplementär diese im eigenen Interesse ohnehin unterbinden werde, was bei der GmbH & CO KG nicht gewährleistet sei.[13]) Denn das Gesetz lässt Vereinbarungen über Entnahmen eines Kommanditisten nicht deswegen zu, weil der Komplementär ohnehin nicht zustimmen wird, sondern weil über § 172 Abs 3 UGB der Gläubigerzugriff auf die Haftungsmasse möglich bleibt. Das ist unabhängig von der Rechtsform des Komplementärs. Auch wäre es eine beispiellose Absonderlichkeit, wenn das Gesetz beim Gläubigerschutz auf eine dispositive Regelung baute.

Zurück zum Anlassfall: Etwas wohlwollender interpretiert will der OGH die im Gesetz begonnene Gleichstellung quasi „zu Ende denken".[14]) Nur betreffen die angeführten Normen im Wesentlichen insolvenznahe Sachverhalte[15]) und insofern die Gleichstellung auch richtig und konsequent. Denn wie erwähnt beruht der Insolvenzgrund der Überschuldung darauf, dass die Gesellschafter diesfalls „nichts mehr zu verlieren" haben und daher zu übermäßig riskanten Spekulationen auf dem Rücken der Gläubiger verleitet werden. Das ist in der Tat auch bei der GmbH & Co KG ieS so. Nur bedeutet das noch nicht, dass auch bei der „gesunden GmbH" eine „Gleichheit des Rechtsgrunds und des Schutzbedürfnisses" besteht, die Voraussetzung für eine analoge Anwendung von Kapitalgesellschaftsrecht wäre. Anders gewendet: Für eine zwingende Unzulässigkeit von Entnahmen, die eine insolvenzrechtliche Überschuldung weder begründen noch vertiefen, lässt sich aus der Wertung des § 67 IO mE nichts entnehmen.

---

[13]) *Harrer*, Vermögensbindung bei der GmbH & Co KG, wbl 2009, 328, 334.

[14]) Vgl auch zB *Harrer*, Vermögensbindung bei der GmbH & Co KG, wbl 2009, 328, 331.

[15]) *Wenger*, Zur Kapitalerhaltung bei der GmbH & Co KG, RWZ 2005, 326, 329; *U. Torggler*, GBU 2009, 47; *Kalss/Eckert/Schörghofer*, Ein Sondergesellschaftsrecht für die GmbH & Co KG? GesRZ 2009, 65, 77; *Frank/Kusternigg*, Kapitalerhaltung bei Umstrukturierung einer GmbH & Co KG im engeren Sinn, RdW 2010, 384, 385.

Ergänzend führt der OGH ins Treffen, dass § 172 Abs 3 UGB über das Aufleben der Kommanditistenhaftung im Fall der Einlagenrückgewähr nicht seine Bedeutung verliere; der Haftungsanspruch trete vielmehr „neben den analog anzuwendenden Rückersatzanspruch gem § 83 Abs 1 GmbHG".

Insofern muss sich das Höchstgericht mE bei allem gebotenen Respekt den Vorwurf gefallen lassen, über das Ziel hinauszuschießen. Gewiss: Institutioneller Gläubigerschutz durch Kapitalerhaltung und individueller Gläubigerschutz durch Gesellschafterhaftung gem § 172 Abs 3 UGB könnten theoretisch auch nebeneinander bestehen. Gesetzlich sind es aber Alternativmodelle. Auch wäre sonst der Gläubiger einer GmbH & Co KG ieS besser geschützt als ein GmbH-Gläubiger, obwohl dieser bei der Lückenfeststellung und -ausfüllung doch den Vergleichsmaßstab bildet.[16])

Schließlich begründet der OGH noch die Passivlegitimation der Bank, die ja selbst nicht Kommanditistin gewesen war: Sie sei dann zur Rückerstattung empfangener Leistungen verpflichtet, wenn sie „vom Verstoß der Zahlung gegen das Verbot der Einlagenrückgewähr Kenntnis hatte" oder sich ihr „diese Kenntnis geradezu aufdrängen musste", ihre Unkenntnis „demnach auf grober Fahrlässigkeit beruht". Konkret müsse sich die Kenntnis oder fahrlässige Unkenntnis darauf erstrecken, dass „die Zahlungen von keinem (im Konzern) rechtfertigenden Sachverhalt (ohne adäquate Gegenleistung) getragen waren und einem Fremdvergleich nicht Stand hielten (SZ 69/149)".

Das ist – mit Verlaub – ein Kunstgriff, kann doch der Bank kaum die Kenntnis oder – wenn es darauf wirklich ankommen sollte[17]) – die fahrlässige Unkenntnis einer Rechtswidrigkeit vorgeworfen werden, die sich erst aus einer nachfolgenden Rechtsfortbildung ergibt. Hier könnte einem Schelm daher der Gedanke kommen, dass der ganze Argumentationsaufwand weniger auf einer unvoreingenommenen Prüfung der Rechtslage als auf dem Bemühen beruht, die Bank als *deep-pocket defendant* in die Pflicht zu nehmen. Dieser Verdacht ist sicher unbegründet, weil wir noch sehen werden, dass zielgerichtete Verrenkungen vielleicht gar nicht notwendig waren, also vertane Liebesmüh gewesen wären. Und doch nährt er das Unbehagen mit der Lösung des OGH. Denn der für die Analogie maßgebliche Telos des Kapitalgesellschaftsrechts ist sicher nicht, auch Dritte in die Pflicht zu nehmen. Das ist nicht mehr als eine Randerscheinung.

V. Lösungskapazität des KG-Rechts

Auch wirft das OGH-Urteil die Frage auf, ob das Personengesellschaftsrecht wirklich so inhaltsleer ist, dass Zuflucht beim Recht der Kapitalgesellschaften gesucht werden muss. Ein solcher *horror vacui* ist mE nicht veranlasst. In die gleiche Richtung weisend haben einige Kommentatoren für eine Anwendung von § 122 Abs 1 UGB anstelle der Analogie plädiert.[18]) Danach kann ein Personengesellschafter seinen Gewinnauszahlungsanspruch nicht geltend machen,

---

[16]) So zu Recht auch *Koppensteiner*, unten Seite 13 ff.

[17]) Siehe *U. Torggler* in *Straube*, WK GmbHG § 20 Rz 42 ff.

[18]) *Kalss* in GedS Arnold (2011) 77, 93 ff.

„soweit die Auszahlung zum offenbaren Schaden der Gesellschaft gereicht". Die Norm erscheint mir allerdings insofern überfordert, als sie dem Gesellschafts- und Mitgesellschafterschutz dient und daher gem § 108 UGB dispositiv ist. § 122 Abs 2 UGB lässt ja auf gesellschaftsvertraglicher Grundlage sogar darüber hinausgehende Entnahmen zu, also Kapitalentnahmen. Dass das darin verankerte Prinzip der „kommunizierenden Gefäße" bei der GmbH & Co KG zwingenden Einschränkungen unterliegt, müsste daher erst begründet werden.

Dazu ist die Analogie zum Kapitalgesellschaftsrecht mE aus den bereits angeführten Gründen von zweifelhafter Tragfähigkeit. Schon eher könnte man an der bereits mehrfach erwähnten Wertung des § 67 Abs 1 IO anknüpfen, wonach bei „verdeckten Kapitalgesellschaften" auch die Überschuldung zum Insolvenzgrund erklärt wird. Gerade aus diesem Grund gehen herrschende Meinung und Rsp ja davon aus, dass das liquidationsrechtliche Gebot, vorrangig die Gesellschaftsgläubiger aus dem Gesellschaftsvermögen zu befriedigen (§§ 149, 155 UGB), bei der Liquidation von „verdeckten Kapitalgesellschaften" anders als bei „normalen" Personengesellschaften zwingend sei.[19])

Umgelegt auf die werbende Gesellschaft bedeutet das mE, dass das gem § 122 Abs 2 UGB nur gesellschaftsvertraglich fundierte und daher grundsätzlich dispositive Kapitalentnahmeverbot insofern einen zwingenden Kern hat, als solche Entnahmen eine insolvenzrechtliche Überschuldung (oder eine Zahlungsunfähigkeit) der Gesellschaft nicht herbeiführen oder vertiefen dürfen.[20]) Ob man den Rückgewähranspruch dann auf eine Analogie zu § 83 GmbHG oder auf das allgemeine Bereicherungsrecht (unter Ausschluss von § 1432 letzter Fall ABGB) stützt, ist zwar nicht bedeutungslos, aber wohl eine eher untergeordnete Folgefrage.

Ein solches, eingeschränktes Verbot müsste dann ebenso auf schlechtgläubige Dritte durchschlagen wie ein Verstoß gegen § 82 GmbHG und übrigens auch eine bloße Vertragswidrigkeit gem § 122 Abs 2 UGB. Denn die Drittwirkung des kapitalgesellschaftsrechtlichen Verbots der Einlagenrückgewähr setzt an dem Fehlgebrauch der Vertretungsmacht an[21]) – ein Gedanke, der keine Differenzierung zwischen den genannten Fällen erfordert.[22])

---

[19]) Grundlegend *Dellinger*, Personenhandelsgesellschaft, Gläubigerschutz und Vollbeendigung während eines Passivprozesses, JBl 1991, 629, 634 ff; *ders*, Rechtsfähige Personengesellschaften in der Liquidation (2001) 68 ff; RIS-Justiz RS0074939; OGH 2 Ob 184/97s SZ 70/196.

[20]) Siehe bereits *Wenger*, RWZ 2005, 326, 329; vgl auch *Nowotny*, RdW 2009, 325, 331.

[21]) *Hügel*, Urteilsanmerkung, JBl 1997, 108, 113.

[22]) Vgl *U. Torggler* in *Straube*, WK GmbHG § 20 Rz 42 ff.

VI. Schluss

Der konkrete Fall, in dem die KG im Zeitpunkt der Zahlungen wohl bereits insolvenzreif gewesen war, wird daher richtig entschieden sein. Eine Grundlage für ein zwingendes Verbot der Einlagenrückgewähr auch außerhalb des Stadiums der Überschuldung sehe ich aber entgegen dem OGH bisher nicht. Die Chancen, in den folgenden zwei Stunden vom Gegenteil überzeugt zu werden, stehen ziemlich genau 50 zu 50, kommen doch mit *Hans-Georg Koppensteiner* und *Martin Karollus* zwei scharfsinnig und wortgewaltige Vertreter der einen wie der anderen Auffassung zu Wort. Für einen spannenden Fortgang ist damit gesorgt.

Hans-Georg Koppensteiner

Haftung der Kommanditisten bei Zuwendungen aus dem Vermögen einer GmbH & Co KG

(Nachlese zu OGH 2 Ob 225/07p)

I. Einleitung

Anlass der folgenden Überlegungen ist das im Titel angeführte Urteil des OGH[1]). Ihm ging eine wissenschaftliche Diskussion der streitgegenständlichen Problematik voraus[2]) und es hat ein für österreichische Verhältnisse starkes, aber mehrstimmiges Echo ausgelöst.[3]) Wegen der praktischen Bedeutung der Entscheidung und der mit ihr zusammenhängenden Grundfragen gesellschaftsrechtlicher Rechtsfortbildung kann dies auch nicht überraschen. Mit dem folgenden Text wird der Versuch unternommen, eine Summe der bisherigen Diskussion zu ziehen. Es geht um eine systematische Aufarbeitung der Argumente, ihre Ergänzung und ihre Einordnung in das Konzept gesellschaftsrechtlicher Typenbildung.

---

[1]) OGH 2 Ob 225/07p GesRZ 2008, 310 *(Stingl)* = RWZ 2008, 260 *(Wenger)* = RdW 2008, 581 = ÖBA 2009, 60 *(Bollenberger)* = GeS 2008, 315 *(Bauer)* = JBl 2008, 791 = AnwBl 2008, 431.

[2]) Siehe die vom OGH selbst gelieferte Übersicht über den Meinungs- und Argumentationsstand (OGH 2 Ob 225/07p GesRZ 2008, 310, 311 ff).

[3]) Siehe neben den in FN 1 angeführten Glossen *Schörghofer* in *Kalss/Nowotny/Schauer*, Österreichisches Gesellschaftsrecht (2008) Rz 2/940; *Bauer/Zehetner* in *Straube*, GmbHG § 82 Rn 230 ff; *Jabornegg/Artmann*, UGB^2 (2010) § 161 Rn 155; *Koppensteiner/Auer* in *Straube*, UGB I^4 (2009) § 161 Rn 21; *Moser*, SWK 2008, W 187; *Grossmayer*, ecolex 2008, 1023; *Nowotny*, RdW 2009, 326; *Kalss/Eckert/Schörghofer*, GesRZ 2009, 65; *Harrer*, wbl 2009, 328. Der Beitrag von *Kalss* in GedS Arnold 77 ff ist nach Drucklegung erschienen und konnte nicht mehr verarbeitet werden. Ihr auf den entsprechend „aufbereiteten" § 122 UGB gestützter Lösungsvorschlag deckt sich mit den Ergebnissen des OGH, geht allerdings darüber hinaus.

Kernelemente der folgenden Überlegungen sind in der Festschrift für Roth vorveröffentlicht worden. Die Diskussion zu meinem Innsbrucker Vortrag, der auf diesem Beitrag beruhte, hat mich indessen veranlasst, ihn, vor allem seinen 4. Abschnitt, noch einmal zu überarbeiten.

II. Der OGH und seine Befürworter

1. Nach Auffassung des OGH sind die §§ 82 f GmbHG analog auf die GmbH & Co KG (ohne natürliche Person als weiteren Komplementär)[4]) anzuwenden und zwar auch dann, wenn nicht die GmbH, sondern die KG leistet und Leistungsempfänger ein nicht auch an der GmbH beteiligter Kommanditist ist. Was die Kapitalerhaltung angeht, behandelt der Senat die GmbH & Co KG daher wie eine GmbH. Begründet wird dies mit Hinweisen auf gleiches besagende gesetzgeberische Aktivitäten „in den letzten Jahren", nämlich § 67 Abs 1 KO bzw IO (Überschuldung als Konkurseröffnungsgrund auch bei der GmbH & Co KG), § 189 Abs 1 Z 1, § 221 Abs 5, § 244 Abs 3 UGB (Gleichstellung von GmbH und GmbH & Co KG im Rechnungslegungsrecht), § 22 Abs 2 URG (Haftung der Geschäftsführer der Komplementär-GmbH entsprechend jenen einer „normalen" GmbH) und schließlich § 4 Z 3 EKEG (nicht nur Kapitalgesellschaften, sondern auch die GmbH & Co KG als „erfasste Gesellschaft"). Alle diese Bestimmungen verfolgten „zumindest auch, wenn nicht vorrangig" den Schutz der Gesellschaftsgläubiger. Wegen des „insoweit gleichen Zwecks" von § 82 Abs 1 GmbHG sei diese Bestimmung auf den „Nur"-Kommanditisten einer GmbH & Co KG daher analog anzuwenden.[5]) Die der Analogie rechtslogisch vorgelagerte Frage nach der Existenz einer Lücke wird erst im Anschluss an diesen Befund diskutiert. In diesem Zusammenhang findet sich eine Reminiszenz daran, dass die Haftungsstruktur der GmbH & Co KG mit jener der GmbH nicht identisch ist: § 172 Abs 3 UGB könne neben den Rückersatzanspruch nach § 83 Abs 1 GmbHG treten.[6])

Das wichtigste von den Befürwortern des OGH geltend gemachte Zusatzargument lautet, die Ordnung der Haftungsverhältnisse bei der KG beruhten auf der Prämisse, der unbeschränkt haftende Komplementär sei eine natürliche Person. Daraus erkläre sich die fehlende Kapitalbindung bei der KG. An eine juri-

---

[4]) Wenn im Folgenden die GmbH & Co KG angesprochen wird, ist immer diese Konstellation, also die GmbH & Co KG im engeren Sinn, gemeint.

[5]) Gleich oder ähnlich argumentieren *Reich-Rohrwig*, Grundsatzfragen der Kapitalerhaltung 403 f; *Karollus*, ecolex 1996, 860, 861, 862 (s auch *dens* in FS Kropff 671, 674 f); *Harrer* (FN 3) 331 (für § 67 Abs 1 IO), dagegen *Koppensteiner/Rüffler*, GmbHG[3] (2007) § 82 Rn 20.

[6]) Kritisch *Grossmayer* (FN 3) 1024: wegen unterschiedlicher Verjährung nicht gerechtfertigte Besserstellung der Gläubiger einer GmbH & Co KG gegenüber Gläubigern einer GmbH. Da die GmbH & Co KG im Ergebnis eine Gesellschaft „mit beschränkter Haftung" darstelle, seien nur die kapitalgesellschaftsrechtlichen Schutzinstrumente anzuwenden. Kritisch auch *Kalss/Eckert/Schörghofer* (FN 3) 73 bzgl der Nachhaftung nach § 160 UGB. Nach *Grossmayer* aaO 1025 soll auch diese Bestimmung bei der GmbH & Co-KG nicht anwendbar sein.

stische Person als (einzigen) Komplementär habe der Gesetzgeber nicht gedacht. Es liege daher eine planwidrige Gesetzeslücke vor. Das sei auch deshalb anzunehmen, weil eine natürliche Person Entnahmen des Kommanditisten regelmäßig nicht zustimmen werde. Denn das Vermögen der Gesellschaft reduziere sich, das Haftungsrisiko des Komplementärs wachse entsprechend. Sei Komplementärin dagegen eine GmbH (allgemeiner: eine juristische Person), dann entfalle diese Bremswirkung; es fehle die Person, deren persönliches Schicksal mit jenem des Unternehmens untrennbar verknüpft sei. Die Konsequenz dieser Überlegungen entspricht dem vom OGH vertretenen Ergebnis.[7]) Sie besteht allerdings nicht nur in der Anwendbarkeit der §§ 82 f GmbHG (§§ 52, 56 AktG), sondern wirkt sich zwangsläufig auf alle Regelungsbereiche aus, die es mit dem Zusammenhang zwischen Kapitalbindung und Gläubigerschutz zu tun haben. Hierher gehören die Liquidation (zwingend vorrangige Befriedigung der Gläubiger)[8]) sowie alle Vorgänge, die mit einer Reduktion des Kapitals der KG[9]) verbunden sind oder sein können, also die Kapitalherabsetzung stricto sensu, die Realteilung und den (im Ergebnis) Transfer des Gesellschaftsvermögens auf einen Gesellschafter mit der Konsequenz des § 142 UGB.[10])

2. Nach Auffassung des OGH steht der Anspruch aus den §§ 82, 83 GmbHG der KG, nicht der Komplementär-GmbH, zu.[11]) Unter der Annahme, die GmbH & Co KG sei in Sachen Kapitalbindung wie eine GmbH zu behandeln, ist das konsequent, bemerkenswert allerdings, dass sich der OGH in diesem Zusammenhang auch auf den BGH und deutsche Lehre stützt. Denn in Deutschland wird der Gläubigerschutz bei der GmbH & Co KG als ein Problem der Kapitalbindung bei der GmbH, nicht bei der KG aufgefasst. Von da her ist es viel schwieriger, Anspruch und Aktivlegitimation der KG zuzuweisen. Auf beides wird zurückzukommen sein.

3. Der OGH hatte sich mit einer GmbH & Co KG zu beschäftigen. Entsprechend ist die Begründung des Urteils ausgefallen. Vor diesem Hintergrund überrascht es, wenn das Ergebnis – Anwendbarkeit der § 82 Abs 1, § 83 Abs 1 GmbHG – in der vom Gericht selbst so bezeichneten Zusammenfassung auf alle KGs ohne natürliche Person als Komplementärin erstreckt wird. Die insoweit fehlende Begründung ist wohl implizit aus den im Urteil selbst angeführten Arbeiten von *Karollus* und *Reich-Rohrwig* übernommen worden.[12]) Ihnen zufol-

[7]) Zum Vorstehenden (mit unterschiedlichen Akzenten) *Reich-Rohrwig* (FN 5) 399 ff; *Karollus* (FN 5) 861; *Harrer* (FN 3) 331 ff; wie *Harrer* auch *Grossmayer* (FN 3) 1024. Zum letztgenannten Gesichtspunkt schon BGH II ZR 268/88 BGHZ 110, 342, 356 in Fortführung von BGH II ZR 25/70 BGHZ 60, 324, 327 ff.

[8]) Dazu etwa *Reich-Rohrwig* aaO 400, 404 f mit Nachweisen insofern gleiches besagender Judikatur.

[9]) Dazu gehören neben der Haftsumme jedenfalls auch die sie übersteigenden Teile der Pflichteinlage.

[10]) Zum Vorstehenden zB *Kalss/Eckert/Schörghofer* (FN 3) 75 f, 79; *Grossmayer* (FN 3) 1025 f; zu § 142 UGB auch *Nowotny* (FN 3) 331; ausführlich *Frank/Kusternigg*, RdW 2010, 384 ff; zum Ganzen ferner noch *Reich-Rohrwig* (FN 5) 406 ff mit Diskussion weiterer Problemfälle.

[11]) OGH (FN 1) 314; ebenso etwa *Moser* (FN 3) 189 f.

[12]) *Karollus* (FN 5) 861; s auch dens (FN 5) 672 f; *Reich-Rohrwig* (FN 5) 403 f.

ge müssen Personengesellschaften mit einer beschränkten Haftungsmasse einer Kapitalgesellschaft gleichgestellt und den für sie geltenden Schutzvorschriften unterworfen werden. Dafür bestehe auch ein Bedürfnis, weil sonst für Sonderformen wie KG mit einem Verein, einer Genossenschaft oder einer ausländischen juristischen Person als Komplementär kein adäquater Kapitalschutz entwickelt werden könnte. Unklar bleibt allerdings, warum der OGH in allen Fällen, also offenbar auch für die AG & Co KG, die Kapitalerhaltungsregeln des GmbHG angewendet wissen will.

III. Gegenpositionen

1. a) Analogie setzt das Vorliegen einer planwidrigen Normlücke voraus. Dabei kann es sich um eine anfängliche oder um eine nachträgliche Lücke handeln. Die erste Kategorie ist durch einen Anschauungsfehler des Gesetzgebers ab initio gekennzeichnet. Nachträgliche Lücken entstehen aufgrund einer Änderung der tatsächlichen Gegebenheiten oder der der Rechtsordnung immanenten Wertungen.[13])

b) Das hier interessierende Urteil des OGH beruht offensichtlich auf der Annahme einer nachträglichen Lücke in der Variante einer Änderung der der Rechtsordnung immanenten Wertungen. Denn die Kernbegründung des Urteils besteht darin, aus der Einführung postkodifikatorischer Normen mit GmbH & Co-spezifischer, dem Gläubigerschutz dienender Prägung die Folgerung abzuleiten, die §§ 82, 83 Abs 1 GmbHG seien analog anzuwenden, weil auch diese Bestimmungen dem Gläubigerschutz dienten.

Nicht gesehen oder nicht berücksichtigt wurde, dass die neuen Bestimmungen zum größten Teil auf eine Krise der Gesellschaft reagieren. Am deutlichsten ist dies für § 67 Abs 1 KO (IO), gilt aber auch für die Erfassung der GmbH & Co KG im EKEG und im URG. Das Rechnungslegungsrecht bezweckt jedenfalls in erster Linie die Information interessierter Dritter, insbesondere potentieller Gläubiger.[14]) Ob es daneben auch kapitalerhaltende Ziele verfolgt, ist äußerst zweifelhaft. Denn die insoweit hauptsächlich in Betracht kommenden Regeln sind auch auf Einzelunternehmer anzuwenden. Aber selbst, wenn es anders wäre: Die Informationsfunktion genügt, wie die Konzernrechnungslegung zeigt, um die Ausdehnung der kapitalgesellschaftsrechtlichen Rechnungslegungsvorschriften auf die GmbH & Co KG zu erklären. Soweit Kapitalerhaltung eine Rolle spielen sollte, dann doch nur insoweit, als der Jahresabschluss ein möglichst getreues Bild der Vermögens-, Finanz- und Ertragslage vermitteln muss (§ 222 Abs 2 UGB). Es geht um einen korrekten, am Vorsichtsprinzip orientierten Bericht über das was ist, nicht über das was sein soll. Aus der Geltung des Rechnungslegungsrechts der GmbH für die GmbH & Co KG lässt sich aus diesen Gründen nichts dafür ableiten, auch die §§ 82 f GmbHG entsprechend anzuwenden. Dasselbe gilt für

[13]) Vgl *Kramer*, Juristische Methodenlehre[3] 191 f mit Zitat von *Canaris*.

[14]) In diese Kategorie gehört auch der jetzt für alle Fälle vorgeschriebene Rechtsformzusatz. Eine GmbH & Co KG muss sich also ausnahmslos als solche bezeichnen, auch wenn aus den §§ 21, 22, 24 UGB oder aus anderen Vorschriften an sich etwas anderes resultieren würde (§ 19 Abs 1 Z 3, Abs 2 UGB).

die anderen vom OGH bemühten Normen. Sie dienen, wie bemerkt, der Prophylaxe bzw der geordneten Abwicklung einer Krise, während die §§ 82 f GmbHG unabhängig davon eingreifen. Das Verbindungsglied „Gläubigerschutz" ist zwar nicht falsch, aber viel zu ungenau. Denn es vernachlässigt, dass es viele Facetten des Gläubigerschutzes gibt. Aus der Anwendbarkeit eines oder auch mehrerer einschlägiger Vorschriften lässt sich daher nicht darauf schließen, Kapitalerhaltungsrecht sei lückenhaft geworden.[15])

c) Soweit die österreichische Literatur mit dem OGH im Ergebnis übereinstimmt, akzentuiert sie das Argument, das Recht der KG beruhe auf der Prämisse, als Komplementäre würden natürliche Personen fungieren. Die Möglichkeit, dass der einzige Komplementär eine GmbH – allgemeiner: keine natürliche Person – sei, habe man nicht bedacht. Mit dieser Argumentation wird das Vorliegen einer anfänglichen Lücke behauptet. Nun könnte von einer solchen Lücke nur dann die Rede sein, wenn eine natürliche Person als Komplementär den Gläubigern der KG im Vergleich mit einer GmbH deutliche Vorteile bieten würde. Das ist keineswegs evident. Vorschriften über die Mindestbonität des Komplementärs existieren nicht. Es kann sich dabei auch um einen „Habenichts" handeln, der sich, wenn die Dinge schief gehen, de lege lata in den Privatkonkurs retten kann.[16]) Demgegenüber muss eine GmbH mit einem (anfänglichen) Mindestvermögen von € 35.000,– ausgestattet werden. Personen, die einen Vertrag mit einer GmbH & Co KG ins Auge fassen, können sich über das Stammkapital der GmbH, die darauf geleisteten Einzahlungen und ihre Vermögenslage über das Firmenbuch informieren, während die Bonität einer natürlichen Person in der Regel nicht oder viel schwerer feststellbar ist. Zuwendungen an Gesellschafter sind unzulässig, soweit sie nicht aus Gewinnen finanziert werden.[17]) Solange das Vermögen der GmbH nicht aus KG-spezifischen Gründen beeinträchtigt wird, die für den „natürlichen Komplementär" keine Rolle spielen, trifft es also nicht zu, die GmbH generell als den aus Gläubigersicht „schlechteren" Komplementär aufzufassen.

Aus der Perspektive der Kommanditistenhaftung ergibt sich kein signifikant anderes Bild. Die KG muss mit einer aus dem Firmenbuch ersichtlichen Haftsumme ausgestattet sein. Sie wirkt sich so aus, dass den Gläubigern der KG zunächst ein Deckungsstock zur Verfügung steht, der (uU allerdings geringfügig) voluminöser ist als das Vermögen der (Komplementär-)GmbH. Solange die Haftsumme nicht geleistet oder zurückgewährt wird, haftet der betreffende Kommanditist den Gläubigern der Gesellschaft unmittelbar und unbeschränkt,[18]) während er etwai-

---

[15]) Ähnlich wie hier *Kalss/Eckert/Schörghofer* (FN 3) 77 f; *Stingl* (FN 1) 315; *U. Torggler*, GBU 2008, 47; *Frank/Kusternigg* (FN 10) 385; s auch schon *Wenger*, RWZ 2005, 326, 328.

[16]) Diese Möglichkeit wird anscheinend häufig gerade von gescheiterten Unternehmern genützt.

[17]) Zu diesen Gesichtspunkten *Stingl* (FN 1) 315.

[18]) Eingewandt wird, dass der Kommanditist sich auch durch Leistung an die KG befreien könne (*Harrer*, FN 3, 329). Aber dieser Umstand hat nichts damit zu tun, dass eine GmbH als Komplementärin fungiert. Zahlung an die Gesellschaft, also den „Hauptschuldner" erhöht im Übrigen deren frei verfügbares Vermögen mit der Folge einer ent-

ge Ansprüche der GmbH zunächst einmal pfänden und sich überweisen lassen muss. An die Stelle von Erfüllung oder Sicherheitsleistung im Zuge der Kapitalherabsetzung einer GmbH, die innerhalb relativ kurzer Fristen geltend gemacht werden muss, tritt die fünfjährige Nachhaftung nach den §§ 174, 160 UGB. Man hat daraus mit guten Gründen gefolgert, dass der Gläubigerschutz bei der KG nicht grundsätzlich schlechter ausgestaltet ist als bei der GmbH.[19])

Zur Begründung der Anwendung der §§ 82 f GmbHG auf die GmbH & Co KG mit der unterschiedlichen Motivationslage von natürlicher und juristischer Person als Komplementär[20]) ist zu sagen, dass die Antwort keineswegs eindeutig ist, sondern von verschiedenen Komponenten abhängt. Zunächst ist es nicht ausgeschlossen, dass auch ein „natürlicher Komplementär" dem Vermögenstransfer an Kommanditisten nicht widerspricht, sei es, dass es ihm wegen Vermögenslosigkeit auf seine persönliche Haftung nicht ankommt, sei es, dass er sich gegenüber dem oder den Kommanditisten in einer Abhängigkeitslage befindet.[21]) Umgekehrt ist zunächst einmal davon auszugehen, dass auch die Gesellschafter einer GmbH nicht daran interessiert sind, das dort investierte Vermögen zu schmälern, oder gar einzubüßen; der Geschäftsführer ist an dieses Interesse gebunden. Anders mag es liegen, wenn die GmbH konzernabhängig ist oder von den Kommanditisten beherrscht wird. Aber auch dann wird ein Vermögenstransfer zugunsten der Kommanditisten nur stattfinden, wenn er für sie vorteilhafter ist, als die Beibehaltung des status quo. Dabei ist auch an das Wiederaufleben der Haftung nach den § 172 Abs 3, § 171 Abs 1 UGB einschließlich der Aktivlegitimation des Insolvenzverwalters im Konkurs der Gesellschaft zu denken. Schließlich: Wäre die Geschäftsführungsbefugnis des Komplementärs als Korrelat seiner Haftung als Gläubigerschutzinstrument konzipiert, dann müsste § 164 UGB zwingend sein. Das trifft indes nicht zu (§ 163 UGB). Es kann demnach gesellschaftsvertraglich vereinbart werden, dass der Komplementär nicht geschäftsführungsbefugt oder bei Auszahlungsbeschlüssen nicht stimmberechtigt sein soll.[22]) Zulässig wäre es auch, seine Geschäftsführung von Weisungen der Kommanditisten abhängig zu machen, ihnen also die ganze Herrschaftsmacht zuzuweisen[23]). Die Motivationslage der Komplementär-GmbH wird dann irrelevant.

Bei alledem darf allerdings nicht übersehen werden, dass Auszahlungen aus dem gebundenen Vermögen bei der GmbH unzulässig, bei der KG dagegen grundsätzlich erlaubt sind. Das soll sich auf die Rechtsstellung Dritter auswirken, über die ein Kommanditist mittelbar begünstigt wird. Hinzu kommt, dass

---

sprechenden Verbesserung der Befriedigungsaussichten aller Gläubiger. Daher ist die Einforderungszuständigkeit im Konkurs der KG auch beim Insolvenzverwalter konzentriert.

[19]) *Kalss/Eckert/Schörghofer* (FN 3) 71 f.

[20]) Oben II.1. (vor FN 7).

[21]) Zu denken ist an Treuhand, anderweitige gesellschaftsrechtliche Verlagerung der Geschäftsführungsbefugnis, persönliche Abhängigkeiten, zB infolge Verwandtschaft oder Verschuldung. Zur Verlagerung der Geschäftsführungsbefugnis an Kommanditisten s nur *Jabornegg/Artmann* (FN 3) § 164 Rn 11 mwN, namentlich der Judikatur. Insgesamt wie hier *Frank/Kusternigg* (FN 10) 386.

[22]) Eine solche Vereinbarung ist bei der in der vorigen Fußnote angedeuteten Sachverhaltslage nicht unwahrscheinlich.

[23]) Vgl *Binz/Sorg*, Die GmbH und Co KG[9] § 4 Rn 8.

der Gesellschafter einer GmbH nicht nur auf Rückleistung in Höhe der Stammeinlage haftet, sondern alles rechtswidrig Empfangene herauszugeben hat. Der Kommanditist ist nach überwiegender Ansicht dagegen nur im Rahmen der von ihm übernommenen Hafteinlage verantwortlich. Das rechtfertigt es aber nicht, die GmbH & Co KG hinsichtlich der Kapitalerhaltung schlechthin wie eine GmbH zu behandeln. Denn die angeführten Unterschiede sind rechtlich nur relevant, wenn die GmbH im Vergleich zu einer natürlichen Person generell als der schlechtere Schuldner aufgefasst wird. Das trifft, wie gezeigt, nicht zu. Solange ihr Vermögen von KG-spezifischen Risiken untangiert bleibt, unterscheidet sie sich in rechtserheblicher Weise nicht von einer natürlichen Person.[24]) Wie andere Fälle zu beurteilen sind, wird noch zu prüfen sein.

Als Zwischenbefund ist daher festzuhalten, dass sich eine anfängliche Regelungslücke in dem Sinne, dass die GmbH & Co KG hinsichtlich der Bindung des Gesellschaftskapitals planwidrig anders behandelt werde als eine GmbH, nicht nachweisen lässt. *Kalss/Eckert/Schörghofer* haben dasselbe Ergebnis mit der Annahme begründet, zwischen der Haftungsbeschränkung bei der GmbH und dem Prinzip der Kapitalerhaltung gebe es keinen Zusammenhang.[25]) Ob das zutrifft, erscheint mir durchaus zweifelhaft. Indes braucht die Frage hier nicht weiter untersucht werden.

Das hier ermittelte Zwischenergebnis – Fehlen einer anfänglichen Lücke in dem von ihren Proponenten behaupteten Sinn – stimmt mit der deutschen Judikatur[26]) (einschließlich der dort ganz herrschenden Lehre[27])) und der Auffassung des OGH überein. Voraussetzung der Haftung nach den §§ 30, 31 dGmbHG[28]) ist nach in Deutschland dominierendem Verständnis, dass Leistungen aus dem Vermögen der KG das zur Stammkapitaldeckung erforderliche Vermögen der GmbH angreifen.[29]) Der Schutz der Gläubiger einer GmbH & Co KG wird daher über die Vermögensgewährleistung ihres Komplementärs, also der GmbH,

[24]) Zutreffend *Szep*, ecolex 2001, 804, 808. Der OGH zitiert diesen Beitrag, setzt sich allerdings nicht mit ihm auseinander.

[25]) *Kalss/Eckert/Schörghofer* (FN 5) 76.

[26]) BGH II ZR 268/88 BGHZ 110, 342, 355 ff; BGH II ZR 25/70 BGHZ 60, 324, 328 ff.

[27]) Siehe etwa *Altmeppen* in *Roth/Altmeppen*, GmbHG[6] § 30 Rn 159 ff; *Hueck/Fastrich* in *Baumbach-Hueck*[19] § 30 Rn 68 ff; *Hommelhoff* in *Lutter/Hommelhoff*, GmbHG[17] § 30 Rn 60 ff, je mwN.

[28]) Dabei handelt es sich um die Parallelnormen zu den §§ 82 f GmbHG mit dem Unterschied, dass nach deutschem Recht nur Leistungen verboten sind, die das Vermögen der GmbH unter die Stammkapitalziffer drücken.

[29]) Es kommen hauptsächlich zwei Alternativen in Betracht, die auch zusammentreffen können. Ist die GmbH an der KG beteiligt, so mindern Auszahlungen, denen keine entsprechende Gegenleistung und kein Rückzahlungsanspruch gegenüber stehen, den Wert der Beteiligung. Fehlt es an einer Beteiligung, kommt es darauf an, ob der bei Inanspruchnahme der GmbH durch Gläubiger der KG gegebene Regressanspruch nach § 110 UGB noch vollwertig ist oder ob in diesem Zusammenhang eine Rückstellung zu bilden ist, sodass der Drittverbindlichkeit auf der Passivseite der Bilanz kein dementsprechender Ausgleichsposten auf der Aktivseite gegenübersteht. Zum Meinungsstand in Deutschland *Habersack* in *Ulmer*, GmbHG § 30 Rn 102, 115; *H. P. Westermann* in *Scholz*,

bewerkstelligt. Dieser gedankliche Ansatz überzeugt. Wenn das Problem darin besteht, dass an die Stelle einer natürlichen eine juristische Person als Komplementärin tritt, dann sollte die Lösung auch bei ihrer Leistungsfähigkeit ansetzen. Da sich das sicherstellen lässt, wie zu zeigen sein wird, stehen die Gläubiger einer GmbH & Co KG nicht schlechter da als die einer GmbH. Mehr zu verlangen entbehrt jeder Grundlage. Es nimmt daher nicht Wunder, wenn der von *Karollus* auch für Deutschland in einer dort erschienenen Publikation,[30]) wenn auch mit stark abgemilderten Konsequenzen vertretene Ansatz der Gleichstellung von GmbH & Co KG mit einer GmbH – soweit ersichtlich – keine Gefolgschaft gefunden hat, sondern ausdrücklich abgelehnt wird.[31])

Der OGH hat die Vorarbeiten von *Karollus* und *Reich-Rohrwig* ausweislich der Urteilsgründe gründlich zur Kenntnis genommen. Es fällt daher auf, dass er ihr auf der Annahme einer anfänglichen Lücke basierendes Kernargument nicht übernimmt.[32]) Hätte es ihn überzeugt, wäre es sehr nahe gelegen, die Begründung des Urteils darauf zu fokussieren oder es wenigstens entsprechend anzureichern, etwa nach dem Schema, der Gesetzgeber habe die Besonderheiten der GmbH & Co KG von Anfang an nicht im Blick gehabt, diesen „Fehler" aber inzwischen wenigstens in Teilen korrigiert. Es liege daher auf dieser Linie, wenn das Fehlende von den Gerichten nachgeliefert werde. Darüber, warum der OGH wie geschehen vorgegangen ist, lässt sich nur spekulieren. Möglicherweise war ausschlaggebend, dass sich das Gericht sonst wohl in einen Widerspruch mit seiner Judikatur zur errichtenden Umwandlung einer GmbH in eine KG verwickelt hätte. Nach dem letzten der hierzu ergangenen Urteile muss das Kommanditkapital nach wie vor dem Stammkapital der übertragenden GmbH entsprechen und zwar auch dann, wenn einer der bisherigen Gesellschafter der GmbH (natürliche Person) als Komplementär eintritt.[33]) Demnach kommt es in diesem Zusammenhang nicht entscheidend darauf an, ob eine natürliche oder juristische Person als Komplementär fungiert. Anders formuliert: Wenn eine GmbH in eine den Vorstellungen des Gesetzgebers entsprechende KG umgegründet wird, dann ändert sich trotz Hinzutretens einer unbeschränkt haftenden natürlichen Person nichts Wesentliches. Mit der Bedeutung, die der persönlichen und unbeschränkten Haftung des „natürlichen Komplementärs" im Kontext des hier interessierenden Kapitalbindungsaspekts zugeschrieben wird, dürfte dies nicht zu vereinbaren sein.

GmbHG[10] § 30 Rn 59. Zur Frage, ob schon der Ausschluss der GmbH vom Gewinnbezug eine verbotene Leistung sein kann, s oben *Altmeppen* (FN 26) § 30 Rn 164.

[30]) *Karollus* in FS Kropff (FN 5).

[31]) Siehe etwa *Habersack* in *Ulmer* (FN 28) § 30 Rn 101 (FN 279).

[32]) Die Bemerkung des Senats (OGH 2 Ob 225/07p GesRZ 2008, 310, 313), einige der von den Befürwortern der Analogie im österreichischen Recht vorgebrachten Argumente könnten möglicherweise nicht überzeugen, kann eigentlich nur als zurückhaltend formulierte Ablehnung dieses Arguments gedeutet werden.

[33]) OGH 6 Ob 235/07p GesRZ 2008, 100, 104 *(Umlauft)*. *Umlauft* weist zutreffend darauf hin, dass diese (zweifelhafte) Regel nur insoweit gelten kann, als sich ehemalige GmbH-Gesellschafter als Kommanditisten beteiligen, weil der Komplementär ohnehin unbeschränkt haftet.

Dass die Annahme einer anfänglichen Lücke bezüglich der hier interessierenden Konstellation nicht zutreffen kann, zeigt sich auch an ihren Konsequenzen, nämlich den mE unüberwindlichen Schwierigkeiten der Lückenfüllung. Hierfür gibt es grundsätzlich zwei Möglichkeiten. Eine – von der hM bevorzugte – Variante besteht darin, die Kapitalbindungsregeln der GmbH neben den gläubigerschutzorientierten Bestimmungen des Rechts der KG anzuwenden. Nach einer anderen, soweit ich sehe, nur von *Grossmayer*[34]) vertretenen Hypothese führt die Anwendbarkeit der §§ 82 f GmbHG auf die GmbH & Co KG dazu, dass KG-Bestimmungen mit gleicher Zielsetzung – *Grossmayer* zitiert § 172 Abs 3 und § 174 UGB[35]) – verdrängt werden.

Die erste dieser Lückenfüllungsmethoden führt, wie schon an anderer Stelle bemerkt, dazu, dass die Gläubiger einer GmbH & Co KG besser stehen als jene einer GmbH. Das ist mit dem Gleichheitssatz unvereinbar, der sowohl die Feststellung, wie auch die Ausfüllung einer Lücke prägt.[36]) Auch die von *Grossmayer* vorgeschlagene Lösung kollidiert mit dem Gleichheitssatz. Denn dieses Prinzip verlangt, wertungsmäßig gleichliegende Sachverhalte gleich zu behandeln, also sachlich nicht zu rechtfertigende Wertungsinkonsistenzen zu vermeiden.[37]) Der hier relevante Unterschied besteht aber nicht darin, dass es sich bei der GmbH & Co KG wie bei der GmbH um einen Rechtsträger mit beschränkter Haftung handelt, sondern vielmehr darin, dass die GmbH als Komplementärin KG-spezifischen Risiken ausgesetzt ist. Soweit Analogien geboten sind, müssten sie daher auch an diesem Unterschied ansetzen.

e) Mit den vorstehenden Überlegungen dürfte sich der vorher formulierte Zwischenbefund als richtig erwiesen haben. Im Folgenden kann es also nur noch darum gehen, wie die mit der auf das Gesellschaftsvermögen der Komplementär-GmbH beschränkten Haftung verbundenen Probleme sachgerecht gelöst werden können.

IV. Kapitalbindung bei der Komplementär-GmbH und Kommanditistenhaftung

1. Abgesehen von der hier abgelehnten Auffassung des OGH ist man sich darüber einig, dass die (mittelbare) Reduktion des Vermögens der Komplementär-GmbH durch Leistungen der KG an Kommanditisten soweit möglich

---

[34]) *Grossmayer* (FN 3) 1024 f.

[35]) Entsprechendes müsste nach der Logik der Argumentation von *Grossmayer* wohl aber auch für § 160 UGB gelten (s *Kalss/Eckert/Schörghofer* [FN 3] 73). Ferner müsste man annehmen, dass § 172 Abs 3 UGB durch § 63 Abs 3 GmbHG mit der Folge verdrängt wird, dass die Einlageschuld (in Höhe der Haftsumme) nicht durch Aufrechnung mit einer Forderung gegen die Gesellschaft getilgt werden kann. Praktisch wirkt sich das allerdings nur dann aus, wenn die Gesellschaft mit der Aufrechnung nicht einverstanden ist. Ist sie es, dann kann nämlich auch die Pflicht zur Aufbringung der Stammeinlage durch Aufrechnung mit einer vollwertigen Gegenforderung erfüllt werden (*Koppensteiner/Rüffler* [FN 5] § 63 Rn 19 mwN).

[36]) Siehe *Kramer* (FN 13) 188, 195 f.

[37]) Auch dazu *Kramer* aaO.

vermieden werden muss. Soweit sich das aus dem Recht der KG ableiten lässt, unterscheidet sich die Lage der Komplementär-GmbH nicht von jener anderer GmbHs. Bemühungen um ein Sonderrecht sind nicht veranlasst. Bei der folgenden Prüfung der aufgeworfenen Frage empfiehlt es sich, mit der vermögenswirksamen Begünstigung von „Nur-Kommanditisten" zu beginnen.

2. Wird die GmbH & Co KG, wie der OGH dies will, als Unternehmensträger mit beschränkter Haftung qualifiziert, dann ist es relativ einfach, Vermögenstransfers an Kommanditisten außerhalb der Gewinnverteilung analog den §§ 82, 83 GmbHG zu beurteilen. Auch von der Prämisse des OGH aus verbleibt allerdings ein bisher fast nicht diskutierter Aspekt: Die Vorschriften über die Kapitalerhaltung bei der GmbH sind funktionell auf das Engste mit jenen über die Kapitalaufbringung verknüpft.[38]) Eine KG kann demgegenüber ohne ein bestimmtes Mindestkapital gegründet werden.

Aus der Sicht des vom BGH präferierten Lösungsansatzes kommt die weitere Schwierigkeit hinzu, eine brauchbare Begründung dafür zu finden, warum der an der GmbH nicht beteiligte Kommanditist analog den §§ 82 f GmbHG haften soll. Der BGH sucht dieses Problem mit der Annahme zu bewältigen, die KG und ihre Kommanditisten seien wegen der gesellschaftsrechtlichen Verknüpfung für die Kapitalerhaltung der Komplementär-GmbH verantwortlich.[39]) M.E. handelt es sich dabei um eine petitio principii.[40]) Ansonsten müssten die Kommanditisten auch für die Kapitalaufbringung bei der GmbH etwa dergestalt herangezogen werden, dass sie zur Leistung des Fehlenden verpflichtet sind, wenn ein stammkapitalentsprechendes Vermögen nicht, auch nicht über § 70 GmbHG aufgebracht werden kann. Im Übrigen ist, soweit zu sehen, bisher nicht behauptet worden, ein Kommanditist dürfe eine Forderung gegen einen als Komplementär fungierenden Menschen deshalb nicht geltend machen, weil er weiß, dass das zur Illiquidität des Schuldners führen würde. Unter diesen Umständen besteht aller Anlass nach der Leistungsfähigkeit der KG-rechtlichen Gläubigerschutzregeln im hier interessierenden Zusammenhang zu fragen.

3. a) Die Rückgewähr eines der Haftsumme entsprechenden Wertes verschafft der Gesellschaft keinen Anspruch,[41]) sondern führt nur zum Wiederaufleben der (Außen-)haftung nach § 172 Abs 3 UGB. Anders ist es mangels abweichender Vereinbarung bezüglich der Pflichteinlage. Wird sie zurückgewährt, dann steht der Gesellschaft bei Fehlen einer gegenteiligen Vereinbarung ein Anspruch auf entsprechende Wiederauffüllung des Gesellschaftsvermögens zu. Sofern die Pflichteinlage, was in der Praxis die Regel zu sein scheint[42]), gleich hoch ist oder höher wie die Hafteinlage, führt dies dazu, dass auch sie wieder in das

---

[38]) Dazu nur *Koppensteiner/Rüffler* (FN 5) § 82 Rn 3; zum deutschen Recht etwa *Habersack* in *Ulmer* (FN 28) § 30 Rn 1.

[39]) BGH II ZR 268/88 BGHZ 110, 342, 357 f; BGH II ZR 25/70 BGHZ 60, 324, 329 f.

[40]) Ebenso im Ergebnis etwa *Nowotny* (FN 3) 327; s auch *Habersack* in *Ulmer* (FN 29) § 30 Rn 105.

[41]) Anders *Reich-Rohrwig* (FN 5) 396, aber ohne Begründung.

[42]) Vgl *Binz/Sorg*, Die GmbH & Co KG[9] § 5 Rn 57: Mangels abweichender Vereinbarung Pflichteinlage „stets" gleich hoch wie Haftsumme.

Gesellschaftsvermögen gelangt. Als taugliches Gläubigerschutzinstrument eignet sich die Pflichteinlage freilich nicht. Denn ob es sie überhaupt gibt, hängt nämlich von den Gesellschaftern der KG ab.

Aus Sicht der Gläubiger einer GmbH & Co KG problematisch sind Leistungen der KG an Kommanditisten, wie erwähnt, erst dann, wenn sie das Vermögen der GmbH beeinträchtigen, zB deshalb, weil das KG-Vermögen als Konsequenz einer solchen Leistung nicht mehr ausreicht, um Regressansprüche der GmbH wegen Gläubigerbefriedigung abzudecken. Eine reale Gläubigergefährdung setzt darüber hinaus voraus, dass die Fähigkeit der GmbH, die Verbindlichkeiten der KG zu begleichen, in Frage gestellt wird,[43]) dass also Zahlungsunfähigkeit oder Überschuldung droht. In solchen Fällen lässt sich eine sittenwidrige Gläubigerschädigung mit der Konsequenz der Nichtigkeit der Entnahmegestattung problemlos bejahen.[44]) Der Gesellschaft steht demnach ein Bereicherungsanspruch in Höhe des unzulässig entnommenen Betrages zu. Außerdem kommen Ansprüche gegen die Geschäftsführer aus § 25 Abs 2 oder 5 GmbHG und gegen die Gesellschafter, ua aus Existenzvernichtung, in Betracht.[45])

Parallel oder alternativ sind die Grenzen der Geschäftsführungsbefugnis des Geschäftsführers der Komplementär-GmbH zu bedenken. Er ist gehalten, Chancen und Risiken einer in Aussicht genommenen Transaktion sorgfältig gegeneinander abzuwägen. Existenzbedrohende Risiken darf er ohne Rücksicht auf damit verbundene Gewinnaussichten überhaupt nicht eingehen.[46]) Das gilt erst recht und intensiver, wenn eine Maßnahme (Vermögenstransfer an Kommanditisten) in aller Regel nur Nach-, aber keine Vorteile für die Gesellschaft mit sich bringt. Eine solche Transaktion darf der Geschäftsführer mit anderen Worten nur autorisieren, wenn sie die Erfolgsaussichten der GmbH & Co KG nicht beeinträchtigt. Im Verhältnis zu Gesellschaftern – hier Kommanditisten – schränkt fehlende Geschäftsführungsbefugnis auch die Vertretungsmacht entsprechend ein.[47]) Demnach unzulässige Leistungen sind kondizierbar. Hinzu kommt ein weiterer, für die korrekte Lösung des in diesem Beitrag behandelten Problems sehr wichtiger Gesichtspunkt. Bei Überschreitung seiner Befugnisse haftet der Geschäftsführer nach § 25 Abs 2 GmbHG. Zwar handelt es sich dabei um einen Fall der Innenhaftung. Das ist aber bei dem Anspruch aus den §§ 82 f nicht anders. Die Gläubiger der KG und daher auch der Komplementär-GmbH erhalten daher just jene natürliche Person als Schuldner, deren Fehlen die aus KG-recht-

---

[43]) Das ist (bei Leistungen, die die Hafteinlage nicht übersteigen) nur bei Illiquidität des Anspruchs aus § 172 Abs 3 UGB möglich.

[44]) Zutreffend *Kalss/Eckert/Schörghofer* (FN 3) 79. Auch ein die Entnahme gestattender Gesellschafterbeschluss wäre nichtig.

[45]) Zu Letzterem *Koppensteiner*, JBl 2008, 749 ff.

[46]) *Koppensteiner* in *Rowedder/Schmidt-Leithoff*, GmbHG[4] § 43 Rn 18 mwN.

[47]) *Koppensteiner/Rüffler* (FN 5) § 20 Rn 22; *Koppensteiner/Auer* in *Straube* (FN 3) § 126 Rn 13; *Jabornegg/Artmann* (FN 3) § 126 Rn 14, anders *U. Torggler* in *Straube*, GmbHG § 20 Rn 40. Nicht geklärt ist, ob die Beschränkung der Geschäftsführungsbefugnis nur im Verhältnis zu solchen Kommanditisten gilt, die auch Gesellschafter der GmbH sind. Dagegen spricht, dass die Kommanditisten mit der GmbH immerhin gesellschaftsvertraglich verbunden sind. Um „dritte Personen" in dem von § 20 Abs 2 GmbHG anvisierten Sinn handelt es sich also jedenfalls nicht.

licher Sicht systemwidrige Anwendung GmbH-rechtlicher Gläubigerschutzkonzepte begründen soll.

Die vorstehend skizzierte Beschränkung der Geschäftsführungsbefugnis ist allerdings nicht zwingend und als Regel zugunsten der Gläubiger daher nur von beschränktem Wert. Denn Geschäftsführer sind verpflichtet, auf die Zuwendung von KG-Vermögen gerichtete (wirksame) Weisungen der GmbH-Gesellschafter auszuführen[48]), soweit auch der KG-Vertrag oder ein (wirksamer) Beschluss der KG-Gesellschafter dies vorsieht.[49]) § 25 Abs 5 GmbHG ist entgegen der wohl herrschenden Aufffassung bei wirksamen Weisungen nicht anwendbar.[50])

Gegenläufig ist zu fragen, ob sich die GmbH verpflichten kann, Leistungen an Kommanditisten auch dann zuzustimmen oder zu dulden, wenn ihr (gebundenes) Vermögen dadurch beeinträchtigt wird. Dafür ließe sich geltend machen, dass Verträge der GmbH mit Dritten, zB ein Kaufvertrag, ohne Rücksicht auf ihre Folgen wirksam sind. Für Gesellschaftsverträge muss aber nicht unbedingt dasselbe gelten. So stelle man sich die Satzung einer nicht auf Gewinn gerichteten, nur mit dem gesetzlichen Mindestkapital ausgestatteten GmbH vor, die den periodischen Transfer von Gesellschaftsvermögen an Außenstehende, zB einen Fußballklub, mit der Folge vorsieht, dass das stammkapitalentsprechende Vermögen immer kleiner wird. Eine solche Satzungsklausel wäre mE nichtig. Das ist aus dem Gläubigerschutzkonzept des GmbHG abzuleiten. Mit ihm ist es nicht vereinbar, Satzungsgestaltungen zuzulassen, die mit Sicherheit dazu führen, dass das Vermögen der Gesellschaft ihr Stammkapital nicht mehr deckt. Nichts anderes kann für eine GmbH in der Rolle einer Komplementärin gelten. Sie kann sich nicht wirksam verpflichten, Leistungen der KG an Kommanditisten zu gestatten oder hinzunehmen, die nur zu Lasten ihres gebundenen Vermögens möglich sind, jedenfalls dann nicht, wenn sämtliche Kommanditisten auch GmbH-Gesellschafter sind.[51])

---

[48]) Dazu *Koppensteiner/Rüffler* (FN 5) § 20 Rn 9, § 25 Rn 17.

[49]) Soweit die mitgeteilten KG-rechtlichen Gegebenheiten vorliegen, ist ein Weisungsbeschluss der GmbH-Gesellschafter wohl überhaupt entbehrlich. Denn die Geschäftsführungsbefugnis der GmbH und daher auch ihrer Geschäftsführer richtet sich nach KG-Recht, soweit nicht zwingendes GmbH-Recht entgegen steht.

[50]) Siehe *Koppensteiner/Rüffler* (FN 5) § 25 Rn 19.

[51]) ME ähnelt diese Konstellation der verabredeten Weiterleitung von Bareinlagen an die GmbH als Kredit an die personengleiche oder von den GmbH-Gesellschaftern beherrschte KG. Diesen Fall hat der BGH als Verstoß gegen die Kapitalaufbringungsregeln des dGmbHG behandelt (BGH II ZR 180/06 ZIP 2008, 174, 175 ff, dazu etwa *Heckschen/Heidinger*, Die GmbH in der Gestaltungs- und Beratungspraxis[2] § 11 Rz 70 ff mwN auch kritischer Stimmen). Die gebotene Übertragung dieser Wertung auf die Mittelverwendung (so ausdrücklich *Heckschen/Heidinger* aaO § 16 Rn 41) würde bedeuten, dass auch die mit gebundenem Vermögen finanzierte Darlehensgewährung an die KG unzulässig wäre. Was den Kapitalschutz der GmbH angeht, ist es gleichgültig, ob die KG oder die Kommanditisten Leistungsempfänger sind. Man könnte sogar noch weiter gehen. Denn der nach dem Gesagten unzulässige Transfer von KG-Vermögen an die Kommanditisten entspricht der Darlehensgewährung der GmbH an die KG, weil in beiden Fällen ein Zahlungsanspruch an die Stelle von Liquidität tritt. Noch einmal unterstrichen sei, dass die Entscheidung des BGH nichts darüber aussagt, wie Darlehen der Komplementär-GmbH an eine KG mit ihr gegenüber unterschiedlichem Gesellschafterkreis zu behandeln sind.

Ob das Vermögen der GmbH in demnach rechtswidriger Weise beeinträchtigt wird, hängt von der Vermögenslage der KG und dem Umfang des Anspruchs aus § 172 Abs 3 UGB ab. Sofern dieser Anspruch, wie hier vertreten (sub b), nicht nur auf die Hafteinlage, sondern den Gesamtwert des der KG entzogenen Vermögens erstreckt wird, spielt die soeben behauptete Beschränkung der Verpflichtungsfähigkeit der Komplementär-GmbH (mit der in FN 51 angedeuteten Einschränkung) keine Rolle mehr. Dasselbe gilt für die vorher erörterte Nichtigkeit einer Entnahmegestattung wegen sittenwidriger Gläubigergefährdung. Das liegt in beiden Fällen daran, dass die Voraussetzungen dieser Rechtsbehelfe wegen entsprechender Regressmöglichkeiten der Komplementär-GmbH bei Inanspruchnahme durch Gläubiger der KG (§ 896 ABGB) nicht verwirklicht sind.

Der tiefere Grund der Unterscheidung zwischen unternehmenstypischen Austauschverträgen der GmbH und von ihr eingegangenen Gesellschaftsverträgen ergibt sich aus dem Zusammenwirken zweier Faktoren. Auf Seiten der GmbH ist entscheidend, dass sie unter nicht von ihr, wohl aber von der KG bzw ihren Kommanditisten verursachten Umständen, – hier: „übermäßigen" Entnahmen – gezwungen wäre, gebundenes Vermögen zu opfern. Den anderen Partnern des KG-Vertrages ist das bekannt. Es geschieht ihnen daher kein Unrecht, wenn die GmbH-rechtliche Unzulässigkeit einschlägiger Bestimmungen des KG-Vertrages auch ihnen entgegengehalten werden kann. Der Vertragszweck besteht in der (meist unternehmerischen) Verfolgung eines gemeinsamen Interesses. Mit der damit ausgedrückten Interessenverschränkung verbindet sich die Pflicht, auf für andere Partner geltendes zwingendes Recht Rücksicht zu nehmen, also nichts zu vereinbaren, was dem widerspricht.

b) § 172 Abs 3 UGB ist zwar Gläubigerschutzinstrument, hat aber mit der Neutralisierung KG-spezifischer Risiken der Komplementär-GmbH zunächst einmal wenig zu tun. Gewiss würde die Inanspruchnahme des Kommanditisten die GmbH entlasten. So vorzugehen ist der Gläubiger aber nicht verpflichtet.

Indirekt wird § 172 Abs 3 aber doch relevant. Denn der Komplementär-GmbH, die Gläubiger der KG befriedigt hat, steht ein Regressanspruch zu[52]). Mit Ausnahme der Beschränkung der Haftung sind Kommanditisten, die keinen der Haftsumme entsprechenden Wert in das Gesellschaftsvermögen geleistet oder ihn zurückbekommen haben, nämlich wie OG-Gesellschafter, also als Gesamtschuldner[53]), zu behandeln. Vorauszusetzen ist, dass Befriedigung aus dem Gesellschaftsvermögen nicht möglich ist. Ist es anders, gibt es aus der Sicht der Komplementär-GmbH aber ohnehin kein Problem.

Der Umfang des Anspruchs richtet sich nach den intern verabredeten Verlustbeteiligungsquoten. Ist die GmbH, wie dies dem Regelfall entsprechen dürfte, an Gewinn und Verlust nicht beteiligt[54]), dann ist ihr Anspruch mit dem Umfang der Haftung nach § 172 Abs 3 identisch.[55]) Das reduziert den Rückstellungsbe-

---

[52]) Dazu *Koppensteiner/Auer* (FN 3) § 128 Rz 22, § 171 Rz 4; *Jabornegg/Artmann* (FN 3) § 128 Rz 43.

[53]) Vgl *Koppensteiner/Auer* aaO § 171 Rn 4.

[54]) So *Nowotny*, RdW 2009, 326, 330.

[55]) Ist dem Komplementär – hier: der GmbH – Freistellung von seiner Haftung zugesagt, dann haftet der Kommanditist unbeschränkt, wenn ein Gläubiger der KG in die-

darf, der sich aus der Vermögensminderung der KG durch Leistungen an Kommanditisten ergeben kann.

Was das konkret bedeutet, steht allerdings nicht in jeder Hinsicht fest. So ist das Wiederaufleben der Haftung nach § 172 Abs 3 UGB nach überwiegender Ansicht mit der Höhe der Haftsumme der einzelnen Kommanditisten begrenzt.[56]) Die Bestimmung würde als Anspruchsgrundlage demnach insoweit „versagen", als an den Kommanditisten ein Mehr zurückfließt als seine Haftsumme ausmacht. Indes handelt es sich bei dieser Auslegung wohl um ein mit § 171 Abs 1 UGB zusammenhängendes Missverständnis[57]). Nach dieser Bestimmung kann der Kommanditist vom Gesellschaftsgläubiger nicht mehr belangt werden, wenn er „seine" Haftsumme (werthaltig) geleistet hat. Das bedeutet aber nicht, dass der Anspruch nach § 172 Abs 3 UGB entfällt, wenn nur ein der Haftsumme entsprechender Betrag an die Gesellschaft gezahlt wird. Gesetzt den Fall, dass der Kommanditist bei einer Haftsumme von 10 mehr als das, zB 100 entnimmt, dann haftet der Kommanditist immer noch in Höhe der Haftsumme, wenn nur 90 und nicht 100 in das Gesellschaftsvermögen zurückgelangen. Nur dieses Gesetzesverständnis entspricht auch dem Zweck der Bestimmung. Er besteht ersichtlich darin, den Gläubigern den Zugriff auf die Haftsumme immer dann zu sichern, wenn sich ihr Gegenwert nicht im Vermögen der Gesellschaft befindet.[58]) Dieser Normzweck würde vereitelt, wenn Leistungen der KG, die die Haftsumme übersteigen, unberücksichtigt blieben.

Ob sich § 172 Abs 3 UGB auf Vermögenstransfers der KG an Kommanditisten jenseits der Hafteinlage anwenden lässt, wird von der ganz herrschenden Ansicht abgelehnt; doch gibt es auch Gegenstimmen. Ohne dass die Frage hier in allen ihren Facetten geprüft werden könnte, lässt sich doch sagen, dass sie der Gesetzgeber nicht bedacht hat[59]). Fest steht, dass er sich im Kontext des Gläubigerschutzes jedenfalls nicht auf die unbeschränkte Haftung des Komplementärs allein verlassen wollte, sondern dass es ihm auch um das Vermögen der KG und die Haftung des Kommanditisten ging, der die Hafteinlage nicht geleistet oder wieder zurückerhalten hat. Es liegt in der Logik dieses Ansatzes, Schmälerungen des Vermögens der KG durch Entnahmen auch insoweit für haftungsrelevant zu

---

sen Anspruch vollstreckt (*Koppensteiner/Auer* [FN 3] § 171 Rn 6 mwN). Rückstellungen wegen Undurchsetzbarkeit des Regressanspruches gegen die KG sind dann, von Illiquidität haftender Kommanditisten abgesehen, nicht erforderlich.

[56]) Siehe die Nachweise bei *Reich-Rohrwig* (FN 5) 395; ebenso *Koppensteiner/Auer* (FN 3) § 172 Rn 5; *Jabornegg/Artmann* (FN 3) § 172 Rn 14 f, je mwN. Gegenteilig *Reich-Rohrwig* aaO 395; *Kalss/Eckert/Schörghofer* (FN 3) 78; *Joost*, ZGR 1987, 370, 386.

[57]) Ebenso *Huber*, ZGR 1988, 1, 15 (mit Zahlenbeispiel), 60 f (für jetzt den Regelfall bildende feste Kapitalkonten).

[58]) Nach OGH 3 Ob 276/01m wbl 2002, 376, 377 handelt es ich bei § 172 Abs 3 (früher Abs 4) um eine „Kapitalerhaltungsvorschrift". Wäre sie das, müsste der KG auch außerhalb des Konkurses ein Anspruch auf Rückgewähr der Hafteinlage zustehen (so in der Tat *Reich-Rohrwig* [FN 5] 396). Das dürfte sich allerdings kaum begründen lassen.

[59]) Siehe die Materialien bei *Hahn/Mugdan*, Die gesamten Materialien zu den Reichsjustizgesetzen VI 284 f. Dort ist nur von der Rückzahlung der Einlage und davon die Rede, dass die Haftung nicht erst bei Unzulänglichkeit des Gesellschaftsvermögens eintreten solle. Letzteres deutet darauf hin, dass sie in diesem Fall erst recht Platz greifen müsse.

halten, als sie die Hafteinlage übersteigen. Denn die interne Zulässigkeit solcher Entnahmen kann wohl kaum über das Ausmaß des Schutzes von Gläubigern einer KG entscheiden, für den auch die Kommanditisten verantwortlich sind. Anders gewendet: Die Zugriffsmasse, die den Gläubigern in Gestalt des Vermögens der KG zur Verfügung steht, wird bei Aufzehrung der Hafteinlage durch eine dementsprechende Haftung des Begünstigten substituiert. Es wäre mE wertungswidersprüchlich, den darüber hinausgehenden Entnahmewert dabei zu vernachlässigen. Denn damit würde hingenommen, dass sich die Position der Gläubiger durch eine entnahmebedingte Schmälerung des primären Zugriffsobjektes, nämlich des Gesellschaftsvermögens, verschlechtert, auf die sie keinen Einfluss haben. Vorzugswürdig erscheint es demgegenüber, das Gesellschaftsvermögen und die Haftung der Kommanditisten als kommunizierende Röhren mit der Folge aufzufassen (so ausdrücklich *U. Torggler* in diesem Band Seite 3 ff), dass an die Stelle der Haftung der Gesellschaft bei Rückgewähr der Hafteinlage einschließlich darüber hinausgehender Werte eine dementsprechende Haftung des Gesellschafters tritt.

Wer sich davon nicht überzeugen lässt, müsste doch erwägen, ob das geschilderte Prinzip wenigstens bei der GmbH & Co KG zu akzeptieren ist. Denn auf diese Weise ließen sich KG-spezifische Risiken der Komplementär-GmbH im Grundsatz zur Gänze neutralisieren. Ihr Rückstellungsbedarf wegen Vermögensminderung der KG infolge Entnahmen des oder der Kommanditisten entfiele wegen wertgleicher Ausweitung des Regressanspruches gegen Kommanditisten. Ein deutlicher Vorteil dieser Lösung besteht darin, dass er, weil KG-rechtlich begründet, systemgerecht ist, während dies für die Auffassung des OGH und derjenigen, die ihn unterstützen, nicht zutrifft.

4. Im UGB fehlt ein Gegenstück zu § 83 Abs 2 und 3 GmbHG. Andere Kommanditisten haften also nicht, wenn der Anspruch aus § 172 Abs 3 UGB nicht durchgesetzt werden kann. Indes wird die Unanwendbarkeit von § 83 Abs 2 und 3 GmbHG im hier interessierenden Zusammenhang selbst von einem Autor befürwortet, der sich ansonsten energisch für die Position des OGH einsetzt.[60]) Ausschlaggebend sind mE zwei Gesichtspunkte, einmal, dass es auch bei der AG keine subsidiäre Mithaftung anderer Aktionäre gibt, und vor allem, dass sich § 83 Abs 2 und 3 aus dem Zusammenhang mit der Kapitalaufbringung, also § 70 Abs 1 und 2 GmbHG erklärt. § 70 ist auf die GmbH & Co KG nicht anwendbar.[61])

5. Nach § 82 GmbHG verbotene Zuwendungen wirken sich daran beteiligten Dritten, zB einer sie finanzierenden Bank gegenüber, so aus, dass der zugrunde liegende Vertrag unwirksam ist, allerdings nur dann, wenn der Dritte die in der Relation der GmbH zu ihrem Gesellschafter verbotsbegründenden Umstände kennt oder sie sich ihm aufdrängen müssen (Missbrauch der Vertretungsmacht).[62]) Bei der GmbH & Co KG sieht die Rechtslage nicht signifikant anders aus. In den für die Komplementär-GmbH und daher für ihre Gläubiger und jene

[60]) Siehe *Harrer* (FN 3) 333 f.

[61]) Wie hier *Nowotny* (FN 3) 328.

[62]) Siehe OGH (FN 1) 314; ferner etwa *Koppensteiner/Rüffler* (FN 5) § 82 Rn 19; *Bauer/Zehetner* in *Straube* (FN 3) § 82 Rn 88; s auch *Koppensteiner/Auer* (FN 3) § 126 Rn 9 f je mwN, insb zur Entwicklung der Judikatur.

der KG kritischen Fällen ist die schuldrechtliche Grundlage von Zuwendungen der KG an ihre Kommanditisten, wie vorher gezeigt, wegen sittenwidriger Gläubigergefährdung oder Verletzung der Geschäftsführungsbefugnis und damit zusammenhängendem Fehlens der Vertretungsmacht unwirksam. Dritten gegenüber gilt das Gleiche wie im Kontext des § 82 GmbHG.[63]) Das trifft auch dann noch zu, wenn man der GmbH über § 896 ABGB den hier für richtig gehaltenen Anspruch aus § 172 Abs 3 UGB gibt. Die Rechtslage entspricht dann der Regel, die für zulässige Leistungen der GmbH an ihre Gesellschafter gilt. Auch sie haben auf die Rechtsstellung Dritter, die in die Finanzierung solcher Leistungen eingebunden sind, keinen Einfluss.

6. Für Zuwendungen der KG an Personen, die sowohl zu ihren Gesellschaftern als auch zu jenen der Komplementär-GmbH gehören, habe ich bei Vorliegen der übrigen Voraussetzungen bisher die Ansicht vertreten, die §§ 82 f GmbHG seien anwendbar[64]). Ob das zutrifft, halte ich mittlerweile für zweifelhaft. Immerhin wird nicht aus dem Vermögen der GmbH geleistet. Der erforderliche Gläubigerschutz lässt sich, wie demonstriert, auch ohne das GmbHG sicherstellen. Misslich wäre darüber hinaus das ansonsten unvermeidbare Nebeneinander von Ansprüchen aus den §§ 82 f GmbHG und anderer, namentlich KG-spezifischer Gläubigerschutzinstrumente. Umgekehrt ist es selbstverständlich problematisch, die §§ 82 f GmbHG nicht anzuwenden, wenn ihre Voraussetzungen vorliegen. Die Frage bedarf weiterer Prüfung, insbesondere von dem Gedanken aus, dass die Sanktionen unzulässiger Leistungen aus dem Vermögen der KG innerhalb dieser Rechtsform gesucht werden sollten.

7. Gläubiger des Anspruchs aus den §§ 82 f GmbHG gegen ihre Gesellschafter bzw Kommanditisten ist, sofern man ihn bejaht, die Komplementär-GmbH, die indes nur Leistung in das Vermögen der KG verlangen kann[65]). Auch der Regressanspruch (§ 896 ABGB) wegen Befriedigung von Gläubigern der KG steht dieser Gesellschaft zu und zwar auch dann, wenn er sich wegen § 171 Abs 1 oder § 172 Abs 3 UGB gegen noch haftende Kommanditisten richtet. Soweit Leistungen der KG an Kommanditisten zurück zu gewähren sind, weil ihnen die schuldrechtliche Basis fehlt, ist es selbstverständlich die KG, die anspruchsberechtigt und aktivlegitimiert ist.[66]) Die GmbH hat keinen eigenen Anspruch, obwohl es darum geht, den bei ihr im Unterschied zum „natürlichen Komplementär" beschränkten Haftungsfonds gegen KG-spezifische Risiken abzusichern. Im Ergebnis sind damit aber keine negativen Konsequenzen verbunden. Denn es ist Sache der GmbH, Ansprüche gegen Kommanditisten geltend zu machen. Eine auf den KG-Vertrag gestützte Beschränkung ihrer Geschäftsführungsbefugnis bräuchte sie sich nicht entgegen halten lassen. Das ergibt sich daraus, dass sie

---

[63]) Dazu *Koppensteiner/Auer* aaO Rn 9 f; *Jabornegg/Artmann* aaO Rn 12 f, je mwN, insb der jetzt gleichliegenden Judikatur.

[64]) Siehe *Koppensteiner/Rüffler* (FN 5) § 82 Rn 20; *Koppensteiner/Auer* (FN 2) § 161 Rn 21.

[65]) Zu letzterem *Koppensteiner/Auer* aaO.

[66]) Anders noch *Koppensteiner/Rüffler* (FN 5) § 83 Rn 5 auf der Grundlage der in Deutschland dominierenden Ansicht.

jedenfalls über die actio pro socio klagebefugt ist.[67]) Eine Weisung der GmbH-Gesellschafter, den Anspruch nicht geltend zu machen, wäre jedenfalls dem Insolvenzverwalter gegenüber unbeachtlich und könnte darüber hinaus wegen § 25 Abs 3 oder Abs 5 GmbHG auch zu Schadensersatzpflichten des Geschäftsführers, ja der Gesellschafter selbst, führen. Abgesehen davon können KG-Gläubiger Ansprüche, für die Kommanditisten noch haften, auch selbst durchsetzen (§ 172 Abs 3, § 171 Abs 1 UGB).

Von seiner Prämisse aus war es für den OGH unproblematisch, den von ihm angenommenen Anspruch aus § 82 Abs 1, § 83 Abs 1 GmbHG der KG zuzuweisen. Dass das Ergebnis teilweise mit der hier präsentierten Lösung übereinstimmt, sollte aber nicht über den fundamentalen Unterschied in der Begründung hinwegtäuschen. Auch der BGH hält die KG für anspruchsberechtigt. Von seinem Ansatz aus – Anwendung der §§ 30 f dGmbHG auf die GmbH selbst – ist das aber kaum überzeugend begründbar.[68])

8. Die Anwendung der §§ 82 f GmbHG auf alle KGs mit einer nicht natürlichen Person als Komplementär wird bekanntlich damit begründet, nur so ließe sich ein angemessener Gläubigerschutz entwickeln. Bei diesem Gedanken handelt es sich um ein Musterbeispiel von wishful thinking. Er ist unvereinbar mit einem fundamentalen methodischen Prinzip. Rechtspolitische Desiderata sind demnach keine de lege lata zu schließenden Gesetzeslücken.[69])

Die Gläubiger einer GmbH & Co KG haben kein Recht darauf, stärker gesichert zu werden als die einer GmbH. Ebenso steht es mit KGs unter Beteiligung eines Komplementärs anderer Rechtsform, also zB einer Limited. Wer, wie *Karollus* und *Reich-Rohrwig* ein „Bedürfnis“ sieht, die §§ 82 f GmbHG zu Lasten dieser Kommanditisten analog anzuwenden[70]), mag de lege ferenda einiges für sich geltend machen können. De lege lata lässt sich dieses „Bedürfnis“ aber nicht befriedigen. Denn auch die Gläubiger einer Limited ohne Komplementärfunktion müssen sich mit dem für sie geltenden Drittschutz begnügen.

V. Zusammenfassung

1. a) Der OGH legt der von ihm angenommenen Anwendung der §§ 82 f GmbHG die Annahme einer nachträglichen Lücke zugrunde. Mit den dafür herangezogenen Vorschriften lässt sich das aber nicht begründen.

b) Auch eine anfängliche Lücke liegt nicht vor. Denn eine GmbH ist kein prinzipiell schlechterer Schuldner als eine natürliche Person. Entsprechendes gilt für die Haftung der Kommanditisten im Vergleich zu Gesellschaftern einer GmbH. Auch trifft es nicht zu, der natürlichen Person als Komplementär generell eine den KG-Gläubigern günstigere Motivationslage zuzuschreiben als einer juristischen Person. Rechtlich kommt es darauf im Übrigen nicht entschei-

[67]) Für Unabdingbarkeit dieser Klage *Koppensteiner*, GesRZ 2009, 197, 199, 201 gegen die hM.

[68]) Nachweise von Vertretern gleichsinniger Stellungnahmen bei *Altmeppen* (FN 26) § 30 Rn 163, der diesen Autoren selbst „beachtliche Gründe“ zubilligt.

[69]) Siehe *Kramer* (FN 13) 182.

[70]) Siehe oben bei FN 12.

dend an, weil die Geschäftsführungsbefugnis des Komplementärs abdingbar ist. Auch Lückenfüllung entweder über ein Nebeneinander KG-rechtlicher Gläubigerschutznormen und der §§ 82 f GmbHG oder durch ausschließliche Anwendung GmbH-rechtlicher Gläubigerschutzkonzepte würde auf unüberwindliche Schwierigkeiten stoßen. Denn beide Varianten kollidieren mit dem Kernfundament der Analogie, nämlich dem Gleichheitssatz.

2. a) Ein effektiver Gläubigerschutz bei der GmbH & Co KG muss so aussehen, dass die (mittelbare) Reduktion des Vermögens der Komplementär-GmbH oder wenigstens eines stammkapitalentsprechenden Vermögens durch Leistungen der KG an Kommanditisten vermieden werden kann.

b) § 172 Abs 3 UGB greift erst dann nicht mehr ein, wenn Leistungen an Kommanditisten, die die Haftsumme tangieren, sie aber übersteigen, vollständig in das Vermögen der KG zurückgeflossen sind. Darüber hinaus gibt es gute Gründe dafür, auch die Außenhaftung der Kommanditisten entsprechend weit auszudehnen.

c) Soweit Leistungen der KG an Kommanditisten die Fähigkeit der Komplementär- GmbH infrage stellen, die Verbindlichkeiten der KG zu erfüllen, ist ihre schuldrechtliche Grundlage wegen sittenwidriger Gläubigergefährdung nichtig. Unwirksam ist auch die Gestattung einer Entnahme, die die Erfolgsaussichten der GmbH & Co KG und damit die Interessen ihrer Gläubiger gefährden. Doch sind dabei die Weisungsbefugnisse der Gesellschafter einerseits, die Grenzen der Verpflichtungsfähigkeit der Komplementär-GmbH bezüglich KG-bedingter Reduktion des eigenen Vermögens andererseits zu beachten. Beide Unwirksamkeitsgründe entfallen im Übrigen, wenn die hier für richtig gehaltene Hypothese zur Außenhaftung der Kommanditisten akzeptiert würde.

d) Die Betroffenheit Dritter durch unzulässige Leistungen an Kommanditisten sieht nicht anders aus als im Kontext der §§ 82 f GmbHG.

e) Die Unanwendbarkeit einer § 83 Abs 3 und 4 GmbHG entsprechenden Regel auf Ansprüche aus § 172 Abs 3 UGB liefert kein Gegenargument gegen die ausschließliche Anwendbarkeit dieser Bestimmung bei Vermögenstransfers zugunsten von Kommanditisten, die das Vermögen der Komplementär-GmbH beeinträchtigen.

3. Die Anwendung der §§ 82 f GmbHG auf alle KG mit einer nicht natürlichen Person als Komplementär lässt sich entgegen der Auffassung des OGH und eines Teils der Literatur nicht begründen. So müssen sich die Gläubiger einer Limited & Co KG mit dem Schutz begnügen, der Gläubiger einer Limited auch sonst geboten wird.

Martin Karollus

Einlagenrückgewähr in der verdeckten Kapitalgesellschaft – 2 Ob 225/07p als Beispiel für eine gelungene Rechtsfortbildung

I. Die GmbH & Co KG als Personengesellschaft mit einer der Kapitalgesellschaft entsprechenden Haftungsstruktur

Für ihre Auftaktveranstaltung hat die „Gesellschaftsrechtliche Vereinigung Österreichs" ein brisantes Thema ausgesucht, das auch das erwartete große Interesse gefunden hat: Eine Bewertung und Auslotung der Konsequenzen des Urteils 2 Ob 225/07p[1]), mit dem die Finanzverfassung der GmbH & Co KG auf völlig neue Füße gestellt worden war. Die Vorträge zu der Grundsatzfrage, ob dem rechtsfortbildenden Ansatz des OGH zu folgen ist oder nicht, wurden von den VeranstalterInnen *Koppensteiner* und dem Verfasser übertragen, in der offenkundigen Erwartung, dass dabei völlig konträre Positionen vorgetragen werden. Diese Erwartung wurde nicht enttäuscht. Für den Verfasser war damit auch die Gelegenheit verbunden, die von ihm mitinitiierte rechtsfortbildende Verstärkung des Kapitalschutzes bei der GmbH & Co KG nochmals zu erläutern und insb auch auf die daran geübte Kritik einzugehen.

Keine Divergenz besteht allerdings in der grundsätzlichen rechtlichen Qualifikation der GmbH & Co KG: Diese ist und bleibt auch nach dem Urteil 2 Ob 225/07p eine Personengesellschaft,[2]) auf die vorrangig das Recht der KG (§§ 161 ff UGB) Anwendung findet; dasselbe gilt *mutatis mutandis* auch für eine OG, bei der keine natürliche Person als Gesellschafter fungiert; auf diese sind vorrangig §§ 105 ff UGB anzuwenden.[3])

---

[1]) OGH 29. 5. 2008, 2 Ob 225/07p GesRZ 2008, 310 mit Anm *Stingl* = GeS 2008, 315 mit Anm *Bauer* = ÖBA 2009/1522, 60 mit Anm *Bollenberger* = JBl 2008, 791 = ecolex 2008/343, 918 = RdW 2008/542, 581 = AnwBl 2008, 431 = ZIK 2009/162, 99.

[2]) So auch bereits ausdrücklich die ErläutRV zu einem IRÄG 1979 (dem späteren IRÄG 1982) 3 BlgNR 15. GP 27: *„Selbstverständlich werden solche Gesellschaften weiterhin als Personenhandelsgesellschaften anzusehen sein."* Siehe dazu etwa auch *Harrer*, Vermögensbindung bei der GmbH & Co KG, wbl 2009, 328 (330); *Karsten Schmidt*, Die GmbH & Co – eine Zwischenbilanz, GmbHR 1984, 272 (274 f) mwN.

[3]) Zur Vermeidung von Missverständnissen über die Position des Verfassers wurde für den vorliegenden Buchbeitrag daher nicht der Vortragstitel „Die GmbH ist eine Kapitalgesellschaft" beibehalten. Im nunmehr gewählten Titel kommt der eigentliche Gegenstand der Auseinandersetzung zum Ausdruck, nämlich die Frage, ob die vom 2. Senat im Urteil 2 Ob 225/07p vorgenommene Rechtsfortbildung zutreffend ist.

Der entscheidende Gesichtspunkt, der auch die in 2 Ob 225/07p vorgenommene Rechtsfortbildung trägt, besteht aber darin, dass mit der GmbH & Co KG (im engeren Sinn)[4], ebenso wie mit anderen Formen der „verdeckten Kapitalgesellschaft",[5]) das den Personengesellschaften eigentümliche Haftungsmodell – mit zumindest einer natürlichen Person als unbeschränkt haftendem Gesellschafter – verlassen und stattdessen im Ergebnis eine Haftungsstruktur wie bei einer Kapitalgesellschaft verwirklicht wird: Unbeschränkt haftender Gesellschafter ist ein Rechtsträger, der seinerseits nur beschränkt (mit seinem Gesellschaftsvermögen) haftet, wie etwa die Komplementär-GmbH bei der GmbH & Co KG. Im Ergebnis steht den Gläubigern daher nur eine GmbH (oder ein sonstiger Rechtsträger „mit beschränkter Haftung") als Haftender zur Verfügung, genauso wie wenn von vornherein eine GmbH als Unternehmensträgerin aufgetreten wäre. Dies wirft die – von *Koppensteiner* und von mir völlig unterschiedlich beantwortete – Frage auf, ob dann nicht auch ein dem Kapitalgesellschaftsrecht vergleichbarer Kapitalschutz vonnöten wäre.

Der grundsätzliche Bedarf für einen solcherart erweiterten Schutz – eine diesbezügliche Gleichstellung der verdeckten Kapitalgesellschaft mit den Kapitalgesellschaften – wurde in den letzten Jahrzehnten, wie im folgenden nachzuzeichnen sein wird, sowohl vom Gesetzgeber (unten II.) als auch von der Rsp (unten III.) anerkannt. In Deutschland wurde vom BGH bereits vor nunmehr fast 40 Jahren ein besonderes Kapitalschutzmodell für die GmbH & Co KG entwickelt, das allerdings hinter dem nunmehr vom 2. Senat des OGH aufgestellten Schutzstandard deutlich zurückbleibt (unten IV. B.). Und auch in der Lehre wird der Bedarf für einen über die einschlägigen Vorschriften des Personengesellschaftsrechts hinausgehenden Kapitalschutz soweit ersichtlich fast allgemein anerkannt (s dazu noch unten IV. A., VIII.), wesentliche Unterschiede bestehen aber hinsichtlich der genaueren Ausgestaltung und damit verbunden der Reichweite der erforderlichen Rechtsfortbildung.

---

[4]) Einzige Komplementärin ist hier eine GmbH. Zu den verschiedenen Erscheinungsformen der GmbH & Co KG s nur *Jabornegg/Artmann* in *Jabornegg/Artmann*, UGB² (2010) § 161 Rz 30.

[5]) Erfasst sind alle eingetragenen Personengesellschaften (KG oder OG), bei denen keine natürliche Person als unbeschrankt haftender Gesellschafter fungiert. Die GmbH & Co KG (im engeren Sinn) stellt zwar die in der Praxis am meisten verbreitete Erscheinungsform einer verdeckten Kapitalgesellschaft dar, die im vorliegenden Beitrag diskutierten Fragen stellen sich aber auch gleichermaßen für andere verdeckte Kapitalgesellschaften, von der AG & Co KG über die Verein, Gemeinde oder Limited & Co KG bis hin zur OG, bei der keine natürliche Person Gesellschafter ist. – Der Begriff der „verdeckten Kapitalgesellschaft" entstammt ursprünglich der Terminologie in der Rechnungslegung, hat sich inzwischen aber allgemein für die hier beschriebenen Gestaltungen eingebürgert. Im vorliegenden Beitrag wird daneben auch – ohne Unterschiede bzgl des Inhalts – die Bezeichnung als „Personengesellschaft & Co" verwendet. Die Bezeichnung als „GmbH & Co KG" wird hingegen weitgehend vermieden, um dem – unrichtigen – Eindruck einer Beschränkung des hier behandelten Themas nur auf diese Erscheinungsform der verdeckten Kapitalgesellschaft entgegenzuwirken.

II. Gleichstellung durch den Gesetzgeber

Der österreichische Gesetzgeber hat seit nunmehr fast 30 Jahren in mehreren Schritten eine zunehmende Gleichstellung der verdeckten Kapitalgesellschaften mit den Kapitalgesellschaften vorgenommen:[6])

A. Überschuldung (§ 67 KO/IO)

Den Beginn hat die Erweiterung des bis dahin nur für juristische Personen und für Verlassenschaften geltenden Überschuldungstatbestandes (§ 67 KO, nunmehr IO) auf „Personengesellschaften des Handelsrechts" (seit dem HaRÄG[7]): eingetragene Personengesellschaften[8])), bei denen keine natürliche Person unbeschränkt haftet, durch das IRÄG 1982[9]) gemacht. Damit wurde dem Umstand Rechnung getragen, dass auch bei den verdeckten Kapitalgesellschaften keine natürliche Person unbeschränkt mit ihrem Privatvermögen haftet, und daher derselbe Bedarf für eine Vorverlagerung der materiellen Insolvenz auch auf Fälle fehlender Schuldendeckung[10]) besteht wie bei von vornherein nur beschränkt haftenden Rechtsträgern.[11])

---

[6]) Berücksichtigt werden hier nur jene Maßnahmen, die einen Bezug zum Gläubigerschutz und zur Finanzverfassung haben, und daher etwa nicht die firmenrechtliche Vorgabe über den Rechtsformzusatz (§ 19 Abs 2 UGB im Anschluss an die bereits davor hA, s dazu nur *Schuhmacher* in *Straube*, HGB I³ [2003] § 19 Rz 17; *Fromherz* in *Jabornegg*, HGB¹ [1997] § 19 Rz 28 ff, jeweils mwN).

[7]) BGBl I 2005/120.

[8]) Eine Beschränkung auf *unternehmerisch tätige* verdeckte Kapitalgesellschaften ist hier, anders als in § 189 Abs 1 Z 1 UGB und in § 22 Abs 2 URG, nicht vorgesehen.

[9]) BGBl 1982/370.

[10]) Nach dem nunmehr maßgeblichen „modifizierten zweistufigen Überschuldungsbegriff" (OGH 3.12.1986, 1 Ob 655/86 EvBl 1987/104 = wbl 1987, 74 mit Anm *Wilhelm* = ÖBA 1987, 332 = RdW 1987, 126 ua; RIS-Justiz RS0064962) freilich mit der Maßgabe, dass eine insolvenzrechtlich relevante Überschuldung bei einer positiven Fortbestehensprognose noch nicht gegeben ist, s dazu nur *Karollus/Huemer*, Die Fortbestehensprognose im Rahmen der Überschuldungsprüfung² (2006) mwN.

[11]) In den ErläutRV zum IRÄG 1979 (dem späteren IRÄG 1982) ist in diesem Zusammenhang davon die Rede, dass den Personengesellschaften, deren Gesellschafter juristische Personen sind, der Konkursgrund der Zahlungsunfähigkeit „zu wenig angemessen" sei, und daher „zum Schutz der Gläubiger" eine Änderung (dh die Einbeziehung dieser Rechtsformen in den Überschuldungstatbestand) vorgenommen werde (3 BlgNR 15. GP 27). Warum den verdeckten Kapitalgesellschaften eine derartige Sonderstellung zukommt (wie zu vermuten ist: wegen der fehlenden persönlichen Haftung einer natürlichen Person!), wurde offenbar als derart selbstverständlich erachtet, dass darauf gar nicht mehr eingegangen wurde.

B. Rechnungslegung (§ 189 Abs 1 Z 1, § 221 Abs 5, § 244 Abs 3 UGB)

Mit dem RLG 1990[12]) wurden rechnungslegungspflichtige (vollkaufmännische) verdeckte Kapitalgesellschaften[13]) im Hinblick auf die Rechnungslegung den Kapitalgesellschaften gleichgestellt (§ 221 Abs 3 – seit dem EU-GesRÄG[14]) Abs 5 – und § 244 Abs 3 HGB; nunmehr § 221 Abs 5 und § 244 Abs 3 UGB). Unmittelbarer Anlass dafür waren zwar entsprechende unionsrechtliche Vorgaben in der 4. und 7. RL (beim RLG im Wege eines „Vorgriffs" auf den für die Zukunft angestrebten Beitritt Österreichs zur EG/EU)[15]), die dahinterstehende Wertung ist aber dennoch klar: Die im Hinblick auf ihre Haftungsstruktur einer Kapitalgesellschaft entsprechenden verdeckten Kapitalgesellschaften sollten auch bezüglich der Rechnungslegung denselben Vorgaben unterliegen wie eine Kapitalgesellschaft. Die „kleinen" verdeckten Kapitalgesellschaften (GmbH & Co KEG) blieben davon zunächst – mangels einer Rechnungslegungspflicht – ausgespart.

Durch das HaRÄG wurde diese Lücke geschlossen und die Parallele zu den Kapitalgesellschaften dahingehend verschärft, dass unternehmerisch tätige verdeckte Kapitalgesellschaften per se, also unabhängig von irgendwelchen Größenmerkmalen, rechnungslegungspflichtig sind (§ 189 Abs 1 Z 1 UGB);[16]) auch für sie gelten dann in weiterer Folge über § 221 Abs 5 und § 244 Abs 3 UGB die verschärften Anforderungen an Kapitalgesellschaften. Die Gleichstellung wurde damit – für alle unternehmerisch tätigen verdeckten Kapitalgesellschaften[17]) – konsequent verwirklicht.

---

[12]) BGBl 1990/475.

[13]) Bis zum HaRÄG wurde überdies darauf abgestellt, ob eine natürliche Person *mit Vertretungsbefugnis* als unbeschränkt haftender Gesellschafter fungiert. Zur Kritik daran s etwa *Geist* in *Jabornegg*, HGB[1] § 221 Rz 31.

[14]) BGBl 1996/304.

[15]) Die ErläutRV zum RLG nehmen demgemäß als Begründung auf eine in der EG zu beobachtende Tendenz – den damaligen Vorschlag für eine GmbH & Co-RL, mit der der Anwendungsbereich der 4. und 7. RL entsprechend erweitert werden sollte, wozu es dann in der Folge auch tatsächlich gekommen ist – Bezug (1270 BlgNR 17. GP 53). In den ErläutRV zum EU-GesRÄG wird nur die Überschreitung des durch die RL vorgegebenen Mindeststandards erläutert (32 BlgNR 20. GP 63 f). – Zur Erklärung mit der bei diesen Rechtsformen verwirklichten faktischen Haftungsbeschränkung s nur *Geist* in *Jabornegg*, HGB[1] § 221 Rz 29.

[16]) In den Gesetzesmaterialien findet sich dazu, abgesehen von einer Paraphrasierung der gesetzlichen Anordnung, keine Begründung (ErläutRV zum HaRÄG 1058 BlgNR 22. GP 49). Man wird aber mit der Annahme, dass auch dafür die haftungsrechtliche Sonderstellung dieser Gesellschaftsformen eine entscheidende Rolle gespielt hat, wohl nicht fehlgehen.

[17]) Der Grund für die Ausklammerung der nicht unternehmerisch tätigen Gesellschaften geht aus den Gesetzesmaterialien nicht hervor. Dies mag aber damit zusammenhängen, dass von nicht unternehmerisch tätigen (etwa nur vermögensverwaltenden) Gesellschaften tendenziell eine geringere Gläubigergefährdung ausgeht, allenfalls aber auch mit einem allgemeinen Grundprinzip der Beschränkung der Rechnungslegungspflicht nach § 189 UGB auf Unternehmer; nur bei den Kapitalgesellschaften folgt die Unterneh-

C. Haftung bei Reorganisationsbedarf (§ 22 Abs 2 URG)

Bereits davor ist es durch das IRÄG 1997[18]) zu einer Einbeziehung auch der verdeckten Kapitalgesellschaften in das Haftungskonzept des URG gekommen (§ 22 Abs 2 URG):[19]) Die Haftungsbestimmungen der §§ 22 ff URG gelten demnach auch für (seit dem HaRÄG) unternehmerisch tätige verdeckte Kapitalgesellschaften; wie bei den Kapitalgesellschaften und sonstigen juristischen Personen kommt es überdies darauf an, ob sie einer Pflichtprüfung unterliegen.[20]) Darin kann man eine mit der Ausweitung des Überschuldungstatbestandes vergleichbare Vorverlegung auch des mit einer rechtlichen Sanktion verbundenen Krisentatbestandes und damit der Insolvenzprophylaxe für die verdeckten Kapitalgesellschaften sehen. Auch dadurch wird ein besonderer Gläubigerschutzbedarf gerade bei der „Personengesellschaft & Co" zum Ausdruck gebracht.

D. Eigenkapitalersatz (§ 4 Z 3 EKEG)

Und ebenso ist in § 4 EKEG[21]) – im Anschluss an die bereits davor gleichgerichtete Rsp zu den „Rechtsprechungsregeln" (unten III. B.) – eine Gleichstellung der verdeckten Kapitalgesellschaften[22]) mit den Kapitalgesellschaften (und mit Genossenschaften mit beschränkter Haftung) im Hinblick auf das Eigenkapitalersatzrecht erfolgt. Aufgrund der Nähe des Eigenkapitalersatzrechts zum Verbot der Einlagenrückgewähr und zur Kapitalerhaltung lässt sich diese Maßnahme auch als ein deutlicher Fingerzeig für eine generelle Einbeziehung der verdeckten Kapitalgesellschaften in das kapitalgesellschaftsrechtliche System der Kapitalerhaltung verstehen. In den Gesetzesmaterialien[23]) ist demgemäß im Zusammenhang mit § 4 EKEG davon die Rede, dass jene Gesellschaftsformen aufgezählt seien, bei denen keine natürliche Person unbeschränkt haftet *und bei denen Kapitalerhaltungspflichten im weiteren Sinne bestehen.* Die Gesetzesverfasser sind also selbst vom Bestehen besonderer, über die Rechtslage bei der (von § 4 EKEG nicht erfassten) „gesetzestypischen" Personengesellschaft hinausgehender Kapitalerhaltungspflichten bei den „Personengesellschaften & Co" ausgegangen.

---

mereigenschaft bereits aus § 2 UGB und bedurfte daher in § 189 Abs 1 Z 1 UGB nicht mehr einer gesonderten Erwähnung.

[18]) BGBl I 1997/114.

[19]) Siehe dazu auch die ErläutRV 734 BlgNR 20. GP 85, wo aber die Gründe für die Einbeziehung der verdeckten Kapitalgesellschaften nicht angegeben werden.

[20]) Auf kleine, nicht aufsichtsratspflichtige „Personengesellschaften & Co" (s dazu § 268 Abs 1 Satz 2 UGB) sind §§ 22 ff URG also nicht anwendbar.

[21]) Erlassen wurde dieses Gesetz mit dem GIRÄG 2003, BGBl I 2003/92.

[22]) Hier wurde von vornherein nicht nur auf „Personengesellschaften des Handelsrechts" abgestellt: Erfasst sind vielmehr alle Personengesellschaften, bei denen kein unbeschränkt haftender Gesellschafter eine natürliche Person ist. Anders als in § 189 UGB und § 22 Abs 2 URG erfolgt keine Einschränkung auf *unternehmerisch tätige* verdeckte Kapitalgesellschaften. Das EKEG kommt daher auch unabhängig von einer Rechnungslegungspflicht oder von einer Pflichtprüfung für die Jahresabschlüsse zur Anwendung.

[23]) ErläutRV 124 BlgNR 22. GP 8. Zu dem gleichzeitig geschaffenen § 11 EKEG wird auch die Rsp zur Einbeziehung der „Nur-Kommanditisten" bestätigt (aaO 11).

Bereits an dieser Stelle ist festzuhalten, dass die „Personengesellschaft & Co“ durch das EKEG *als solche* in das Eigenkapitalersatzrecht einbezogen wird, also nicht nur – wie es den früheren deutschen Rechtsprechungsregeln[24]) entsprochen hätte – über einen „mittelbar“ aus der Komplementärgesellschaft abgeleiteten Schutz; auf die Rechtsform der Komplementärin kommt es nach dem EKEG[25]) nicht an, und auch nicht auf eine Gesellschafterstellung in der Komplementärgesellschaft. Dies entspricht vollinhaltlich dem Ansatz, der nunmehr in 2 Ob 225/07p auch für das Ausschüttungsverbot verwirklicht wurde.

III. Weitere Gleichstellungsschritte durch die Rechtsprechung vor 2 Ob 225/07p

Neben dem Gesetzgeber hat auch die österreichische Rsp wichtige Schritte zu einer Gleichstellung der verdeckten Kapitalgesellschaften mit den Kapitalgesellschaften im Bereich des Gläubigerschutzes und der Kapitalerhaltung gesetzt:

A. 2 Ob 594/95: Zwingendes Liquidationsrecht

In der Entscheidung 2 Ob 594/95[26]) hat der OGH ausgesprochen, dass die – an sich dispositiven – Liquidationsvorschriften für Personengesellschaften (§§ 145 ff HGB/UGB), insb im Hinblick auf den Vorrang der Gläubigerbefriedigung, im Falle einer verdeckten Kapitalgesellschaft zwingenden Charakter hätten. Zur Begründung wurde folgendes ausgeführt:

„Das Gesetz sieht für das Liquidationsverfahren bei OHG und KG keine besonderen Maßnahmen zum Schutz der Gläubiger vor (...). Nach neuerer Ansicht (...) ist aber bei einer GmbH & Co KG in engerem Sinn – wie sie hier gegeben war – eine teleologische Reduktion des § 145 Abs 1 HGB dahin geboten, daß sich die Abdingbarkeit des Liquidationsrechts in einem solchen Fall nicht auf den Vorrang der Gläubigerbefriedigung bezieht. Da bei dieser gesellschaftsrechtlichen Mischform lediglich eine juristische Person unbeschränkt weiter haftet und § 67 KO indirekt das Gesellschaftsvermögen zugunsten der Gläubiger schützt, überzeugen bei der GmbH & Co KG im engeren Sinn die wesentlichen Argumente für die Dispositionsfreiheit der Gesellschafter in Liquidationsangelegenheiten (unbeschränkte Weiterhaftung mindestens eines Gesellschafters, Fehlen von Kapitalerhaltungsvorschriften) nicht. Insbesondere das Befriedigungs- bzw Zurückbehaltungsgebot der §§ 149, 155 HGB – welche Vorschriften gemäß § 161 Abs 2 HGB auch auf die Kommanditgesellschaft Anwendung finden – ist daher bei der GmbH & Co KG im engeren Sinn zwingendes Recht.

[24]) Siehe dazu auch unten IV. B.

[25]) Denselben rechtsformneutralen Ansatz verfolgten auch die früheren deutschen „Novellenregeln“ (§§ 129a und 172a dHGB aF); ebenso nunmehr auch § 39 Abs 4 Satz 1 InsO idF des Gesetzes zur Modernisierung des GmbH-Rechts und zur Bekämpfung von Missbräuchen (MoMiG) vom 23. 10. 2008, dBGBl 2008 I, Seite 2026.

[26]) OGH 21. 12. 1995, 2 Ob 594/95 SZ 68/244.

Der erkennende Senat folgt dieser Ansicht. Er ist der Auffassung, daß es sich bei den eben genannten Geboten zumindest im Falle einer GmbH & Co KG im engeren Sinn um Gläubigerschutzvorschriften handelt, deren Verletzung gegenüber den Gesellschaftsgläubigern haftbar machen kann (...)."

Bereits damit hat der OGH konsequent den Weg begonnen, der dann in 2 Ob 225/07p – zumindest vorläufig – vollendet wurde: Die GmbH & Co KG ist hinsichtlich ihrer Haftungsstruktur nicht mit einer normalen Personengesellschaft vergleichbar, und daher im Wege der Rechtsfortbildung besonderen, verschärften Anforderungen – und zwar jenen, die auch für Kapitalgesellschaften gelten[27]) – zu unterwerfen. Dass es beim Vorrang der Gläubigerbefriedigung gegenüber einer Vermögensauskehr an die Gesellschafter um Gläubigerschutz und um Kapitalerhaltung im engsten Sinn geht, und dass die Liquidation auch nicht notwendig nur mit einer Krise zu tun hat (auch hochvermögende Gesellschaften können liquidiert werden), werden wohl selbst die Gegner eines strengen Kapitalschutzes bei der verdeckten Kapitalgesellschaft nicht ernsthaft leugnen können (s dazu auch noch unten VII. C.).

B. Anwendung des Eigenkapitalersatzrechts

Ab 1996 ist es dann auch zur Anwendung des – zunächst für die GmbH entwickelten[28]) – Eigenkapitalersatzrechts auf die GmbH & Co KG, mit einer Einbeziehung auch von „Nur-Kommanditisten", gekommen,[29]) was später vom Gesetzgeber mit dem EKEG (oben II. D.) auch in derselben Weise kodifiziert wurde. Auch damit hat der OGH eine Sonderstellung der „Personengesellschaft & Co" zum Ausdruck gebracht: Auf die „gesetzestypische" Personengesellschaft – mit zumindest einer natürlichen Person als Komplementär – wurde das Eigenkapitalersatzrecht gerade nicht angewandt.[30]) Begründet wurde dies zunächst mit dem für diese Gesellschaften nicht geltenden „Trennungsprinzip" (8 Ob 54/99w), dann aber auch spezifischer mit dem Fehlen von Kapitalerhaltungsvorschriften

---

[27]) Richtig ist allerdings der Hinweis von *Kalss/Eckert/Schörghofer*, Ein Sondergesellschaftsrecht für die GmbH & Co KG? GesRZ 2009, 65 (67) und *Kalss*, Kapitalschutzregeln der GmbH & Co KG, in GedS Arnold (2011) 77 (88, 93), dass der OGH das von ihm angestrebte Ergebnis nicht durch eine analoge Anwendung des GmbH-Rechts, sondern durch eine Rechtsfortbildung innerhalb der Vorschriften über die OHG und KG (Zwingendstellung der dort vorhandenen Vorschriften über die Liquidation) erreicht hat. In der Sache wurde damit aber derselbe zwingende Vorrang der Gläubigerbefriedigung hergestellt wie bei der GmbH. Zur möglichen Übertragung dieses Begründungsansatzes auf die hier interessierende Frage des Ausschüttungsverbotes s noch unten VIII. B.

[28]) Siehe dazu die Grundsatzentscheidung zur Übernahme der im deutschen Recht entwickelten Grundsätze über Eigenkapital ersetzende Gesellschafterdarlehen OGH 8. 5. 1991, 8 Ob 9/91 SZ 64/53 = wbl 1991, 399 mit Anm *Ostheim*.

[29]) OGH 24. 7. 1996, 8 Ob 2124/96b SZ 69/166 (obiter); 25. 11. 1997, 4 Ob 344/97k; 12. 3. 1998, 8 Ob 336/97p; 12. 2. 2003, 9 ObA 263/02w.

[30]) Siehe dazu nur OGH 26. 8. 1999, 8 Ob 54/99w RdW 2000/14, 25; OGH 26. 4. 2001, 8 Ob 72/00x GesRZ 2001, 191; OGH 12. 2. 2003, 9 ObA 263/02w.

(8 Ob 72/00x[31]) und 9 ObA 263/02w[32])). In den beiden zuletzt angeführten Entscheidungen hat damit auch der OGH – ebenso wie später der Gesetzgeber bei Erlassung des EKEG (oben II. D.) – den Zusammenhang des Eigenkapitalersatzrechts mit dem Prinzip der Kapitalerhaltung hervorgehoben und zugleich zum Ausdruck gebracht, dass für die „Personengesellschaft & Co" generell besondere Grundsätze der Kapitalerhaltung gelten, aus denen dann auch die Anwendung des Kapitalersatzrechts abgeleitet werden könne. Damit werden auch jene Literaturstimmen widerlegt, die einen Zusammenhang des Eigenkapitalersatzrechts mit der Kapitalerhaltung leugnen wollen (unten VII. C.).

C. 8 Ob 2124/96b im Besonderen

Bemerkenswerte Aussagen zum Grund für die Gleichstellung finden sich wieder in der Entscheidung 8 Ob 2124/96b:[33])

„Mit § 67 KO idF des IRÄG 1982 hat der Gesetzgeber Handelsgesellschaften, bei denen kein persönlich haftender Gesellschafter eine natürliche Person ist, den Kapitalgesellschaften bezüglich des Konkursgrundes der Überschuldung gleichgestellt. Derartige Handelsgesellschaften wurden auch bezüglich der Rechnungslegung gemäß § 221 Abs 3 HGB idF des Rechnungslegungsgesetzes den für die geschäftsführende Kapitalgesellschaft geltenden Vorschriften unterworfen. (…) Diese unterschiedliche Behandlung von Kapitalgesellschaften und anderen Vollkaufleuten ist darin begründet, daß bei Kapitalgesellschaften das streng vom Privatvermögen der Gesellschafter getrennte (…) Kapital der Gesellschaft das einzige Haftungssubstrat bildet (…). Da dies auch auf die GmbH & Co KG zutrifft, ist ihre Gleichstellung mit den Kapitalgesellschaften gerechtfertigt."

Als *obiter dicta* finden sich in dieser Entscheidung dann auch Ausführungen zur Erstreckung des Eigenkapitalersatzrechts und des Verbots der Einlagenrückgewähr[34]) (!) auf die GmbH & Co KG; im zu entscheidenden Fall ging es hinge-

[31]) Der OGH hat dazu folgendes ausgeführt: *„Das Kapitalersatzrecht ist richtigerweise als Ausprägung des Kapitalerhaltungsprinzips zu verstehen; es muss daher auf alle Rechtsformen Anwendung finden, bei denen es besondere Grundsätze der Kapitalerhaltung gibt. Eine Erstreckung der Eigenkapitalersatzrechts auf alle Rechtsformen mit unbeschränkter persönlicher Haftung einer natürlichen Person ist jedoch abzulehnen (8 Ob 54/99w = wbl 2000, 90 = ZIK 2000, 31; Karollus, ÖBA 1997, 105 [107] mwN zu Lehre und Rechtsprechung)."*

[32]) Der OGH hat in dieser Entscheidung die Ausklammerung der „gesetzestypischen" Personengesellschaften wie folgt begründet: *„Eine allgemeine Ausdehnung dieses Prinzips auf Personalgesellschaften mit einem persönlich haftenden Gesellschafter wurde von der Rechtsprechung (8 Ob 72/00x = ecolex 2002/9 ua; 8 Ob 54/99x = wbl 2000, 90 ua) unter ausdrücklicher Billigung der Lehrmeinung von Karollus („Kapitalersetzende Leistungen, jüngste Entwicklungen und Zukunftsperspektiven" in ÖBA 1997, 105, 107) abgelehnt. Letzterer weist nämlich zutreffend darauf hin, dass die Erstreckung des Kapitalersatzrechts auch auf alle Rechtsformen mit unbeschränkter persönlicher Haftung jedenfalls einen Quantensprung darstellen würde, weil dann ein Zusammenhang des Kapitalersatzrechts mit besonderen (Anm: – von der Rechtsprechung bisher zur Begründung der Einschränkung des Konkursteilnahmeanspruchs herangezogenen -) Kapitalerhaltungsvorschriften nicht mehr herstellbar wäre."*

[33]) OGH 24. 7. 1996, 8 Ob 2124/96b SZ 69/166.

[34]) Aus den in diesem Zusammenhang gebrachten Zitaten könnte allerdings uU abzuleiten sein, dass der OGH damit primär den vom deutschen BGH entwickelten Ansatz

gen nur darum, Schadenersatzansprüche der Kommanditisten und von atypisch stillen Gesellschaftern gegenüber der Komplementär-GmbH abzuschneiden.

Auch der 8. Senat hat damit die ein Jahr davor vom 2. Senat getroffene Wertung bestätigt, wonach die GmbH & Co KG eine haftungsrechtliche Sonderstellung besitzt, auf die mit besonderen Kapitalschutzvorschriften – und zwar konkret einer Gleichstellung mit den Kapitalgesellschaften – zu reagieren ist.

D. 10 Ob 46/05w: Erstreckung des Überschuldungstatbestandes auf die & Co KEG

Zu erwähnen ist schließlich die Entscheidung 10 Ob 46/05w[35]), mit der der OGH den – bis zum HaRÄG nur auf verdeckte Kapitalgesellschaften in der Rechtsform einer „Personengesellschaft des Handelsrechts" abstellenden – Überschuldungstatbestand des § 67 KO auch auf entsprechende Eingetragene Erwerbsgesellschaften erstreckt hat. Zur Begründung dafür hat der OGH allerdings einen anderen Weg als bisher gewählt und sich vor allem auf die ansonsten sehr weitgehende Gleichstellung der Eingetragenen Erwerbsgesellschaften mit den Personengesellschaften des Handelsrechts gestützt, weshalb die Unterlassung einer entsprechenden Gleichstellung im Bereich der KO eine planwidrige Lücke darstelle:

„Ungeachtet dieser durchaus beachtenswerten Argumentation[36]) *sieht der Oberste Gerichtshof in dem Umstand, dass in den §§ 4 und 5 EGG weitgehende Verweise auf die für die Personengesellschaften des Handelsrechts (OHG, KG) geltenden Vorschriften des HGB, der 4. EVHGB und des Gewerberechts enthalten sind, während in Bezug auf die Regelungen der KO ein ausdrücklicher Verweis fehlt, eine planwidrige Gesetzeslücke, die durch Analogie zu schließen ist. Daher ist über eine KEG, bei der kein persönlich haftender Gesellschafter eine natürliche Person ist, auch bei Überschuldung der Konkurs zu eröffnen."*

Gedanklich vorgelagert, wenn auch nicht ausdrücklich ausgesprochen, ist aber selbstverständlich der aus der Eigenart der & Co KG (KEG) resultierende Bedarf nach einer Vorverlagerung der materiellen Insolvenz; nur ausgehend davon konnte dann der OGH zu dem – zutreffenden – Ergebnis gelangen, dass alle verdeckten Kapitalgesellschaften und daher auch jene in der Rechtsform einer Eingetragenen Erwerbsgesellschaft in den Überschuldungstatbestand einbezogen werden müssen. Mit der Novellierung des § 67 KO/IO durch das HaRÄG (oben II. A.) wurde dieses Problem auch vom Gesetzgeber bereinigt.

---

bei einem „mittelbaren" Vermögensschutz über die Komplementär-GmbH (unten IV. B.) gemeint hat.

[35]) OGH 17. 2. 2006, 10 Ob 46/05w SZ 2006/23.

[36]) Gemeint: jener Literaturstimmen, die sich vor allem aus Gründen der Rechtssicherheit gegen eine Erweiterung im Wege der Analogie ausgesprochen und ein Handeln des Gesetzgebers für erforderlich gehalten haben. Die überwiegende Auffassung in der Literatur ist aber für die Analogie eingetreten, vgl nur *Karollus/Huemer*, Fortbestehensprognose[2] 40 mwN.

E. Zwischenbilanz

Sowohl der Gesetzgeber als auch die Rsp haben somit für die „Personengesellschaft & Co“ in mehreren Bereichen einen über das Personengesellschaftsrecht hinausgehenden Schutzstandard eingeführt, der jeweils in Richtung einer Gleichstellung mit den Kapitalgesellschaften gegangen ist. Als – vorerst – letzter noch fehlender großer Baustein des Kapitalschutzes für die verdeckten Kapitalgesellschaften ist aber der Bereich der Einlagenrückgewähr (des Ausschüttungsverbotes) bis zur Entscheidung 2 Ob 225/07p zunächst noch offengeblieben.

Angesichts der klaren Aussagen des OGH bereits ab Mitte der Neunziger Jahre ist die mit der angeführten Entscheidung vorgenommene Rechtsfortbildung auch im Bereich des Ausschüttungsverbots allerdings nicht besonders überraschend gekommen. Der 2. Senat hat vielmehr nur konsequent den Weg fortgesetzt, den er bereits mit der Entscheidung 2 Ob 594/95 begonnen und bis zu 10 Ob 46/05w fortgesetzt hatte. Dass für die „Personengesellschaft & Co“ besondere, über das Recht der (gesetzestypischen) Personengesellschaft hinausgehende Kapitalerhaltungsvorschriften bestehen, hat der OGH bereits konkret in den Entscheidungen 8 Ob 2124/96b, 8 Ob 72/00x und 9 ObA 263/02w ausgesprochen; dasselbe konnte man dann auch den Gesetzesmaterialien zum EKEG entnehmen (oben II. D.). Die Kritik derjenigen Autoren, von denen die Entscheidung 2 Ob 225/07p als angeblich nicht vorhersehbar bezeichnet wurde (unten VII. G.), kann daher nicht nachvollzogen werden.

IV. Gleichstellung auch im Bereich der Einlagenrückgewähr?

A. Notwendigkeit zusätzlicher Schutzinstrumente für die „Personengesellschaft & Co"

Dass ein Bedarf für über das Personengesellschaftsrecht hinausgehende zusätzliche Schutzinstrumente in der „Personengesellschaft & Co“ besteht, mit denen in der einen oder anderen Form auch für diese zwingende Schranken für Ausschüttungen (Vermögenszuwendungen an Gesellschafter) aufgestellt werden, ist heute zumindest weitgehend anerkannt. Auf den Punkt gebracht hat dies etwa mit *Kalss* auch eine Autorin, die der Entscheidung 2 Ob 225/07p ursprünglich ablehnend gegenübergestanden ist (ihr aber nunmehr offenbar doch zumindest in den wesentlichen Ergebnissen folgt, s noch unten VIII. B.):

„Der Einsatz einer GmbH als Komplementärin dient vielfach dazu, den persönlich haftenden Gesellschafter zu ersetzen und die ihm vom Gesetz zugedachte Aufgabenstellung als Haftungsträger nicht zu erfüllen, geradezu zu ‚unterlaufen'.“[37])

„Bei der GmbH & Co KG besteht die Gefahr, dass das gesetzliche Gläubigerschutzkonzept der KG ausgehöhlt wird.“[38])

„Weil in der GmbH & Co KG ein persönlich haftender Gesellschafter mit unbeschränkter Haftung fehlt, zudem dessen Kontrollfunktion versagt, greift das ge-

---

[37]) GedS Arnold 85.

[38]) AaO 85.

setzgeberische Konzept der typischen KG mit den kommunizierenden Gefäßen der Vermögenszufuhr und der Ausdehnung der Haftung für Gesellschaftsschulden auf die Gesellschafter (Einlageleistung versus Aktivierung des Haftungsverbunds) nicht in ausreichendem Maß, da die im Firmenbuch eingetragene Haftsumme die persönliche Haftung der Kommanditisten-Gesellschafter beschränkt."[39])

„Die Folge, dass im Falle der Vermögensauskehr und Einlagenrückgewähr in der GmbH & Co KG Defizite für den Gläubigerschutz bestehen, weil die Rückgewähr als solche nicht unzulässig und unwirksam ist, sondern nur die Haftung wiederauflebt, die aber mangels Substrats ins Leere greift, ist evident."[40])

„Die Notwendigkeit einer über das Regelkonzept der KG hinausgehenden Anwendung bestimmter Schutzmechanismen ist unbestritten."[41])

Die offene und umstrittene Frage besteht aber darin, auf welche Weise und damit verbunden auch in welchem Umfang dieser Schutz verwirklicht werden soll. Bisher standen einander vor allem zwei in ihrer Begründung und hinsichtlich ihrer Reichweite völlig unterschiedliche Schutzkonzepte gegenüber, nämlich einerseits der vom deutschen BGH eingeführte „mittelbare" Schutz über die Komplementärgesellschaft (unten B.) und andererseits der in der neueren österreichischen Lehre entwickelte „unmittelbare" Schutz der „Personengesellschaft & Co" (unten C.). Als Reaktion auf die Entscheidung 2 Ob 225/07p, in der der OGH dem zweiteren Modell gefolgt ist, wurden nun in der österreichischen Literatur auch noch andere, stärker am Normenbestand des Personengesellschaftsrechts orientierte Ansätze entwickelt, die zum Teil allerdings zumindest fast auf dasselbe hinauslaufen wie der Ansatz des OGH (s dazu noch unten VIII.).

B. Mittelbarer Schutz über die Komplementär-GmbH als erster Schritt

1. Rechtsentwicklung in Deutschland

Der deutsche BGH hat auf das Gläubigerschutzdefizit bei der GmbH & Co KG dadurch reagiert, dass er – erstmals mit der Entscheidung BGHZ 60, 324[42]) – den für die Komplementär-GmbH geltenden Kapitalschutz (§ 30 dGmbHG) auch auf Ausschüttungen aus dem Vermögen der KG erstreckt hat, soweit damit auch Rückwirkungen auf das Vermögen der GmbH verbunden sind, dh bei dieser – entsprechend dem Regelungskonzept des § 30 dGmbHG – eine Unterbilanz entsteht oder noch weiter verschärft wird, *„denn nach dem Sinn und Zweck jener Vorschriften werden auch Zahlungen an einen Gesellschafter erfaßt, die mittelbar das dem Stammkapitalnennwert entsprechende Vermögen der GmbH mindern.*"[43]) Eine derartige Rückwirkung auf das Vermögen der KG kann aus einer Vermö-

[39]) AaO 86.

[40]) AaO 86.

[41]) AaO 89.

[42]) BGH 29. 3. 1973, II ZR 25/70 BGHZ 60, 324, 328 ff.

[43]) BGH 29. 3. 1973, II ZR 25/70 BGHZ 60, 324, 328. Dafür konnte sich der BGH auf die literarischen Vorarbeiten von *Kuhn*, Haftungsprobleme der GmbH & Co., in Festgabe für Heusinger (1968) 204 (213 ff) und *Winkler*, Die Haftungsverfassung der GmbH & Co. KG, NJW 1969, 1009 ff stützen.

gensbeteiligung der Komplementär-GmbH an der KG oder aus einer Passivierung von Haftungsansprüchen (§ 161 iVm § 128 dHGB) resultieren.[44]) Dies wurde dann auf eigenkapitalersetzende Leistungen[45]) und auf Zuwendungen an (nicht zugleich an der Komplementär-GmbH beteiligte) „Nur-Kommanditisten"[46]) erstreckt; letzteres wurde mit der Verantwortung auch der „Nur-Kommanditisten" für das Vermögen der GmbH (!) begründet, die wiederum aus der von einer normalen KG abweichenden Haftungs- und Organisationsverfassung abgeleitet wurde.[47]) Dass diese Überlegungen mit einem Kapitalschutz *der GmbH* nicht mehr viel zu tun haben und es in Wahrheit um die Gläubigerschutzerfordernisse in der KG geht, liegt auf der Hand. Trotz des Ansatzes bei dem Kapitalschutz der Komplementär-GmbH soll der Rückgewähranspruch (§ 31 dGmbHG) der KG zustehen,[48]) was mit den Interessen der Gesellschafter der KG (!) begründet wird.[49]) Auch hier wird das – sachgerechte – Ergebnis nicht mehr aus der Perspektive der GmbH, sondern vielmehr aus jener der KG abgeleitet. Das Abstellen auf das Interesse *der Kommanditisten* verdunkelt, worum es eigentlich geht, nämlich um den Kapitalschutz *in der KG* und *für die Gläubiger der KG.*

Auch die deutsche Lehre ist dem Ansatz des BGH gefolgt: Dies betrifft jedenfalls den Grundansatz beim Vermögensschutz der Komplementär-GmbH, überwiegend aber auch die Einbeziehung der „Nur-Kommanditisten" und die Zuordnung der Aktivlegitimation zur KG.[50])

2. Österreichische Lehre

Der Ansatz des BGH hat auch in der österreichischen Literatur zum Teil Gefolgschaft gefunden. Zu nennen sind hier etwa *Weber/Straube*[51]), *Paul Doralt*[52]),

[44]) BGH 29. 3. 1973, II ZR 25/70 BGHZ 60, 324, 329. Weiters etwa BGH 29. 9. 1977, II ZR 157/76 BGHZ 69, 274, 279 ff; BGH 24. 3. 1980, II ZR 213/77 BGHZ 76, 326, 336 f; BGH 20. 9. 1993, II ZR 151/92 BGHZ 123, 289, 296.

[45]) BGH 27. 9. 1976, II ZR 162/75 BGHZ 67, 171, 174 ff; BGH 24. 3. 1980, II ZR 213/77 BGHZ 76, 326, 329; BGH 8. 7. 1985, II ZR 269/84 BGHZ 95, 188, 191; BGH 19. 2. 1990, II ZR 268/88 BGHZ 110, 342, 346; BGH 20. 9. 1993, II ZR 151/92 BGHZ 123, 289, 296 und andere.

[46]) BGH 19. 2. 1990, II ZR 268/88 BGHZ 110, 342, 355 ff.

[47]) BGH 19. 2. 1990, II ZR 268/88 BGHZ 110, 342, 355 ff.

[48]) BGH 29. 3. 1973, II ZR 25/70 BGHZ 60, 324, 329 f; ebenso etwa BGH 29. 9. 1977, II ZR 157/76 BGHZ 69, 274, 279; BGH 19. 2. 1990, II ZR 268/88 BGHZ 110, 342, 346, 351.

[49]) BGH 29. 3. 1973, II ZR 25/70 BGHZ 60, 324, 329 f.

[50]) Zum Meinungsstand s nur *Habersack* in *Ulmer/Habersack/Winter*, Großkommentar zum GmbHG II (2006) § 30 Rz 101 ff; *H. P. Westermann* in *Scholz*, GmbHG I[10] (2006) § 30 Rz 57 ff; *Hommelhoff* in *Lutter/Hommelhoff*, GmbHG[17] (2009) § 30 Rz 60 ff; *Hueck/Fastrich* in *Baumbach/Hueck*, GmbHG[19] (2010) § 30 Rz 68 ff; *Altmeppen* in *Roth/Altmeppen*, GmbHG[6] (2009) § 30 Rz 159 ff; *Heidinger* in *Michalski*, GmbHG I[2] (2010) § 30 Rz 157 ff; *Pentz* in *Rowedder*, GmbHG[4] (2002) § 30 Rz 66 ff.

[51]) Die zivilrechtliche Haftung der Gesellschafter der GmbH & Co, in *Kastner/Stoll*, Die GmbH & Co KG im Handels-, Gewerbe- und Steuerrecht[2] (1977) 325 (339 ff).

[52]) Die Bezüge der Geschäftsführer der GmbH & Co im Handelsrecht, in *Kastner/Stoll*, GmbH & Co KG[2] 305 (316).

Dellinger[53]) *Fritz/Katja Schauer*[54]) sowie auch in jüngster Zeit noch *Koppensteiner/ Rüffler*[55]), *Koppensteiner/Auer*[56]) und *Schörghofer*[57]). Wie das angesichts der gravierenden Unterschiede zwischen § 30 dGmbHG und § 82 des österreichischen GmbHG – der gerade nicht nur auf die Erhaltung eines stammkapitalentsprechenden Vermögens abstellt, sondern das gesamte Vermögen einer Bindung unterwirft – genau funktionieren soll, wird allerdings von keinem dieser Autoren erläutert.

3. Defizite dieses Lösungsansatzes

Das Haftungskonzept des BGH ist, gemessen am Zeitpunkt seiner Entstehung vor nunmehr fast vierzig Jahren, zwar als wichtiger Meilenstein zur Herausbildung eines spezifischen Gläubigerschutzes in der „Personengesellschaft & Co" zu würdigen. Es leidet aber dennoch an gravierenden Mängeln und Schutzlücken, die sich aus dem Ansatz bei einem nur mittelbaren Schutz über die Komplementärgesellschaft ergeben:

- Ein Kapitalschutz über einen Schutz der Komplementärgesellschaft kann nur dann funktionieren, wenn die Komplementärgesellschaft eine Rechtsform aufweist, in der überhaupt ein spezifischer Kapitalschutz besteht. Dies ist bei den Hauptanwendungsfällen für verdeckte Kapitalgesellschaften, der GmbH & Co und der AG & Co, zwar der Fall, nicht aber etwa bei einer Verein & Co[58]) oder einer Gemeinde & Co.[59]) Auch bei einer ausländischen Rechtsform & Co (etwa einer Limited & Co) hängen das Bestehen und das konkrete Ausmaß des Kapitalschutzes davon ab, ob und in welchem Umfang das jeweilige ausländische Gesellschaftsrecht für die betreffende Rechtsform ein Ausschüttungsverbot vorsieht (und dieses auch auf „mittelbare" Ausschüttungen aus einer Beteiligungsgesellschaft anwenden würde).
- Der Kapitalschutz greift nur dann und insoweit ein, als das Vermögen der Komplementär-GmbH (AG) berührt wird. Nach dem in Deutschland entwickelten Modell geht es dabei im Rahmen der für § 30 dGmbHG maßgeblichen bilanziellen Betrachtungsweise darum, ob durch die Vermö-

---

[53]) Rechtsfähige Personengesellschaften in der Liquidation (2001) 65 ff.

[54]) Die GmbH & Co KG, SWK-Sonderheft (2001) 59 f.

[55]) GmbHG Kommentar³ (2007) § 82 Rz 20.

[56]) In *Straube*, UGB I⁴ (2009) § 161 Rz 21.

[57]) In *Kalss/Nowotny/Schauer*, Österreichisches Gesellschaftsrecht (2008) Rz 2/940.

[58]) So man nicht aus dem Verbot der vereinszweckwidrigen Verwendung von Vermögen (§ 1 Abs 2 Satz 2 VerG 2002) in der Sache ein Verbot der Einlagenrückgewähr ableitet (s dazu *Krejci/Sonja Bydlinski/Weber-Schallauer*, Vereinsgesetz 2002 Kurzkommentar² [2009] § 1 Rz 33 f), und dies dann auch auf „mittelbare" Ausschüttungen aus einer Beteiligungsgesellschaft des Vereins erstreckt.

[59]) Bei der österreichischen Privatstiftung – mit dem nur eingeschränkten Gläubigerschutz nach § 17 Abs 2 Satz 2 PSG – stellt sich das Problem zumindest bei gesetzeskonformem Handeln der Beteiligten deshalb nicht, weil dieser die Übernahme einer Stellung als persönlich haftender Gesellschafter bereits durch § 1 Abs 2 Z 3 PSG verboten ist. Sehr wohl wären aber Gestaltungen unter Einbeziehung von gemeinnützigen Stiftungen nach dem BStFG, dem jedenfalls kein entsprechendes ausdrückliches Verbot zu entnehmen ist, oder ausländischer Stiftungen denkbar.

gensabflüsse aus der KG bei der GmbH eine Unterbilanz herbeigeführt oder verschärft wird. Bei einer Übertragung auf § 82 GmbHG, nach dem das gesamte Vermögen geschützt wird und es gerade nicht auf eine bilanzielle Betrachtung ankommt,[60]) bleibt hingegen fraglich, woran die verpönten Rückwirkungen auf das Vermögen der GmbH gemessen werden sollen; warum soll es auch hier auf die bilanzielle Behandlung bei der GmbH (Passivierungspflicht) ankommen?[61]) Und ebenso dürfte es im Falle einer Vermögensbeteiligung der GmbH an der Personengesellschaft nicht auf die Auswirkungen der Vermögensausschüttung auf den Buchwert, sondern auf den Verkehrswert ankommen;[62]) nach beiden Varianten könnte also eine verbotene Ausschüttung nur in dem Umfang vorliegen, als tatsächlich ein *gerade daraus resultierender* Wertverlust der Beteiligung festgestellt wird. Da aber Unternehmen und Beteiligungen zumindest im Kern nach ganz anderen Gesichtspunkten als nach der vorhandenen Vermögenssubstanz bewertet werden (abgestellt wird vor allem auf künftig erwartete Erträge oder freie Cashflows), ist unsicher, ob und inwieweit ein konkreter Vermögensabfluss auf den Wert der Beteiligung einen Einfluss hat. Die Reichweite des Ausschüttungsverbots hängt damit von schwierigen Bewertungsfragen ab, mit deren Unschärfe jeder einschlägig befasste Praktiker schon leidvolle Erfahrungen gemacht hat. Ein effektives Gläubigerschutzinstrument lässt sich auf einer derart unsicheren Grundlage aber nicht aufbauen.

- Ausgehend von dem Ansatz bei einem Kapitalschutz in der Komplementärgesellschaft könnten eigentlich nur Zuwendungen an deren Gesellschafter erfasst werden, nicht aber solche an Gesellschafter der Personengesellschaft, die nicht auch gleichzeitig an der Komplementärgesellschaft beteiligt sind („Nur-Kommanditisten"). Der BGH und dem folgend die hA in Deutschland erfassen demgegenüber aber seit längerem – mit einer auf die Organisations- und Haftungsstruktur *der KG* abstellenden Begründung (!) – auch Zuwendungen an „Nur-Kommanditisten" (s dazu bereits oben 1.); konsequent ist das freilich nicht, sondern in Wahrheit das Eingeständnis, dass der nur „mittelbare" Schutz unzureichend ist und auch nicht mehr wirklich ernst genommen wird.[63])

---

[60]) Siehe dazu nur RIS-Justiz RS0105532: *„Die Kapitalerhaltungsvorschriften sollen nach ihrem Sinn und Zweck jede (unmittelbare oder mittelbare) Leistung an einen Gesellschafter erfassen, der keine gleichwertige Gegenleistung gegenübersteht und die wirtschaftlich das (im Geltungsbereich des § 30 dGmbHG: zur Erhaltung des Stammkapitals erforderliche) Vermögen verringert. Darunter fallen Zuwendungen oder Vergünstigungen aller Art ohne Rücksicht darauf, ob sie in der Handelsbilanz der Gesellschaft mit beschränkter Haftung (oder des Gesellschafters) einen Niederschlag finden."*

[61]) Dafür aber *Weber/Straube* in *Kastner/Stoll*, GmbH & Co KG² 340 (Rückstellungen als Rückzahlung?); *Koppensteiner/Rüffler*, GmbHG³ § 82 Rz 20 und *Koppensteiner/Auer* in *Straube*, UGB I⁴ § 161 Rz 21.

[62]) Auf den „Bilanzposten" abstellend hingegen *Weber/Straube* aaO. Bei *Koppensteiner/Rüffler* und *Koppensteiner/Auer* aaO findet sich zu dieser Frage gar keine Stellungnahme.

[63]) Konsequent hingegen *Koppensteiner/Rüffler*, GmbHG³ § 82 Rz 20 und wohl auch *Koppensteiner/Auer* in *Straube*, UGB I⁴ § 161 Rz 21, von denen eine Einbeziehung

- Dieselben Probleme bestehen hinsichtlich der Aktivlegitimation für Rückgewähransprüche: Ausgehend von einem Verbot der Einlagenrückgewähr in der Komplementärgesellschaft kann nur dieser (wenn auch allenfalls gerichtet auf Rückzahlung in das Vermögen der Personengesellschaft), nicht aber der Personengesellschaft die Aktivlegitimation zukommen. In der Insolvenz der KG würde es dann – auch bei einem auf Leistung in das Vermögen der KG gerichteten Anspruch – vom Wohlwollen der GmbH (deren Insolvenzverwalters[64])) abhängen, ob dieser Anspruch geltend gemacht wird. Der BGH und die hA in Deutschland lösen freilich auch diese Frage anders (oben 1.) und gelangen zu einer Aktivlegitimation der Personengesellschaft, was wiederum zwar sachgerecht, aber mit dem „mittelbaren" Ansatz über ein Verbot der Einlagenrückgewähr nur in der Komplementärgesellschaft kaum zu vereinbaren ist. Auch darin liegt also in Wahrheit ein Eingeständnis der Unvollkommenheit des „mittelbaren" Ansatzes.[65])
- Von einem auf den Schutz der Komplementär-GmbH abzielenden Kapitalerhaltungskonzept gar nicht erfasst werden können schließlich Ausschüttungen an die Komplementär-GmbH selbst. Zu dem auch insoweit bestehenden Schutzbedürfnis der Gläubiger der Personengesellschaft s noch unten VI. B.

Insgesamt lässt sich damit festhalten, dass der Ansatz über ein Verbot der Einlagenrückgewähr nur in der Komplementärgesellschaft immanente Mängel und Schutzlücken beinhaltet, die daraus resultieren, dass das was eigentlich gewollt wird – ein Ausschüttungsverbot für die „Personengesellschaft & Co" – nur auf einem Umweg – dem auch auf bestimmte („mittelbare") Vermögensabflüsse aus der Personengesellschaft erstreckten Ausschüttungsverbot in der

---

der „Nur-Kommanditisten" abgelehnt wird, dies allerdings um den Preis, dass der verwirklichte Kapitalschutz damit noch unzureichender wird. Dass sich die Einbeziehung der „Nur-Kommanditisten" ausgehend vom Ansatz des BGH nicht erklären lässt, wird auch von *Koppensteiner,* Über die Haftung der Kommanditisten bei Zuwendungen aus dem Vermögen einer GmbH & Co. KG (Nachlese zu OGH II Ob 225/07p), in FS für G. H. Roth (2011) 395 (402) bestätigt, der diese Lücke daher mit dem nunmehr von ihm vertretenen, unmittelbar in der KG ansetzenden Haftungskonzept (unten VIII. C.) schließen will. Darin liegt zugleich das Eingeständnis der Insuffizienz des bisher von diesem Autor vertretenen „mittelbaren" Schutzkonzepts.

[64]) Dass der Insolvenzverwalter der KG und jener der Komplementär-GmbH in der Praxis zumeist personenident sind, löst das Problem auch nicht zur Gänze, weil der Verwalter in seiner Funktion als Vertreter der Masse der GmbH nur deren Interessen und nicht jenen der Gläubiger der KG verpflichtet ist. Und unabhängig von der praktischen Lösbarkeit stellt bereits der Umstand, dass der Anspruch dem „falschen" Rechtsträger und damit an sich der „falschen" Insolvenzmasse zugeordnet wird, wohl mehr als nur einen konstruktiven Schönheitsfehler dar.

[65]) Auch insoweit konsequent hingegen *Koppensteiner/Rüffler,* GmbHG[3] § 83 Rz 5 und *Koppensteiner/Auer* in *Straube,* UGB I[4] § 161 Rz 21. Ausgehend von dem nunmehr von ihm vertretenen – ebenfalls bei der KG anknüpfenden – Haftungskonzept (unten VIII. C.) hingegen für eine Aktivlegitimation der KG *Koppensteiner* in FS Roth 404 f.

Komplementärgesellschaft[66]) – erreicht wird. Soweit diese Lücken bereits bisher zumindest von der hA in Deutschland dadurch korrigiert werden, dass dasselbe Ergebnis wie bei einem Ausschüttungsverbot direkt in der Personengesellschaft erzielt wird (Einbeziehung der „Nur-Kommanditisten“, Aktivlegitimation), ist dies zwar sachgerecht, aber nicht konsequent und in Wahrheit das Eingeständnis der Vorzugswürdigkeit eines Ausschüttungsverbots direkt in der Personengesellschaft. Damit drängt sich aber die Frage auf: Warum nicht gleich ein direkter Kapitalschutz in der „Personengesellschaft & Co“?

C. Gegenmodell in der neueren österreichischen Lehre: Unmittelbarer Kapitalschutz in der Personengesellschaft

1. Die Entwicklung dieses Konzepts in der neueren österreichischen Lehre

Genau hier setzt die neuere österreichische Lehre, der nunmehr auch der OGH gefolgt ist, an: Aufgrund der Schwächen der vom BGH entwickelten Lösung (oben B. 3.) und auch veranlasst durch die *obiter dicta* in der Entscheidung 8 Ob 2124/96b (oben III. C.) wurde ab dem Jahr 1996, zunächst vom Verfasser[67]), ein Gegenmodell entwickelt, wonach der Kapitalschutz direkt in der verdeckten Kapitalgesellschaft anzusetzen hat. Dies läuft also darauf hinaus, dass unmittelbar in dieser – und nicht nur in der Komplementär-GmbH – das Verbot der Einlagenrückgewähr Anwendung findet, also die Ausschüttungen direkt dort unterbunden werden, wo sie auch stattfinden und damit das, was gewollt wird – ein Kapitalerhaltungsgebot für die „Personengesellschaft & Co“ – ohne einen Umweg über einen in einer anderen Gesellschaft (der Komplementär-GmbH) stattfindenden Kapitalschutz als bloß „reflexartigen“ Schutz der Personengesellschaft erreicht wird. Diesem Ansatz haben sich in der Folge *Jabornegg*[68]), *Art-*

---

[66]) Bereits die Grundprämisse, dass auch Vermögensabflüsse aus einer Tochter- und sonstigen Beteiligungsgesellschaft zugleich eine Einlagenrückgewähr bei der Muttergesellschaft begründen können, ist keineswegs selbstverständlich, schon gar nicht seit der endgültigen Anerkennung der Rechtsfähigkeit der eingetragenen Persongesellschaften und der Beseitigung des früheren Gesamthandeigentumsmodells durch das HaRÄG. Auch darin kann man also schon den ersten Akt der Rechtsfortbildung oder zumindest einer sehr extensiven Handhabung des Ausschüttungsverbotes sehen. Zu einem ähnlichen Ansatz s aber nunmehr für die Schwesternverschmelzung OGH 15.4.2010, 6 Ob 226/09t RdW 2010/515, 509 = ecolex 2010/283, 776 = ZfRV 2010/42, 171 (L) = RWZ 2010/62, 264 mit Anm *Wenger* = wbl 2010, 535 = GesRZ 2010, 276 mit Anm *Winner/Obradović* = GES 2010, 123 („Österreichbezug“ des Verbots der Einlagenrückgewähr bei Benachteiligung einer mittelbar beteiligten österreichischen Gesellschaft).

[67]) *Karollus*, Verstärkter Kapitalschutz bei der GmbH & Co KG, ecolex 1996, 861 ff; mit Blick auf das deutsche Recht auch *ders*, Gedanken zum Kapitalschutz bei der GmbH & Co. KG, in FS Kropff (1997) 669 ff (der abweichende Ansatz in diesem Beitrag erklärt sich daraus, dass im deutschen Recht von § 30 dGmbHG als Analogiebasis auszugehen ist, der von vornherein nur einen gegenüber § 82 GmbHG geringeren Schutzumfang vorsieht).

[68]) In *Jabornegg*, HGB[1] § 161 Rz 56 – ob die Aussagen von *Jabornegg* nur als „sympathisierend“, die Frage aber letztlich offen lassend zu verstehen sind, wie *Kalss/Eckert/Schörghofer*, GesRZ 2009, 67 FN 28 meinen, kann dahingestellt bleiben. In der 2. Auflage

mann[69]) und – mit zusätzlichen Argumenten – *Reich-Rohrwig*[70]) angeschlossen. Zumindest ohne irgendeine Kritik oder Distanzierung wiedergegeben wird der Ansatz der neueren Lehre auch von *Kalss/Eckert*,[71]) verbunden mit dem Hinweis auf dessen mögliche künftige Übernahme durch den OGH (wie es dann auch nur wenige Jahre später mit der Entscheidung 2 Ob 225/07p tatsächlich gekommen ist).

Nur wenige Autoren sind dem Ansatz der neueren Lehre – mit Argumenten, die jetzt auch wieder in der Kritik an der Entscheidung 2 Ob 225/07p aufgegriffen werden[72]) – schon vor dieser Entscheidung entgegengetreten.[73]) Überwiegend wurde dabei davon ausgegangen, dass der Ansatz des BGH (oben IV. B.) einen ausreichenden Schutzmechanismus bereithalte und daher mangels einer Schutzlücke kein Bedarf bzw keine Legitimation für ein weitergehendes Schutzkonzept bestehe.[74]) Eine Sonderstellung nimmt hingegen *Wenger* ein, der sich sehr wohl im Einklang mit der neueren Lehre ausdrücklich für den Ansatz bei der KG ausgesprochen hat,[75]) das Ausschüttungsverbot aber auf Fälle der Insolvenz oder zumindest einer Krise der KG (allenfalls im Sinne des EKEG) beschränken wollte.[76])

Auch in Deutschland hat niemand geringerer als *Karsten Schmidt* bereits im Jahr 1989 genau dieselbe Rechtsfortbildung zumindest als Fernziel ausgegeben.[77]) Dabei wurde die Frage gestellt, ob der Ansatz des BGH angesichts der

---

des Kommentars wird die eindeutige Haltung von *Jabornegg* jedenfalls bestätigt (*Jabornegg/Artmann* in *Jabornegg/Artmann*, UGB² § 161 Rz 55).

[69]) Das „Ausmaß“ der Kommanditeinlage bei errichtender Umwandlung, GesRZ 1999, 26 (29).

[70]) Grundsatzfragen der Kapitalerhaltung bei AG, GmbH sowie GmbH & Co KG (2004) 401 ff.

[71]) Zentrale Fragen des GmbH-Rechts (2005) 298.

[72]) Zur Vermeidung von Wiederholungen wird daher an dieser Stelle von einer Wiedergabe der vorgetragenen Argumente abgesehen.

[73]) Vgl *Dellinger*, Rechtsfähige Personengesellschaften in der Liquidation 71; *Szep*, Umgründungen iZm Personengesellschaften im Lichte jüngster OGH-Rsp zur Kapitalerhaltung, ecolex 2008, 804 (807 f); *Wenger*, Zur Kapitalerhaltung bei der GmbH & Co KG, RWZ 2005, 326 ff; *Koppensteiner/Rüffler*, GmbHG³ § 82 Rz 20. Gegen eine Anwendung des § 82 GmbHG auf die KG selbst früher auch (noch lange vor der Entwicklung der darauf abzielenden Lehre in Österreich) *Weber/Straube* in *Kastner/Stoll*, GmbH & Co KG² 341.

Ambivalent war hingegen die Stellungnahme von *U. Torggler* in *Straube*, HGB³ § 145 Rz 12, der ausgeführt hatte, dass wohl die besseren Gründe für den nur „mittelbaren“ Schutz über die GmbH sprächen, dies aber im Fall der Gesetzwerdung von § 4 Z 3 und § 11 EKEG neu zu überdenken sei; genau zu dieser Gesetzwerdung ist es dann auch gekommen, was aber *U. Torggler* nicht daran gehindert hat, doch an seiner ablehnenden Haltung festzuhalten.

[74]) So *Dellinger*, *Szep*, *U. Torggler* (vorbehaltlich einer Neubewertung nach Erlassung des EKEG, s vorige FN) und *Koppensteiner/Rüffler*.

[75]) RWZ 2005, 328.

[76]) AaO 329.

[77]) *Karsten Schmidt*, Kapitalsicherung in der GmbH & Co KG: Schlußbilanz oder Zwischenbilanz einer Rechtsfortbildung? GmbHR 1989, 141 ff.

damit verbundenen Begründungsprobleme und Schutzlücken[78]) nicht eine nur provisorische Lösung sei, und festgehalten:

„Ein solches prinzipielles Umdenken – weg vom bloßen Kapitalschutz der Komplementär-GmbH und hin zum eigenen Kapitalschutzrecht der GmbH & Co als Kommanditgesellschaft – scheint, wie zu zeigen sein wird, das Konzept der Zukunft zu sein.“[79])

Als Orientierungspunkt für die Fortbildung des Kapitalschutzes *in der KG* hat er weiterhin das Recht der GmbH vorgeschlagen[80]) und daher auch die direkte Anwendung des § 30 dGmbHG auf die KG.[81])

In einem neueren Beitrag aus dem Jahr 2000 hat *Karsten Schmidt* dieses Anliegen nochmals im Zusammenhang mit dem Problem der „Limited & Co“ wiederholt:[82])

„Methodisch könnte eine entsprechende Anwendung der §§ 30, 31 GmbHG auf die Kapitalgesellschaft & Co. selbst – nicht bloß auf die mittelbar betroffene Komplementärin – weiterhelfen.“

Genau dies entspricht auch dem Anliegen des in der neueren österreichischen Lehre entwickelten Ansatzes. Die zuweilen aufgestellte Behauptung[83]), in Deutschland sei niemand dem Ansatz der neueren österreichischen Lehre gefolgt, erweist sich somit als unrichtig. Zutreffend ist allerdings, dass die hA in der deutschen Literatur bisher am Ansatz des BGH festhält.[84])

2. Dogmatische und wertungsmäßige Grundlagen

Der Ansatz, wonach unmittelbar in der verdeckten Kapitalgesellschaft ein Kapitalschutz zu etablieren sei, beruht vor allem auf zwei Begründungselementen:

---

[78]) Hingewiesen wird auf die auf Basis des BGH-Ansatzes nicht begründbare Einbeziehung der „Nur-Kommanditisten“ und auf die Schutzdefizite bei der Stiftung & Co sowie bei der Auslandskapitalgesellschaft & Co.

[79]) GmbHR 1989, 141.

[80]) GmbHR 1989, 142.

[81]) GmbHR 1989, 143.

[82]) *Karsten Schmidt*, Rechtsfortbildung im Unternehmens- und Gesellschaftsrecht durch die Rechtsprechung des BGH, NJW 2000, 2927 (2933).

[83]) Siehe dazu *Koppensteiner* in FS Roth 400, nach dem dieser Ansatz „soweit ersichtlich“ keine Gefolgschaft gefunden habe.

[84]) Ausdrücklich abgelehnt wird die Position des Verfassers und von *Karsten Schmidt* bei *Habersack* in *Ulmer/Habersack/Winter*, Großkommentar zum GmbHG II (2006) § 30 Rz 101 FN 279, mit der angesichts der aufgezeigten Schutzlücken eher sonderbaren Begründung, dass unser Ansatz weit hinter jenem des BGH zurückbleibe. Zutreffend ist daran lediglich, dass sich in Deutschland aus dem nur eingeschränkten Kapitalschutz nach § 30 dGmbHG bei der Übertragung auf die KG zusätzliche Probleme ergeben und daher auch das Ausschüttungsverbot in der KG nur in einem geringeren Umfang verwirklicht werden kann als in Österreich.

Abgelehnt hat den Ansatz bei der KG etwa früher auch mit *Winkler*, NJW 1969, 1013 f einer der Wegbereiter der BGH-Lösung, weil dies nicht erforderlich sei *(sic!)* und letztlich mit dem Argument, dass damit die mühsam erkämpfte Anerkennung der GmbH & Co KG wieder negiert werde.

- Mit der verdeckten Kapitalgesellschaft wird das Haftungsmodell verlassen, das für den Gesetzgeber den Grund für den Verzicht auf besondere Kapitalschutzvorschriften gebildet hatte – die unbeschränkte Haftung zumindest einer natürlichen Person mit ihrem Privatvermögen –, und stattdessen im Ergebnis ein Haftungsmodell verwirklicht, das jenem bei den Kapitalgesellschaften entspricht. Bei letzteren wird dies aber durch strenge Kapitalschutzvorschriften, wie insbesondere das Verbot der Einlagenrückgewähr (§§ 52, 54, 56 AktG; §§ 82, 83 GmbHG) kompensiert. Für jene nicht mehr „gesetzestypisch" ausgestalteten Personengesellschaften, bei denen die Legitimationsgrundlage für den Verzicht auf einen zwingenden Kapitalschutz fehlt, muss daher ebenfalls derselbe Kapitalschutz im Wege der Analogie vorgesehen werden.[85])
- Die Notwendigkeit einer Angleichung der Gläubigerschutzregeln für die verdeckten Kapitalgesellschaften an den Schutzstandard bei Kapitalgesellschaften hat auch der Gesetzgeber bereits erkannt und daher punktuell, in immer stärkerem Ausmaß, hinsichtlich einzelner wichtiger Sachfragen eine Gleichstellung vorgenommen (oben II.); die Rsp hat diese Gleichstellung auch bereits auf weitere zumindest damals (und zum Teil auch noch bis heute) gesetzlich nicht erfasste Bereiche erstreckt (oben III.). Das bisher verwirklichte Gläubigerschutzkonzept ist im Wege einer Rechtsanalogie dahingehend fortzubilden, dass auch das Verbot der Einlagenrückgewähr – vergleichbar dem Ansatz im EKEG (oben II. D.) – direkt auf die „Personengesellschaft & Co" Anwendung findet.[86])

3. Vorzüge dieses Schutzkonzepts

Dass mit dem Ansatz bei der verdeckten Kapitalgesellschaft selbst die Schwächen und Lücken des lediglich mittelbaren (reflexhaften) Schutzes über die Komplementär-GmbH (oben B. 3.) beseitigt werden und nur damit ein wirklich effektives Kapitalschutzkonzept für die „Personengesellschaft & Co" verwirklicht werden kann, liegt auf der Hand:

- Der Kapitalschutz setzt direkt dort an, wo die Gläubigerinteressen bestehen – bei der „Personengesellschaft & Co" – und nicht bloß bei dem mithaftenden Rechtsträger.
- Damit erspart man sich auch alle Unsicherheiten darüber, ab wann von Ausschüttungen aus dem Vermögen der Personengesellschaft auch das Vermögen der Komplementär-GmbH betroffen ist, was nach dem „mittelbaren" Ansatz die Voraussetzung dafür ist, dass überhaupt erst der Kapitalschutz eingreift.

---

[85]) Zur näheren Begründung, auch in Auseinandersetzung mit den von den Kritikern vorgebrachten Gegenargumenten, s auch noch unten VII. A. (zur Lücke als solcher) und B. (zum Vorliegen einer planwidrigen Lücke).

[86]) Siehe dazu auch noch näher unten VII. C., insb zur Frage der Vergleichbarkeit der Analogiebasis. Zum Verhältnis der beiden im Text angeführten Begründungsansätze zueinander s auch noch unten VII. C. am Ende.

- Der Kapitalschutz ist unabhängig von der Rechtsform des Komplementärs anwendbar (wenn dieser eine nicht-natürliche Person ist)[87]), also auch dann, wenn für diesen keine oder nur schwächere Kapitalschutzvorschriften bestehen (zB Verein & Co KG, Gemeinde & Co KG, ausländische Gesellschaft & Co KG).
- Auch die Einbeziehung von Gesellschaftern der „Personengesellschaft & Co", die nicht zugleich an der Komplementärgesellschaft beteiligt sind („Nur-Kommanditisten"), ist unproblematisch.
- Von dem direkt bei der „Personengesellschaft & Co" ansetzenden Kapitalerhaltungsgebot werden auch Ausschüttungen an die Komplementärin erfasst.
- Die Anspruchslegitimation der Personengesellschaft für die Rückgewähransprüche und damit die Zuordnung zur Insolvenzmasse der Personengesellschaft lassen sich ohne Schwierigkeiten begründen.

V. Die Entscheidung 2 Ob 225/07p

Aus Anlass eines Falles, in dem eine GmbH & Co KG Kreditverbindlichkeiten ihrer Gesellschafterin[88]) zurückbezahlt hatte und deren Masseverwalter diese Beträge von der Bank zurückforderte, musste sich der 2. Senat – weil die ebenfalls begehrte Anfechtung nach § 29 Z 1 KO auch gegenüber der Bank am Fehlen der dafür erforderlichen Voraussetzungen scheiterte[89]) – mit der Frage der Anwendbarkeit des Verbots der Einlagenrückgewähr in der GmbH & Co KG befassen: Wenn dieses Verbot auch in der GmbH & Co KG gegolten hat, lag im Verhältnis zur Bank eine „Fehringer"-Konstellation[90]) vor, mit der Folge, dass

[87]) Zu „doppelstöckigen" Konstruktionen s aber noch unten VI. C.

[88]) Überdies wurden noch Kreditverbindlichkeiten einer anderen Gesellschaft zurückbezahlt, die aber nicht Gesellschafterin der GmbH & Co KG war. Der an sich denkbare Zurechnungsansatz über eine Privatstiftung und deren Stifter, die jeweils an einer den beiden Gesellschaften beteiligt waren (s dazu nur *Karollus*, Einlagenrückgewähr und verdeckte Gewinnausschüttung im Gesellschaftsrecht, in *Roman Leitner*, Handbuch verdeckte Gewinnausschüttung [2010] 9 [33 f]), was dann eine sehr wohl vom Verbot der Einlagenrückgewähr erfasste Schwesternbeziehung der die Zahlungen erbringenden GmbH & Co KG zur Kreditschuldnerin begründen hätte können, scheiterte am Fehlen entsprechender Sachverhaltsbehauptungen im Verfahren erster Instanz sowie entsprechender Feststellungen. Den Ausführungen des 2. Senates lässt sich aber entnehmen, dass er eine Zurechnung über eine Begünstigtenstellung für möglich gehalten hätte.

[89]) Siehe zu dieser Frage, auf die hier nicht näher einzugehen ist, insb *Bollenberger*, Entscheidungsanmerkung, ÖBA 2009, 67 f.

[90]) Siehe dazu etwa OGH 25. 6. 1996, 4 Ob 2078/96h SZ 69/149 = JBl 1997, 108 mit Anm *Hügel* („*Fehringer*"); OGH 26. 6. 2001, 1 Ob 290/00d RdW 2001, 733 = ÖBA 2002, 146 („*Maculan International*"); OGH 1. 12. 2005, 6 Ob 271/05d SZ 2005/178 = GesRZ 2006, 148 = JBl 2006, 388 mit Anm *Artmann* = ÖBA 2006, 293 mit Anm *Karollus*; OGH 4. 10. 2006, 10 Ob 16/06k RdW 2007/307 = AnwBl 2009, 51; OGH 5. 8. 2009, 9 Ob 25/08d, 26/08a RdW 2009/815 = ecolex 2009/378 = wbl 2010/18 = ÖBA 2010/1646 = ZFR 2009/146; OGH 29. 9. 2010, 7 Ob 35/10p RWZ 2010/89 mit Anm *Wenger* = GES 2010, 217 = ÖBA 2011, 195 = ecolex 2011/134, 334 = GesRZ 2011, 110 mit Anm *Karollus*.

diese bei Kenntnis oder grobfahrlässiger Unkenntnis des Verstoßes gegen das Verbot der Einlagenrückgewähr einem Rückforderungsanspruch ausgesetzt ist.

Ebenso wie bereits das OLG Wien als Berufungsgericht hat der OGH, unter eingehender Auseinandersetzung mit dem bisherigen Meinungsstand, die Anwendbarkeit des Verbots der Einlagenrückgewähr auf die GmbH & Co KG bejaht (und daher auch, auf Grund der angenommenen qualifizierten Bösgläubigkeit der Bank, dem Rückforderungsanspruch stattgegeben).

In diesem Zusammenhang wurde vom 2. Senat der folgende Rechtssatz gebildet:[91])

„Ist bei einer Kommanditgesellschaft kein unbeschränkt haftender Gesellschafter eine natürliche Person, so sind die Vorschriften über das Verbot der Einlagenrückgewähr gemäß § 82 Abs 1 und § 83 Abs 1 GmbHG auf die Kommanditgesellschaft im Verhältnis zu ihren Kommanditisten analog anzuwenden. Der Rückersatzanspruch gemäß § 83 Abs 1 GmbHG steht dabei der Kommanditgesellschaft zu.“

Als tragende Begründung dafür wird vom 2. Senat folgendes ausgeführt:

„Es mag sein, dass einige der von den Befürwortern der Analogie im österreichischen Recht vorgebrachten Argumente nicht überzeugend sind. Der Gesetzgeber hat jedoch – worauf auch einige der zitierten Lehrmeinungen hinweisen – in den letzten Jahrzehnten in mehreren Gesetzen die GmbH & Co KG den Kapitalgesellschaften gleichgestellt (...).

Alle erwähnten Novellen verfolgen (...) zumindest auch, wenn nicht sogar vorrangig den Schutz der Gesellschaftsgläubiger (...)

Das Argument, der Gesetzgeber des HaRÄG (BGBl I 2005/120) habe im Wissen um das Thema GmbH & Co KG an der für den Kommanditisten geltenden Haftungsnorm des § 172 Abs 4 HGB substanziell nichts geändert (vgl § 172 Abs 3 UGB) und für die GmbH & Co KG keine Sonderregeln eingeführt (...), weshalb eine mit Analogie zu schließende Gesetzeslücke zu verneinen sei, überzeugt demgegenüber nicht.“

VI. Würdigung dieser Entscheidung

A. Der Ansatz des OGH

Der 2. Senat folgt dem oben IV. C. dargestellten Ansatz der neueren österreichischen Lehre: Das Ausschüttungsverbot wird unmittelbar in der „Personengesellschaft & Co“ angesiedelt und besteht daher gegenüber allen Kommanditisten[92]) unabhängig davon, ob diese auch an der Komplementärgesellschaft beteiligt sind. Auch auf die Rechtsform der Komplementärin kommt es nicht an, ebenso wenig darauf, ob und inwieweit die Ausschüttungen auch das Vermögen der Komplementärin berühren.[93]) Allein entscheidend ist vielmehr, ob die Aus-

---

[91]) RIS-Justiz RS0123863.

[92]) Zur gebotenen Einbeziehung auch der Komplementärin in die Vermögensbindung s noch unten B.

[93]) Der 2. Senat verwirft damit den vom BGH und in der österreichischen Literatur insb von *Koppensteiner/Rüffler* vertretenen Ansatz eines nur mittelbaren (reflexartigen) Schutzes über die Komplementär-GmbH (oben IV. B.).

schüttung aus Sicht der Personengesellschaft zulässig ist. Der Maßstab dafür, ob eine Ausschüttung zulässig ist, ergibt sich aus der analogen Anwendung des § 82 GmbHG: Demnach ist nur eine Ausschüttung des festgestellten Bilanzgewinnes (oder bei nicht rechnungslegungspflichtigen Gesellschaften:[94]) des Ergebnisses [Überschusses] gemäß der Einnahmen-Ausgaben-Rechnung[95])) zulässig; auch verdeckte Gewinnausschüttungen sind verboten. Für den Rückgewähranspruch im Falle einer verbotenen Ausschüttung ist § 83 GmbHG analog anzuwenden;[96]) die Aktivlegitimation steht der Personengesellschaft und nicht der Komplementärin zu.

Dieser Ansatz ist aus den oben IV. C. 2. angeführten Gründen zutreffend; zur Widerlegung der an der Entscheidung geübten Kritik s auch noch unten VII.

B. Beschränkung auf die & Co KG und auf Kommanditisten?

Zweifelhaft ist allerdings die vom 2. Senat vorgenommene Beschränkung des von ihm gebildeten Rechtssatzes auf verdeckte Kapitalgesellschaften in der Rechtsform einer *Kommanditgesellschaft* und auch dort auf Ausschüttungen an *Kommanditisten*, was den Eindruck erweckt, als ob für Ausschüttungen an Komplementäre (und daher auch stets für solche in einer OG) keine Schranken bestehen sollen.[97]) Ausgehend vom Ansatz bei der atypisch ausgestalteten Personengesellschaft als solcher lässt dies nicht erklären, und zwar auch nicht damit, dass der Komplementär ohnedies unbeschränkt hafte und es daher für die Gläubiger gleichgültig sei, wo sich die Mittel befinden:[98]) Spätestens dann, wenn die Komplementärin auch noch andere Gläubiger hat (was insb dann vorkommen kann, wenn sie noch Komplementärin in anderen Gesellschaften ist, oder selbst neben ihrer Komplementärsfunktion noch einen eigenen operativen Geschäftsbetrieb unterhält), macht es für die Gläubiger der Personengesellschaft sehr wohl einen Unterschied, ob die Vermögenswerte noch in der Personengesellschaft

---

[94]) Dies betrifft nicht unternehmerisch tätige (etwa nur vermögensverwaltende) verdeckte Kapitalgesellschaften, s § 189 Abs 1 Z 1 UGB. Auch die Schwellenwerte gem § 189 Abs 1 Z 2 UGB können dann mangels Unternehmereigenschaft keine Rechnungslegungspflicht begründen. Für Altfälle ist auch die Übergangsvorschrift des § 907 Abs 17 UGB zu beachten.

[95]) Im Falle einer freiwilligen Bilanzierung wird wohl auf den Bilanzgewinn abzustellen sein.

[96]) Nicht behandelt wird vom OGH die Frage, ob daraus auch eine Ausfallshaftung der Mitgesellschafter entsprechend § 83 Abs 2 und 3 GmbHG resultiert. Siehe dazu je nach Art der Gesellschaft differenzierend *Reich-Rohrwig*, Kapitalerhaltung 407 f; generell ablehnend *Harrer*, wbl 2009, 333; ebenso wohl *C. Nowotny*, RdW 2009, 330. Offen gelassen wird die Frage bei Zugrundelegung der Analogie zu §§ 82 und 83 GmbHG von *Kalss* in GedS Arnold 92; ausgehend von dem von ihr vertretenen „personengesellschaftsrechtlichen" Ansatz (unten VIII. B.) wird hingegen eine Ausfallshaftung verneint (aaO 97). Gegen eine Ausfallshaftung auch *Koppensteiner* in FS Roth 404.

[97]) In der Entscheidungsbegründung finden sich dazu allerdings keine näheren Aussagen oder gar Begründungen für eine diesbezügliche Einschränkung.

[98]) Diese Erklärung für die Haltung des 2. Senats wurde dem Verfasser in einem Seminar von einem an der Entscheidung beteiligten Höchstrichter gegeben.

oder bei der Komplementärin sind.[99]) Unabhängig davon könnten die der Komplementärin zugewendeten Vermögenswerte über eine (bei Vorhandensein eines entsprechenden, vielleicht gerade durch die Zuwendung hervorgerufenen Bilanzgewinnes legale) Gewinnausschüttung an deren Gesellschafter gelangen und von diesen nicht mehr rückholbar sein. Insofern sind die durch den Haftungsverbund geschaffenen „kommunizierenden Gefäße"[100]) für die Gläubiger doch mit Tücken verbunden. Das Ausschüttungsverbot muss daher auch gegenüber Komplementären und auch in der OG & Co gelten.[101])

C. Doppelstöckige Konstruktionen

Eine weitere Klarstellung ist angebracht: Der 2. Senat stellt wie die als Vorbild herangezogenen Vorschriften (oben II.) darauf ab, dass bei einer Kommanditgesellschaft kein unbeschränkt haftender Gesellschafter eine natürliche Person ist. Dies ist zutreffend, bedarf aber bei den – in der Praxis gewiss nicht allzu häufig anzutreffenden – „doppelstöckigen Konstruktionen" (einzige Komplementärin einer KG ist eine zweite KG, bei der dann sehr wohl eine natürliche Person als Komplementär fungiert) einer Einschränkung: Ebenso wie zu § 67 IO[102]), zu § 221 Abs 5 UGB[103]) und zu § 4 EKEG[104]) anerkannt ist, dass in diesen Fällen eine teleologische Reduktion zu erfolgen hat, ist das Ausschüttungsverbot auf eine in dieser Weise ausgestaltete KG nicht anzuwenden. Vom Wortlaut der zitierten Bestimmungen ist zwar auch dieser Fall erfasst (keine natürliche Person ist unbeschränkt haftende *Gesellschafterin* der ersten KG), nicht aber von der ratio, weil sehr wohl im Ergebnis eine natürliche Person unbeschränkt für alle Verbindlichkeiten auch der ersten KG haftet. Das muss auch im Kontext des Verbots der Einlagenrückgewähr den Ausschlag geben.

D. Zusätzliche Geltung des KG-spezifischen Haftungsmodells?

Nach Auffassung des 2. Senats ist § 172 Abs 3 UGB neben dem aus einer Analogie zu § 82 GmbHG gewonnenen Ausschüttungsverbot anzuwenden. Dies ist

[99]) In der Doppelinsolvenz verschafft allerdings auch der Rückgewähranspruch gegen die ebenso insolvente Komplementärin in der Regel nur einen Anspruch auf quotenweise Befriedigung. Bei einem zwingenden Ausschüttungsverbot besteht aber immerhin die Hoffnung, dass sich die Beteiligten daran auch halten und daher das Vermögen gar nicht zur Komplementärin transferiert wird. Des Weiteren resultiert aus dem zwingenden Verbot auch eine Schadenersatzhaftung der für den Vermögenstransfer verantwortlichen Organe.

[100]) Siehe dazu *U. Torggler*, GBU 2009, 49; *Kalss/Eckert/Schörghofer*, GesRZ 2009, 70.

[101]) Ebenso *Jabornegg/Artmann* in *Jabornegg/Artmann*, UGB² § 161 Rz 55; *Reich-Rohrwig*, Kapitalerhaltung 407; *Grossmaier*, ecolex 2008, 1025.

[102]) Vgl *Karollus/Huemer*, Fortbestehensprognose² 39 mwN.

[103]) Vgl *Geist* in *Jabornegg*, HGB¹ § 221 Rz 32; *Nowotny/Tichy* in *Straube*, HGB II² (2000) § 221 Rz 38.

[104]) Vgl *Karollus* in *Buchegger*, Österreichisches Insolvenzrecht Kommentar, Erster Zusatzband (2009) § 4 EKEG Rz 13 mwN.

auch zutreffend,[105]) weil die beiden hinsichtlich ihrer Funktionsweise völlig verschiedenen Schutzkonzepte problemlos nebeneinander Anwendung finden können. Dass damit eine Besserstellung der Gläubiger im Vergleich zu einer bloßen GmbH verbunden sein kann, spricht nicht dagegen, sondern ist einfach die Folge der Typenvermischung: Die Gläubiger sollen auch nicht schlechter dastehen, als dies bei einer „gesetzestypischen" KG der Fall wäre. Durch eine Rückzahlung in das Vermögen der KG, wozu sie nach dem für die „Personengesellschaft & Co" geltenden Kapitalschutzkonzept verpflichtet sind, können die Kommanditisten die Außenhaftung ohnedies wieder beseitigen. Solange die Rückzahlung nicht erfolgt ist, besteht hingegen kein Grund, die Außenhaftung des Kommanditisten abzuschneiden. Dass dies auch mit dem für Kapitalgesellschaften geltenden Kapitalschutzkonzept vereinbar ist, ergibt sich aus dem genau denselben Dualismus von Innen- und Außenhaftung anordnenden § 56 AktG. Selbstredend steht dem auch nicht der Gleichheitssatz entgegen.[106])

E. Die Begründung des OGH

Als Begründung für die von ihm vorgenommene Rechtsfortbildung stützt sich der 2. Senat von den beiden tragenden Begründungselementen der neueren Lehre (oben IV. C. 2.) zumindest explizit nur auf die Rechtsanalogie zu den bereits bisher eine Gleichstellung der verdeckten Kapitalgesellschaften mit den Kapitalgesellschaften anordnenden Vorschriften. Das zweite (oder eigentlich: erste), ebenso tragende Begründungselement – die Abkehr von dem den Verzicht auf spezifische Kapitalschutzvorschriften rechtfertigenden, „gesetzestypischen" Haftungsmodell – wird vom 2. Senat hingegen nur bei der Wiedergabe der Lehrmeinungen referiert, in seiner eigenen Begründung aber nicht mehr angeführt.[107]) Aus diesem Schweigen und der kryptischen Aussage, dass nicht alle von den Befürwortern angeführten Argumente (welche?) überzeugend sein mögen, kann man schließen, dass damit gerade das hier angeführte Argument der Abkehr vom gesetzestypischen Haftungsmodell gemeint sei.[108])

---

[105]) Wie hier auch *Jabornegg/Artmann* in *Jabornegg/Artmann*, UGB² § 161 Rz 55. AA aber *Grossmayer*, Kapitalerhaltung bei der GmbH & Co KG, ecolex 2008, 1023 (1024 f). Offen lassend *Schörghofer* in *Kalss/Nowotny/Schauer*, Österreichisches Gesellschaftsrecht Rz 2/940.

[106]) So aber *Koppensteiner* in seinem Vortrag auf dem Symposium und in FS Roth 401.

[107]) Siehe demgegenüber noch die deutlich anderen Akzente in 2 Ob 594/95 (oben III. A.) und auch in 8 Ob 2124/9b (oben III. C.).

[108]) Zu dieser Deutung der Aussagen des OGH s etwa *Stingl*, Entscheidungsanmerkung, GesRZ 2008, 314 (315). Ebenso *Koppensteiner* in seinem Vortrag auf dem Symposium und in FS Roth 400 f. Die von ihm dafür angebotene Erklärung, der OGH wäre sonst in einen Widerspruch zur Rsp über die Kapitalerhaltung bei der errichtenden Umwandlung gekommen, die auch bei einer Nachfolgegesellschaft mit einer natürlichen Person als Komplementär zur Anwendung gelangt (OGH 17. 12. 2008, 6 Ob 267/08w), vermag allerdings nicht zu überzeugen: Wieso soll dieser aus der Fortwirkung des Gläubigerschutzes bei Kapitalgesellschaften (so ausdrücklich der OGH) – mit der Folge, dass es auf die konkrete Ausgestaltung der Nachfolgegesellschaft nicht ankommt und daher das

Dies wäre allerdings bedauerlich, weil auch das zweite (erste) Argument ein eigenständiges Gewicht besitzt, insb erst die Erklärung und die Rechtfertigung für die bereits vorhandenen Sondervorschriften und für die daraus gezogene Rechtsanalogie bietet. Mit der Vernachlässigung dieses Arguments hat sich der 2. Senat auch selbst das Leben schwer gemacht, weil sich nun die Kritiker seiner Entscheidung viel leichter auf die ihrer Ansicht nach fehlende – weil vom OGH selbst abgelehnte oder zumindest nicht für überzeugend gehaltene – wertungsmäßige Grundlage berufen können. Zur Bedeutung dieser wertungsmäßigen Grundlage für die Begründung der Rechtsfortbildung s noch unten VII. A. und C. am Ende. Es wäre daher anzuregen, dass der OGH im nächsten ihm vorliegenden Anlassfall nochmals die genauere Begründung für den von ihm zu Recht entwickelten besonderen Kapitalschutz in der „Personengesellschaft & Co“ überdenkt.

VII. Zur Kritik an 2 Ob 225/07p

Angesichts des relativ geringen Interesses, das das Thema des Kapitalschutzes bei der „Personengesellschaft & Co“ in der österreichischen Literatur vor der Entscheidung 2 Ob 225/07p gefunden hatte – insb der im Vergleich zur großen dogmatischen und praktischen Bedeutung des Themas nur relativ wenigen Gegenstimmen zum Ansatz der neueren Lehre – erscheint es überraschend (und wird wohl auch den 2. Senat selbst überrascht haben), welches große Ausmaß an zum Teil heftiger Kritik danach an der Entscheidung geübt wurde.[109]) Man muss sich fragen, warum manche der nunmehrigen Kritiker ihre Argumente nicht schon früher – und dann vielleicht noch rechtzeitig, jedenfalls mit der

---

noch aus der Kapitalgesellschaft resultierende Kapitalerhaltungsgebot gleichermaßen bei einer „gesetzestypisch“ ausgestalteten Nachfolgegesellschaft zur Anwendung gelangt – abgeleiteten Rsp-Linie eine Aussage gegen die haftungsrechtliche Sonderstellung der „Personengesellschaft & Co“ zu entnehmen sein oder sie gar ein Hindernis dafür darstellen, in anderen Zusammenhängen aus den immanenten Gläubigerschutzdefiziten der „Personengesellschaft & Co“ ein Sonderrecht für diese zu entwickeln? Die einzige Konsequenz besteht darin, dass diese – gerade nicht auf einer Sonderstellung der „Personengesellschaft & Co“ aufbauende – Rsp-Linie nicht als positive Begründung für ein diesbezügliches Sonderrecht verwendet werden kann.

[109]) Siehe nur *Schörghofer* in *Kalss/Nowotny/Schauer*, Österreichisches Gesellschaftsrecht Rz 2/940; *Kalss/Eckert/Schörghofer*, GesRZ 2009, 65 ff; *Koppensteiner/Auer* in *Straube*, UGB I^4 § 161 Rz 21; *Frank/Kusternigg*, Kapitalerhaltung bei Umstrukturierung einer GmbH & Co KG im engeren Sinn, RdW 2010, 384 (385 f). Eher kritisch auch *Rauter*, Analoge Anwendung des Verbots der Einlagenrückgewähr auf die GmbH & Co KG, JAP 2008/2009, 100; *Stingl*, GesRZ 2008, 314 ff; *U. Torggler*, GBU 2009, 49; *Wenger*, Analoge Anwendung des Verbots der Einlagenrückgewähr auf die GmbH & Co KG, RWZ 2008, 260 ff; *C. Nowotny*, Die GmbH & Co KG auf dem Weg zur Kapitalgesellschaft? Folgen für die Praxis, RdW 2009, 326 (327 und 331); offenbar weniger kritisch nun aber *C. Nowotny*, Gewinn, Entnahmen und Eigenkapital bei der GmbH & Co KG, in GedS Arnold 99 (111), nach dem es von der grundsätzlichen Ausrichtung her durchaus zutreffend sein mag, dass die GmbHG & Co KG nunmehr zum Gläubigerschutzniveau für Kapitalgesellschaften aufgeschlossen hat, wobei lediglich *rechtspolitisch* eine Beschränkung des Gläubigerschutzes auf die Hafteinlage befürwortet wird. Keine eigene Stellungnahme findet sich bei *Schörghofer*, Neue Rsp zum Personengesellschaftsrecht, GesRZ 2009, 275.

Chance, das Höchstgericht von ihrem Standpunkt zu überzeugen – vorgetragen haben.[110]) Dies gilt umso mehr, als einige spätere Gegner der Entscheidung 2 Ob 225/07p früher sogar noch kritiklos die jetzt vom OGH übernommene Lehrmeinung wiedergegeben und auch deren Übernahme durch den OGH angekündigt hatten.[111])

Die Entscheidung ist aber keineswegs auf allgemeine Ablehnung in der Literatur gestoßen, sondern sie wurde auch von mehreren Autoren positiv aufgenommen[112]) oder sogar vehement gegenüber den ablehnenden Stimmen verteidigt.[113])

Nachfolgend soll nun auf die wesentlichen Kritikpunkte eingegangen und aufgezeigt werden, warum die vorgetragenen Einwände nicht berechtigt ist.

A. Zum Vorliegen einer Lücke

Von den meisten Kritikern der Entscheidung 2 Ob 225/07p wird die Berechtigung zur Rechtsfortbildung – das Vorliegen einer ausfüllungsbedürftigen Lücke – in Zweifel gezogen.[114]) Das Meinungsbild ist aber auch innerhalb der Kritiker nicht einheitlich: Zumindest von einzelnen Autoren wird sehr wohl ein Handlungsbedarf im Bereich des Gläubigerschutzes anerkannt (s bereits oben

[110]) Auszunehmen sind hier von den nunmehrigen Kritikern der Entscheidung 2 Ob 225/07p nur *Wenger*, der in einem ausführlich begründeten Aufsatz seine Position (nach der zwar sehr wohl ein Bedarf für einen – direkt in der KG anzusiedelnden – ergänzenden Schutz bestehe, dies aber auf zumindest insolvenznahe Situationen zu beschränken sei) vorgetragen hatte (RWZ 2005, 326 ff), und *Koppensteiner/Rüffler*, die dem Ansatz der neueren Lehre allerdings im Wesentlichen nur mit der Feststellung *„Dieser Ansatz entfernt sich zu weit vom Gesetz"* und einem Verweis auf *Wenger* (als „insoweit zutreffend", ohne jegliche Auseinandersetzung mit den durchaus auf die Einführung bestimmter weitergehender Schutzinstrumente in der KG selbst abzielenden Überlegungen dieses Autors) für das Fehlen einer Lücke begegnet sind (GmbHG[3] § 82 Rz 20; in der 2. Auflage des Kommentars war demgegenüber die neuere Lehre sogar noch vollständig negiert worden). Zu *U. Torggler* s bereits oben FN 73.

[111]) *Kalss/Eckert*, Zentrale Fragen des GmbH-Rechts 298. Dazu, dass *Kalss* offensichtlich in einem aktuellen Beitrag ihre zwischenzeitlich (in GesRZ 2009, 65 ff) scharf ablehnende Haltung revidiert hat und nunmehr sehr wohl wieder ein, wenn auch dogmatisch anders konstruiertes, zwingendes Ausschüttungsverbot befürworten dürfte, s noch unten VIII. B.

[112]) Vgl *Grossmayer*, ecolex 2008, 1023 ff; *Bauer*, Entscheidungsanmerkung, GeS 2008, 315 f; *Moser*, Weitere Annäherung der „kapitalistischen" KG an „echte" Kapitalgesellschaften, SWK 2008 W 187, 1449 ff; *Jabornegg/Artmann* in *Jabornegg/Artmann*, UGB[2] § 161 Rz 55; *Karollus* in *Roman Leitner*, Handbuch verdeckte Gewinnausschüttung 21 f; *Pucher*, Umgründung einer GmbH & Co KG im engeren Sinn in eine GmbH, ecolex 2010, 1161 (1165). Wohl zustimmend auch *Rieder/Huemer*, Gesellschaftsrecht (2009) 158.

[113]) Vgl *Harrer*, wbl 2009, 328 ff; ebenso auch *ders*, Die Personengesellschaft als Trägerin eines Unternehmens (2010) 444 f.

[114]) Vgl etwa *Schörghofer* in *Kalss/Nowotny/Schauer*, Österreichisches Gesellschaftsrecht Rz 2/940; *Rauter*, JAP 2008/2009, 101; *Stingl*, GesRZ 2008, 315; *U. Torggler*, GBU 2009, 49; *C. Nowotny*, RdW 2009, 327; *Koppensteiner/Auer* in *Straube*, UGB I[4] § 161 Rz 21; *Frank/Kusternigg*, RdW 2010, 385; *Koppensteiner* in FS Roth 397 ff.

IV. A.)[115]), und einige der schärfsten Kritiker treten jetzt auch selbst mit rechtsfortbildenden Konzepten auf, die denen des OGH an Entfernung vom Gesetz um nichts nachstehen[116]) oder sogar – im Falle des nunmehrigen Konzepts von *Kalss* – im Ergebnis wohl auf zumindest fast dasselbe hinauslaufen wie die Lösung des OGH (s dazu noch unten VIII.).

Tatsächlich vermag die These vom Fehlen einer Lücke auch nicht zu überzeugen:[117]) Nach dem oben IV. C. 2. Ausgeführten ergibt sich die Lücke daraus, dass mit der „Personengesellschaft & Co" das Haftungsmodell verlassen wird, das die Legitimationsgrundlage für den Verzicht des Gesetzgebers auf spezifische Kapitalschutzvorschriften gebildet hat. Je nachdem, ob man auf die ursprüngliche Schaffung des HGB in Deutschland (1900) bzw auf die Vorgängerregelung im AHGB oder aber auf die Einführung des HGB in Österreich (1938) abstellt, handelt es sich angesichts des „Geburtsdatums" der GmbH & Co KG (das in der Literatur, ausgehend von der erstmaligen höchstgerichtlichen Anerkennung in Österreich und Deutschland, mit 1906 bzw 1912 datiert wird)[118]) entweder um eine anfängliche oder aber um eine nachträglich entstandene Lücke. Für die Annahme einer nachträglichen Lücke könnte auch sprechen, dass eine größere Verbreitung der GmbH & Co KG in Österreich offenbar erst in der Zweiten Republik erfolgt ist[119]), und man daher die Auffassung vertreten kann, dass erst dadurch eine spürbare Verfehlung der gesetzgeberischen Wertungen und ein reales Rechtsschutzdefizit eingetreten seien. In diese Richtung gehen auch die Gesetzesmaterialien zum IRÄG 1982, die im Zusammenhang mit der wirtschaft-

---

[115]) Siehe auch *Kalss/Eckert/Schörghofer*, GesRZ 2009, 66, 70, 78, wo ausgeführt wird, dass die Notwendigkeit besonderer Gläubigerschutzmaßnahmen bei der Personengesellschaft ohne natürliche Person als Vollhafter einleuchte, und auch eine zumindest punktuelle Schließung von Lücken für erforderlich gehalten wird. Das Vorhandensein von Schutzlücken wird auch von *Schörghofer* in *Kalss/Nowotny/Schauer*, Österreichisches Gesellschaftsrecht Rz 2/940 eingeräumt. Das Vorhandensein von Schutzlücken wird jetzt auch von *Koppensteiner* in FS Roth 402 eingeräumt; er ist aber offenbar der Auffassung, diese Defizite ohne eine Analogie – bereits durch schlichte Gesetzesanwendung im Bereich des KG-Rechts – bewältigen zu können (s dazu noch unten VIII. C.).

[116]) Wenn eine vom Gesetzgeber dispositiv angeordnete Entnahmeregelung in eine zwingenden Entnahmebeschränkung umgewandelt wird (*Kalss*, unten VIII. B.), oder aus einer Regelung über die – auf die Haftsumme beschränkte – Außenhaftung eine solche über eine Innenhaftung ohne Beschränkung auf die Haftsumme entwickelt wird (*Koppensteiner*, unten VIII. C.), ist dies kein gelinderer Eingriff in das gesetzliche Regelungsmodell als eine analoge Anwendung der Ausschüttungssperre des § 82 GmbHG bzw des daran anknüpfenden Rückgewähranspruchs gem § 83 GmbHG.

[117]) Ebenso bereits *Harrer*, wbl 2009, 330 ff.

[118]) Siehe dazu nur für Deutschland *Karsten Schmidt*, GmbHR 1984, 272 (unter Bezugnahme auf eine Entscheidung des Bayrischen Obersten Landgerichts aus dem Jahr 1912); für Österreich *Kalss/Eckert/Schörghofer*, GesRZ 2009, 65 (Anerkennung durch den OGH im Jahr 1906) und *Jabornegg/Artmann* in *Jabornegg/Artmann*, UGB² § 161 Rz 29 (nach denen die eigentliche Anerkennung durch den OGH erst mit einer Entscheidung aus 1962, unter Bezugnahme auf die bis zum Jahr 1906 zurückreichende Vorjudikatur, erfolgt ist).

[119]) Vgl *Kalss/Eckert/Schörghofer*, GesRZ 2009, 65.

lichen Bedeutung der verdeckten Kapitalgesellschaften von einer auch im Jahr 1914 für den Gesetzgeber nicht vorhersehbaren Entwicklung sprechen[120]).

Allerdings wird bereits das eigentlich tragende Argument für die Analogie – das Fehlen einer echten persönlichen Haftung mache es notwendig, so wie bei den Kapitalgesellschaften das Gesellschaftsvermögen gegen Abflüsse an die Gesellschafter zu schützen –, das allerdings schon vom 2. Senat in seiner Entscheidungsbegründung vernachlässigt wurde (oben V. und VI. E.), von mehreren Kritikern der Entscheidung in Zweifel gezogen.

So wird etwa von *Kalss/Eckert/Schörghofer*[121]) unter Heranziehung verschiedener Argumente ausgeführt, dass das Fehlen einer persönlichen Haftung nicht notwendig gesellschaftsrechtliche Regeln zur Kapitalerhaltung bedinge, und dass dieser Zusammenhang auch nicht den Motiven des historischen Gesetzgebers entspreche. Zumindest für die Erstautorin *Kalss* dürfte diese ablehnende Haltung durch ihren neuesten Beitrag[122]) ohnedies schon erledigt sein, in dem von ihr sehr wohl von einem infolge Verfehlung des gesetzlichen Leitbilds ausgelösten Korrekturbedarf ausgegangen (s nur die Zitate oben IV. A.) und insb auch ein generelles, wenn auch aus dem Personengesellschaftsrecht – aus § 122 und § 172 Abs 3 UGB, richtigerweise aber wohl aus den §§ 122 und 168 UGB – abgeleitetes Kapitalerhaltungsgebot befürwortet wird (unten VIII. B.).

Dass für den Gesetzgeber die persönliche Haftung der Grund für den Verzicht auf besondere Kapitalerhaltungsvorschriften (bei der O[H]G und KG) war, oder umgekehrt: das Fehlen der persönlichen Haftung der Grund für die Einführung strenger Kapitalschutzvorschriften bei den Kapitalgesellschaften, wird sich aber wohl ohnedies nicht ernsthaft leugnen lassen.[123]) Und auch unabhängig von den konkreten Vorstellungen des historischen Gesetzgebers wird man das von ihm geschaffene System aus objektiv-teleologischer Sicht in dieser Weise verstehen müssen. Wie von *Kalss* nunmehr zutreffend bestätigt wird,[124]) baut das Konzept der KG auf dem Leitbild natürlicher Personen als Gesellschafter auf, und nicht bloß juristischer Personen, denen nur ein beschränktes Vermögen zur Verfügung steht und die die Rolle des persönlich haftenden Gesellschafters einnehmen.

Auch die Frage, was nun das für die Gläubiger „bessere" Schutzkonzept sei,[125]) stellt sich dann nicht: Es geht vielmehr schlicht darum, dass dem einen (personengesellschaftsrechtlichen) Konzept des „Haftungsverbundes"[126]) durch die Vermeidung einer „echten" persönlichen Haftung die Grundlage entzogen

---

[120]) ErläutRV zum IRÄG 1979, 3 BlgNR 15. GP 27. In diesem Fall – für § 67 KO/IO – wurde die somit nachträglich entstandene Lücke bereits durch den Gesetzgeber geschlossen (oben II. A.).

[121]) GesRZ 2009, 71 ff.

[122]) In GedS Arnold 93 ff.

[123]) Die gegenteilige These von *Kalss/Eckert/Schörghofer,* wonach zwischen der Haftungsbeschränkung und der Kapitalerhaltung kein Zusammenhang bestehe, wird auch von *Koppensteiner* in FS Roth 400 zu Recht als zweifelhaft bezeichnet.

[124]) GedS Arnold 79.

[125]) Siehe dazu *Kalss/Eckert/Schörghofer*, GesRZ 2009, 71 f.

[126]) Terminologie nach *Kalss* in GedS Arnold 79.

wird,[127]) und als Reaktion darauf auch das für Fälle einer fehlenden persönlichen Haftung vorgesehene (kapitalgesellschaftsrechtliche) Gläubigerschutzkonzept („Sondervermögensschutz“[128])) zur Anwendung gebracht werden muss. Die Analogie gründet sich also nicht auf eine Aussage über eine Überlegenheit des kapitalgesellschaftsrechtlichen Gläubigerschutzmodells *(quod non)*, sondern darauf, dass ein auf eine persönliche Haftung aufbauendes Schutzkonzept nicht mehr alleine maßgeblich sein kann, wenn gerade diese Haftung durch die gewählte Gestaltung vermieden wird.

Aus denselben Gründen lässt sich daher das Vorliegen einer Lücke auch nicht einfach unter Hinweis auf das Vorhandensein der §§ 128 ff und §§ 171 ff UGB verneinen:[129]) Die persönliche Haftung des Komplementärs besteht eben bei der „Personengesellschaft & Co“ nur noch in der persönlichen Haftung eines lediglich beschränkt haftenden Rechtsträgers, womit das Anliegen der persönlichen Haftung verfehlt und stattdessen im Ergebnis genau jenes Haftungsmodell (der nur beschränkten Haftung mit dem Gesellschaftsvermögen bei gleichzeitiger Nicht-Haftung der Gesellschafter) verwirklicht wird, das auch der Kapitalgesellschaft eigentümlich ist; [130]) daraus folgt dann auch die Notwendigkeit der Anwendung des für diese – als Ersatz für die persönliche Haftung – vorgesehenen „Sondervermögensschutzes“.[131])

In diesem Zusammenhang wird allerdings auch der Wert der persönlichen Haftung – unter Hinweis auf tatsächlich vermögenslose und/oder unter dem Einfluss der Kommanditisten stehende natürliche Personen als Komplementäre, die ebenfalls keinen positiven Beitrag zur Befriedigung der Gläubiger sowie zur *Corporate Governance* in der KG (eine „Bremsfunktion“ gegenüber gläubigerschädigenden Ausschüttungen[132])) leisten könnten – relativiert und betont, dass eine

[127]) Siehe dazu auch *Harrer*, wbl 2009, 333, wo von einer gleichsam auf den Kopf gestellten Personengesellschaft und davon die Rede ist, dass die GmbH & Co KG erfunden worden sei, um das Haftungsmodell des Personengesellschaftsrechts zu überwinden.

[128]) Zu dieser Terminologie s ebenfalls *Kalss* in GedS Arnold 79.

[129]) So aber *Koppensteiner/Auer* in *Straube*, UGB I[4] § 161 Rz 21.

[130]) Siehe dazu auch bereits zutreffend *Harrer*, wbl 2009, 332 f.

[131]) Vgl dazu bereits zutreffend *Kalss* in GedS Arnold 94 f.

[132]) Siehe zu diesem Gesichtspunkt etwa BGH 29. 3. 1973, II ZR 25/70 BGHZ 60, 324, 332; BGH 19. 2. 1990, II ZR 268/88 BGHZ 110, 342, 356 f; OLG Celle 18. 6. 2003, 9 U 2/03, NZG 2004, 183. Aus der Literatur vgl nur *Harrer*, wbl 2009, 332; *Kalss* in GedS Arnold 85 f (Komplementär als *„gate-keeper“*). – Das Argument mit der „Bremsfunktion“ einer natürlichen Person als Komplementär wird allerdings auch im vorliegenden Beitrag nicht zur positiven Begründung der Lücke herangezogen, weil ich dieses Argument als gegenüber jenem der Denaturierung der persönlichen Haftung zweitrangig ansehe. Richtig daran ist zwar jedenfalls, dass insb bei der „personengleichen“ GmbH & Co KG (alle Kommanditisten sind zugleich die Gesellschafter der Komplementär-GmbH) keinerlei Interessensgegensatz mehr zwischen den Kommanditisten und dem Komplementär bestehen kann, und dieser daher auch kein Gegengewicht gegenüber den Kommanditisten bilden kann. Allein dies könnte aber wohl noch keine Herausbildung ergänzender Kapitalerhaltungsregeln für die GmbH & Co KG rechtfertigen, sondern höchstens im Zusammenhang mit und ergänzend zu dem Argument der fehlenden persönlichen Haftung.

Kapitalgesellschaft nicht generell ein schlechterer Schuldner sei.[133]) Richtig daran ist, dass im Einzelfall selbstverständlich auch eine Komplementärgesellschaft hochvermögend und eine natürliche Person völlig vermögenslos sein kann. Dem Gesetzgeber steht es aber, wie in der Diskussion auf dem Symposium von *Umlauft* zutreffend angemerkt wurde, frei, seine Wertentscheidungen im Rahmen einer typisierenden Betrachtung zu treffen;[134]) dasselbe gilt dann aber auch für den Rechtsanwender, der das vom Gesetzgeber aufgestellte System – jedenfalls soweit es nicht völlig sachwidrig ist, wovon aber im vorliegenden Fall keine Rede sein kann – auch entsprechend fortzubilden sowie gegen seinen Sinn ins Gegenteil verkehrende Gestaltungen zu schützen hat.

Im Übrigen lässt sich wohl auch nicht ernsthaft behaupten, dass die in der Praxis typische, nur mit dem Mindeststammkapital und keinem zusätzlichen Vermögen ausgestattete Komplementär-GmbH ein besonders attraktiver Schuldner sei. Der Gesetzgeber akzeptiert es zwar durchaus, dass auch solche Gesellschaften am Geschäftsverkehr teilnehmen – aber eben nur unter gleichzeitiger Geltung des kapitalgesellschaftsrechtlichen Kapitalerhaltungsgebots. Für eine Personengesellschaft, bei der die persönliche Haftung allein auf einer solchen, nur „beschränkt haftenden" Gesellschaft als Komplementärin aufbaut, kann nichts anderes gelten.

Nochmals ist darauf hinzuweisen, dass die Notwendigkeit besonderer Gläubigerschutzmaßnahmen bei der Personengesellschaft ohne natürliche Person als Vollhafter und der Schließung der daraus resultierenden Schutzlücken auch von Kritikern der Entscheidung 2 Ob 225/07p bestätigt wird (oben IV. A. sowie noch unten VIII.). Diese Schutzlücken gerade bei der „Personengesellschaft & Co" können aber nur mit dem Fehlen einer („echten") persönlichen Haftung zusammenhängen. Mit der radikalen Position, die persönliche Haftung sei ohnedies bedeutungslos, lässt sich dies nicht in Einklang bringen. Diese Position vermag aus den bereits angeführten Gründen auch nicht zu überzeugen. Auf den völlig zutreffenden und überzeugenden Befund von *Kalss* (oben IV. A.) sei nochmals hingewiesen.

B. Keine planwidrige Lücke – „Beredtes Schweigen" des Gesetzgebers?

Auch bei Feststellung einer Lücke, woran nach dem oben A. Ausgeführten kein Zweifel bestehen kann, stellt sich aber immer noch die Frage, ob es sich dabei wirklich um eine *planwidrige* Lücke handelt, oder aber um eine solche, die der Gesetzgeber bewusst hingenommen hat, und zu deren Schließung daher auch nur – im Wege einer neuerlichen rechtspolitischen Bewertung – der Gesetzgeber befugt wäre.

Gewiss ist die Frage, ob man nun von einer planwidrigen Lücke oder aber von einem „beredten Schweigen" des Gesetzgebers infolge einer jahrzehntelan-

---

[133]) So etwa *Koppensteiner* in seinem Vortrag auf dem Symposium und in FS Roth 398 ff. Weiters etwa *Stingl*, GesRZ 2008, 315; *Frank/Kusternigg*, RdW 2010, 386.

[134]) Zum Abstellen auf eine typisierende Betrachtung s auch *Kalss/Eckert/Schörghofer*, GesRZ 2009, 66 mit FN 21.

gen Nichtreaktion auf den Missstand auszugehen hat, nicht einfach zu beantworten und die Haltung der Gerichte dazu je nach betroffener Sachfrage sehr unterschiedlich.[135]) Im vorliegenden Kontext hat aber der Gesetzgeber immerhin zumindest in einigen anderen Fällen den Korrekturbedarf anerkannt und damit zum Ausdruck gebracht, dass auch er einen Bedarf für einen verstärkten Kapitalschutz bei der verdeckten Kapitalgesellschaft sieht. Dem Gesetzgeber kann man also keinesfalls unterstellen, dass er den mit der atypischen Gesellschaftsform der „Personengesellschaft & Co“ verbundenen Gläubigerschutzproblemen teilnahmslos gegenübersteht. Dass diese punktuelle Schließung einzelner Lücken durch den Gesetzgeber keine Sperrwirkung gegenüber einer Schließung weiterer Lücken durch die Rsp entfalten kann – in dem Sinne, der Gesetzgeber habe eben bewusst nur diese einzelnen Lücken geschlossen –, wurde bereits von *Harrer*[136]) zutreffend aufgezeigt: Im Gegenteil zeigen diese punktuellen, im Laufe der Zeit immer mehr gewordenen und verschiedenste Regelungsbereiche umfassenden Maßnahmen deutlich, dass auch der Gesetzgeber der „Personengesellschaft & Co“ eine Sonderstellung beimisst, auf die mit verstärkten Gläubigerschutzvorschriften – entsprechend dem Vorbild des Kapitalgesellschaftsrechts – zu reagieren ist.

Ein „beredtes Schweigen“ anlässlich der Handelsrechtsreform 2005, in der dieses Thema nicht aufgegriffen wurde,[137]) hat auch der 2. Senat zu Recht ausdrücklich abgelehnt. Dies ergibt sich schon daraus, dass die „Personengesellschaft & Co“ – abgesehen von der Neuregelung der Rechnungslegungspflicht (§ 189 UGB) und von Fragen des Außenauftritts (§ 14 Abs 1 Satz 2 und § 19 Abs 2 UGB) – überhaupt nicht auf der Agenda der Handelsrechtsreform gestanden ist, und man dem Gesetzgeber daher auch nicht einen (negativen) Regelungswillen in der Richtung unterstellen kann, er habe bewusst auf die Einführung besonderer Kapitalerhaltungsvorschriften für die „Personengesellschaft & Co“ verzichtet.[138]) Auch aus den Gesetzesmaterialien zum HaRÄG 2005 ergibt sich kein Hinweis auf eine derartige Absicht des Gesetzgebers.

Mehr noch: In den Gesetzesmaterialien zum EKEG (oben II. D.) – auch in Verbindung mit der davor ergangenen Judikatur des OGH (oben III. B.) – kommt deutlich die Vorstellung des Gesetzgebers zum Ausdruck, dass bei der

---

[135]) Im Hinblick auf die Schließung von Schutzlücken bei der „Personengesellschaft & Co“ ist der OGH aber durchaus konsequent: So hätte man auch bei der Frage der Ausdehnung des Überschuldungstatbestandes auf die GmbH & Co KEG aus der Nichtanpassung des § 67 KO seit 1990 – noch dazu, wo diese Bestimmung im Jahr 2003 auch Gegenstand einer Gesetzesänderung gewesen war (Hinzufügung eines neuen, den Rangrücktritt und eigenkapitalersetzende Verbindlichkeiten betreffenden dritten Absatzes durch das GIRÄG 2003) – ein „beredtes Schweigen“ des Gesetzgebers ableiten können, was aber den OGH in 10 Ob 46/05w dennoch zu Recht nicht an der Analogie gehindert hat (oben III. D.).

[136]) wbl 2009, 330.

[137]) Dieses Argument war vor allem von *Wenger*, RZW 2005, 329 vorgetragen worden.

[138]) Dies wäre aber die Voraussetzung dafür, dass man aus der Nichtreaktion des Gesetzgebers auch einen – eine planwidrige Lücke ausschließenden – negativen Regelungswillen ableiten könnte, vgl zutreffend *Koppensteiner/Rüffler*, GmbHG^3 Anh § 71 Rz 13.

„Personengesellschaft & Co“ besondere, über die für „gesetzestypische“ Personengesellschaften geltenden Vorschriften hinausgehende Kapitalerhaltungsregeln bestehen; dies kann aber nicht anders denn als Auftrag an die Gerichte verstanden werden, diese vom Gesetzgeber bereits als Bestandteil des geltenden Rechts angesehenen Kapitalerhaltungsregeln auch tatsächlich zum Einsatz zu bringen.[139])

Soweit dieselben Autoren, die im vorliegenden Kontext eine ausfüllungsbedürftige Lücke ablehnen, gleichzeitig – entgegen dem OGH, der hier eine Lücke ablehnt[140]) – eine analoge Anwendung des § 140 UGB (Ausschluss eines Gesellschafters aus wichtigem Grund) auf die GmbH befürworten,[141]) müssen sie sich auch fragen lassen, worin der Unterschied liegen soll: In beiden Fällen geht es darum, eine bei einer Gesellschaftsform vorhandene Regelung, die bei der anderen fehlt, *per analogiam* auf die andere Gesellschaftsform anzuwenden. Auch das jahrzehntelange „beredte Schweigen“ ist in beiden Fällen durchaus vergleichbar, bzw im Fall des Ausschlusses aus wichtigem Grund wohl noch viel stärker ausgeprägt als bei der „Personengesellschaft & Co“, für die der Gesetzgeber zumindest in einigen vergleichbaren Fällen sehr wohl mit der Schaffung ergänzender Schutzvorschriften reagiert hat.

Nochmals ist auch darauf hinzuweisen, dass heute wohl niemand mehr die Auffassung vertritt, dass bei der GmbH & Co KG gar kein über das für die gesetzestypische KG vorgesehene Regelungsmodell hinausgehender Gläubigerschutz erforderlich sei: Zumindest wird der vom BGH entwickelte „mittelbare“ Schutz über die Komplementär-GmbH (oben IV. B.) vertreten, der schon im Grundsansatz auf einem sehr extensiven Verständnis des Ausschüttungsverbots beruht[142]) und nur bei einer – rechtsfortbildenden – Berücksichtigung auch der Schutzerfordernisse in der KG zu einem halbwegs akzeptablen Konzept ausgebaut werden kann (oben IV. B. 3.), wobei auch die Vertreter dieses Ansatzes jetzt zum Teil noch weitere – in Wahrheit rechtsfortbildende – Eingriffe in das KG-Recht befürworten, die ebenfalls auf die Etablierung eines zwingenden Kapitalerhaltungsgebots in der „& Co KG“ hinauslaufen (unten VIII. C.). Die These, dass §§ 128 ff und 171 ff UGB ohnedies einen ausreichenden Gläubigerschutz für die „Personengesellschaft & Co“ vorsehen würden, wird also auch von deren Verfechtern in Wahrheit nicht ernst genommen, und sehr wohl das Vorhandensein einer (Schutz-)Lücke anerkannt; nur über die Art und Weise der Schließung dieser Lücke besteht Uneinigkeit. Der vom 2. Senat in in der Entscheidung 2 Ob 225/07p aufgezeigte Lösungsansatz kann dann aber jedenfalls nicht bereits am Fehlen einer ausfüllungsbedürftigen Lücke scheitern.

[139]) Schon aufgrund dieser eindeutigen Aussagen in den Gesetzesmaterialien erübrigen sich auch allfällige Überlegungen zu einem „beredten Schweigen“ des Gesetzgebers bei Erlassung des EKEG.

[140]) OGH 25. 9. 2001, 4 Ob 216/01w; OGH 17. 10. 2006, 1 Ob 135/06v.

[141]) Vgl *Koppensteiner/Rüffler*, GmbHG³ Anh § 71 Rz 13 mit einer Argumentation, die auch ganz genauso im vorliegenden Kontext verwendet werden kann.

[142]) Siehe dazu bereits oben FN 66.

C. Keine hinreichende Vergleichbarkeit der Analogiebasis?

Auch der Einwand, die als Analogiebasis herangezogenen Vorschriften (s dazu bereits oben II.), seien mit dem Ausschüttungsverbot nicht hinreichend vergleichbar,[143]) überzeugt nicht: Bei einer Rechtsanalogie ist es schon per definitionem nicht erforderlich, eine unmittelbar vergleichbare Vorschrift als Analogiebasis heranzuziehen, vielmehr geht es um die Gewinnung einer generellen Wertung aus einer Vielzahl von ähnlichen Vorschriften, aus denen dann im Wege der Rechtsanalogie der neue Rechtssatz gebildet wird. Im vorliegenden Kontext ist das die aus den angeführten Vorschriften zu gewinnende Wertung, dass das allgemein für Personengesellschaften geltende Regelungsmodell bei der „Personengesellschaft & Co“ nicht ausreicht, und dieses daher um die für Kapitalgesellschaften geltenden Vorschriften zu ergänzen ist. Daraus lässt sich dann auch zwanglos die Anwendung des für Kapitalgesellschaften geltenden Ausschüttungsverbotes auf die „Personengesellschaft & Co“ ableiten.

Der in der Literatur gebrachte Einwand, keiner der Tatbestände, in denen der Gesetzgeber die GmbH & Co KG den Kapitalgesellschaften gleichgestellt hat, habe die Kapitalerhaltung zum Gegenstand,[144]) kann wohl nicht ernst gemeint sein: Ein unmittelbarer Konnex zur Kapitalerhaltung besteht jedenfalls beim Eigenkapitalersatzrecht, das ursprünglich in Analogie zu den Kapitalerhaltungsvorschriften entwickelt worden war und das auch heute noch teilweise in Parallele zu § 83 GmbHG geregelt wird.[145]) Hier wie dort geht es um das Regelungsproblem, dass bestimmte Mittel aus der Gesellschaft nicht abgezogen werden dürfen – also um Kapitalerhaltung. Demgemäß wird die in § 4 EKEG getroffene Auswahl der erfassten Gesellschaften in den Gesetzesmaterialien damit erklärt, dass es sich dabei jeweils – also auch bei den verdeckten Kapitalgesellschaften! – um Gesellschaften handle, *„bei denen Kapitalerhaltungspflichten im weiteren Sinne bestehen“*.[146]) Damit wird aber nicht nur der Konnex des Eigenkapitalersatzrechts zur Kapitalerhaltung durch den Gesetzgeber bestätigt, sondern es liegt zugleich eine verbindliche Wertung des Gesetzgebers vor, wonach bei der „Personengesellschaft & Co“ besondere, über die für die „gesetzestypische“ Personengesellschaften geltenden Vorschriften hinausgehende Kapitalerhaltungspflichten bestehen[147]),

[143]) Siehe dazu etwa *Schörghofer* in *Kalss/Nowotny/Schauer*, Österreichisches Gesellschaftsrecht Rz 2/940; *Kalss/Eckert/Schörghofer*, GesRZ 2009, 66, 77 f; *Koppensteiner/Auer* in *Straube*, UGB I⁴ § 161 Rz 21; *Koppensteiner* in FS Roth 397 f.

[144]) So *Schörghofer* in *Kalss/Nowotny/Schauer*, Österreichisches Gesellschaftsrecht Rz 2/940. Zumindest missverständlich auch *Kalss/Eckert/Schörghofer*, GesRZ 2009, 65 (abstract) und 66, wonach die Kapitalerhaltung bei der GmbH & Co KG bisher nicht Gegenstand spezieller gesetzlicher Regelungen gewesen sei.

[145]) Siehe die Regelung des Rückgewähranspruchs, bis hin zur Verjährungsregelung, in § 14 EKEG.

[146]) ErläutRV zum GIRÄG 2003 124 BlgNR 22. GP 8. Zur gleichgerichteten Rsp des OGH vor der Kodifizierung des Eigenkapitalersatzrechts s bereits oben III. B. mit FN 31 und 32.

[147]) Seit der Kodifizierung des Eigenkapitalersatzrechts im EKEG müssen jedenfalls auch die früheren Gegner der Rsp-Regeln dessen Existenz als verbindliche Wertung des Gesetzgebers anerkennen.

und zwar auch außerhalb des Eigenkapitalersatzrechts: Gerade diese generell als bestehend angenommenen Kapitalerhaltungspflichten waren ja zunächst für die Rsp (oben III. B.) und dann auch für den Gesetzgeber (oben II. D.) der Grund dafür, den „Personengesellschaften & Co" ebenso im Eigenkapitalersatzrecht eine Sonderstellung zuzuweisen. Die vom OGH in 2 Ob 225/07p vorgenommene Analogie vollzieht damit nur das nach, wovon der Gesetzgeber bereits bei der Schaffung des EKEG ausgegangen ist.

Unmittelbar die Kapitalerhaltung zum Gegenstand hat auch die vom OGH schon vor mehr als 15 Jahren vorgenommene Fortbildung der Liquidationsvorschriften (oben III. A.):[148]) Der zwingende Vorrang der Gläubigerbefriedigung ist nichts anderes als ein spezifisch liquidationsbezogener Ausfluss des Kapitalerhaltungsprinzips.

Ernster ist schon der Einwand zu nehmen, die einschlägigen Vorschriften seien durchwegs insolvenz- oder krisenbezogen, weshalb daraus kein generelles Ausschüttungsverbot auch außerhalb der Krise abzuleiten sei.[149]) Bei genauerer Betrachtung zeigt sich allerdings, dass dies zwar für § 67 IO, § 4 EKEG und § 22 URG zutrifft, nicht aber für die Rechnungslegungsvorschriften, die auch von wirtschaftlich gesunden Gesellschaften gleichermaßen zu erfüllen sind, und bei denen zumindest ein gewisser Bezug zum Gläubigerschutz und zur Kapitalerhaltung nicht zu leugnen ist.[150]) Und ebenso wenig ist der vom OGH geschaffene zwingende Gläubigerschutz in der Liquidation krisenbezogen: Der Vorrang der Gläubigerbefriedigung gilt auch dann, wenn es zunächst sehr viel zu verteilen gibt, auch deshalb um zu verhindern dass am Ende doch die Gläubiger leer ausgehen. Und gerade aus der zwingenden Verteilungsbeschränkung lässt sich dann auch eine direkte Parallele zum Ausschüttungsverbot in der werbenden Gesellschaft ziehen, handelt es sich dabei doch nur um funktional gleiche vermögenserhaltende Instrumente in verschiedenen Stadien der Gesellschaft.

Den Kritikern der Rechtsanalogie ist allerdings zuzugestehen, dass das Vorhandensein der einzelnen Sonderregelungen für die „Personengesellschaft & Co" allein, ohne die entsprechende wertungsmäßige Grundlage (die Verfehlung des vom Gesetzgeber als Leitbild der Personengesellschaft zugrunde gelegten Haftungsmodells, oben A.) und dem sich daraus ergebenden Bedarf gerade auch für eine Stärkung der Kapitalerhaltung, nicht genügt hätte, um die analoge Anwen-

---

[148]) Aus methodischer Sicht kann man hier die Frage diskutieren, ob auch eine bereits in der Vergangenheit vorgenommene – und im Schrifttum widerspruchslos akzeptierte – Rechtsfortbildung durch die Gerichte im Rahmen einer weiteren Rechtsfortbildung (Rechtsanalogie) als Analogiebasis mitherangezogen werden kann.

[149]) *Stingl*, GesRZ 2008, 315; *Koppensteiner/Auer* in *Straube*, UGB I⁴ § 161 Rz 21; *Frank/Kusternigg*, RdW 2010, 385; *Koppensteiner* in FS Roth 397 f (jetzt doch relativierend?). Für ein nur auf Fälle der Insolvenz oder einer Krise beschränktes Ausschüttungsverbot früher bereits *Wenger*, RWZ 2005, 329; in diese Richtung gehend auch *Stingl* aaO.

[150]) Ebenso *Kalss/Eckert/Schörghofer*, GesRZ 2009, 77. AA *Koppensteiner/Auer* in *Straube*, UGB I⁴ § 161 Rz 21 und *Schörghofer* in *Kalss/Nowotny/Schauer*, Österreichisches Gesellschaftsrecht Rz 2/940 mit FN 81. Die Behauptung, dass die Rechnungslegung jedenfalls bei der KG keine kapitalerhaltende Funktion habe, wird bereits durch § 168 und § 172 Abs 3 UGB widerlegt. Als Co-Autor des Aufsatzes aus 2009 hat *Schörghofer* dann auch bezeichnenderweise das Gegenteil vertreten.

dung des § 82 GmbHG auf die verdeckten Kapitalgesellschaften zu rechtfertigen. Insofern ist in der Tat bedauerlich, dass der OGH diesen Gesichtspunkt in 2 Ob 225/07p, anders als noch in seiner Vorjudikatur, vernachlässigt hat (oben VI. E.). Dies ändert aber nichts an der Überzeugungskraft dieser wertungsmäßigen Grundlage, aus der sich dann auch die Richtigkeit der Analogie zu § 82 GmbHG ergibt. Die auf den vorhandenen gesetzlichen Sonderregelungen basierende Rechtsanalogie bietet eine zusätzliche Bestätigung dafür, dass auch der Gesetzgeber auf das Verfehlen des dem Leitbild entsprechenden Haftungsmodells mit einer Verschärfung gegenüber dem an sich für Personengesellschaften geltenden Regelungskonzept reagiert, und zwar jeweils konkret in Richtung einer Gleichstellung mit den Kapitalgesellschaften. Beide Ansätze führen zum selben Ergebnis, nämlich zur analogen Anwendung des kapitalgesellschaftsrechtlichen Ausschüttungsverbots auf die „Personengesellschaft & Co".[151])

D. Kein Bedarf für einen über das BGH-Modell hinausgehenden Kapitalschutz?

Bezweifelt wird von einigen Kritikern auch, ob es überhaupt einen Bedarf für einen über das vom BGH entworfene Konzept des „mittelbaren" Schutzes über die Komplementärgesellschaft (oben IV. B.) hinausgehenden Kapitalschutz gibt. So wird etwa die Auffassung vertreten, dass die Gläubiger nur einen – rechtlich geschützten[152]) – Anspruch auf einen der Komplementärgesellschaft entsprechenden Schutzstandard hätten, und daher bei einer Limited & Co nur einen solchen nach den Vorgaben des Companies Act.[153]) Dies ist allerdings eine bloße *petitio principii*, die sich genauso umdrehen lässt: Soll man es bei einer österreichischen unternehmenstragenden Gesellschaft[154]) wirklich akzeptieren, dass der Schutz der Gläubiger nur von dem jeweils auf die Komplementärin anwendbaren Gesellschaftsrecht abhängt? Generell stellt sich die Frage, ob man die vielfältigen Schutzlücken und die zu deren zumindest teilweiser Schließung erforderlichen Inkonsequenzen, die mit dem nur „mittelbaren" Schutzkonzept verbunden sind (s dazu bereits oben IV. B. 3.), hinnehmen oder nicht doch den auch durch dieses nur unvollkommene – in den Worten von *Karsten Schmidt*:[155]) provisorische – Konzept anerkannten Schutzbedarf gleich zum Anlass nehmen will, den Schutz dort zu etablieren, wo er benötigt wird: In der „Personengesellschaft & Co" selbst.

[151]) Wie bereits die bisherigen Ausführungen in ausreichender Weise gezeigt haben sollten, geht es jedenfalls um mehr als um bloße „rechtspolitische Desiderats" *(sic!)* und um ein *wishful thinking* (so aber *Koppensteiner* in FS Roth 405).

[152]) Ein „Schutzbedürfnis", das aber nicht befriedigt werden könne, wurde hingegen von *Koppensteiner* sehr wohl zugestanden.

[153]) So *Koppensteiner* in seinem Vortrag auf dem Symposium und in FS Roth 405. – in *Koppensteiner/Auer* in *Straube*, UGB I[4] § 161 Rz 21 wurde hingegen noch von einer eigenen Stellungnahme zur Limited & Co KG abgesehen und lediglich auf einen deutschen Aufsatz verwiesen.

[154]) In dieser Involvierung einer österreichischen Gesellschaft liegt der entscheidende Unterschied zu dem Fall, dass die – dem englischen Gesellschaftsrecht unterstehende – Limited selbst als Unternehmensträgerin auftritt.

[155]) GmbHR 1989, 141.

Nach der Überzeugung des Verfassers kann die Antwort nur im zweiteren Sinn ausfallen.[156])

E. Zum Inhalt der Analogie

Auch der zusätzlich gegen den Ansatz des OGH vorgetragene Kritikpunkt, es sei nicht einzusehen, warum §§ 82 und 83 GmbHG und nicht die entsprechenden Vorschriften des AktG als Analogiebasis herangezogen würden[157]), kann kein ernsthaftes Gegenargument gegen die Analogie darstellen: Angesichts der weitgehenden Inhaltsgleichheit der entsprechenden Regelungen im GmbHG und im AktG kann die Entscheidung zwischen einer konkret auf das Aktien- oder auf das GmbH-Recht abzielenden Analogie nur für Randfragen (Außenhaftung des Aktionärs, die sich für den Kommanditisten aber ohnedies bereits aus § 172 Abs 3 UGB ergibt, s dazu bereits oben VI. D.; Ausfallshaftung[158]), besondere Sperre auch für den festgestellten Bilanzgewinn gem § 82 Abs 5 GmbHG, allenfalls Verjährung von Rückgewähransprüchen[159])) von Bedeutung sein. Einer sachgerechten Anpassung und gegebenenfalls Harmonisierung der betreffenden Vorschriften im analogen Anwendungsbereich (etwa im Hinblick auf die Ausfallshaftung) steht nichts entgegen. Im Übrigen zeigt bereits § 221 Abs 5 UGB,[160]) wie mit derartigen Problemen bei der Auswahl der ersatzweise heranzuziehenden Vorschriften umgegangen werden kann; damit ließe sich dann auch das von *Koppensteiner/Auer* offenbar vermisste Ergebnis erzielen, dass bei der AG & Co KG primär auf §§ 52, 54 und 56 AktG abgestellt wird. Um unlösbare Probleme, die der Analogie bereits *per se* entgegenstehen würden, handelt es sich jedenfalls nicht.

F. Unklarheit über die Folgen?

Kritisiert wird weiters die Unklarheit über die genauen Konsequenzen, die aus dem neuen Kapitalschutzkonzept für die „Personengesellschaft & Co" resultieren. Es handle sich um eine *„Systemänderung, die eine kaum überschaubare Anzahl von Folgefragen nach sich zieht"*, sodass *„letztlich kraft Rechtsfortbildung eine ganz neue, von großer Rechtsunsicherheit geprägte Rechtsform entstünde"*, es

---

[156]) Ebenso bzgl der Vorzugswürdigkeit des Ansatzes bei der KG auch *Wenger*, RWZ 2005, 328; eine Divergenz zu der vom Verfasser und nunmehr auch vom OGH vertretenen Auffassung besteht lediglich darin, dass dieser Autor den Kapitalschutz auf die Insolvenz oder Krise der KG beschränken will.

[157]) So *Koppensteiner/Auer* in *Straube*, UGB I[4] § 161 Rz 21 und *Koppensteiner* in FS Roth 397.

[158]) Siehe dazu auch bereits oben FN 96.

[159]) Nur § 83 Abs 5 GmbHG kennt eine ausdrückliche Ausnahme von der kurzen Verjährung bei Kenntnis der Widerrechtlichkeit.

[160]) Demnach unterliegt die Personengesellschaft hinsichtlich der in den §§ 222–243 und §§ 268–283 UGB geregelten Tatbestände den der Rechtsform ihres unbeschränkt haftenden Gesellschafters entsprechenden Rechtsvorschriften; ist dieser keine Kapitalgesellschaft, so gelten die Vorschriften für Gesellschaften mit beschränkter Haftung.

müsste *„faktisch ein eigenes Gesellschaftsrecht entwickelt werden"*.[161]) Es wurde auch bezweifelt, ob sich der OGH über die Konsequenzen im Klaren war.[162]) In diesem Zusammenhang wird auch wieder die angeblich fehlende Befugnis zur Rechtsfortbildung releviert: Generell sei es nicht Aufgabe der Rsp, komplexe Fragen des Gläubigerschutzes in dafür anders angelegten Rechtsformen fortzuentwickeln.[163]) In der Diskussion auf dem Symposium wurde überdies auch als zusätzliche Facette die „Rechtsfortbildung durch Professoren" beklagt und ihnen die Legitimation dafür abgesprochen.

Im Grundansatz sind die Konsequenzen allerdings sehr wohl klar (oben VI. A.), so dass sich die Unsicherheit nur auf bestimmte weitere – gewiss wichtige, aber jedenfalls lösbare und auch auf dem Symposium eingehend diskutierte – Folgefragen beziehen kann. Bei einer Rechtsfortbildung, mit der die Weichen in einer Grundsatzfrage neu gestellt werden, lässt sich eine derartige Unsicherheit über deren genaue Tragweite auch für zusätzliche Fallgestaltungen und für verwandte Fragen freilich nicht vermeiden.[164]) Dies kann aber kein Grund dafür sein, eine als notwendig erkannte Rechtsfortbildung zu unterlassen, ehe nicht alle möglichen Detailfragen eindeutig geklärt sind. Und es war auch nicht die Aufgabe des OGH, in seiner Grundsatzentscheidung gleich ein abstraktes Rechtsgutachten zu allen denkbaren, im vorliegenden Fall aber gar nicht entscheidungswesentlichen Fallgestaltungen und sonstigen Implikationen der neuen Prämissen über den Kapitalschutz in der „Personengesellschaft & Co" zu erstatten. Dass sich der 2. Senat sehr wohl der Tragweite seiner Entscheidung und der daraus resultierenden Folgefragen bewusst war und er diese in seine Entscheidungsfindung darüber, ob nun der Weg der Rechtsfortbildung beschritten werden soll, miteinbezogen haben wird, kann wohl angenommen werden.

Dass die Rsp auch dazu befugt sein muss, Fragen des Gläubigerschutzes in atypisch – im Wege einer Typenvermischung – ausgestalteten Gesellschaftsformen einer sachgerechten Lösung zuzuführen, kann ebenfalls nicht ernsthaft bezweifelt werden. Die Alternative, wonach in derartigen Fällen erkannte Schutzlücken nicht geschlossen werden dürfen, wäre schlicht untragbar und eine Einladung zu möglichst kreativen, die Wertungen der Rechtsordnung aushöhlenden Gestaltungen. Dass die Rechtsfortbildung in den Fällen der Typenvermischung auch zu Spannungen zwischen den für die verschiedenen Gesellschaftstypen vorgesehenen Regelungen führen kann, ist ein Risiko, das die Beteiligten durch die

[161]) So *Kalss/Eckert/ Schörghofer*, GesRZ 2009, 78, 81.

[162]) *Koppensteiner/Auer* in *Straube*, UGB I[4] § 161 Rz 21.

[163]) *C. Nowotny*, RdW 2009, 331.

[164]) Bei der erstmaligen Einführung des Eigenkapitalersatzrechts durch den OGH im Jahr 1991 war die Ungewissheit über die genaue Tragweite dieser Rechtsfigur etwa sicherlich nicht geringer als es nunmehr bei der Kapitalerhaltung in der GmbH & Co KG der Fall ist. Trotzdem hat sich diese Rsp, entgegen den Bedenken einzelner Kritiker, bewährt und wurde dann auch mit dem EKEG zumindest im Grundkonzept, wenngleich mit einigen, rechtspolitisch nicht durchwegs überzeugenden Einschränkungen, vom Gesetzgeber bestätigt. Auch im gegenständlichen Kontext wäre eine – ausgewogene – Regelung durch den Gesetzgeber durchaus wünschenswert, bis dahin bedarf es aber der durch den 2. Senat vorgenommenen Rechtsfortbildung, um die erkannten Verwerfungen und Schutzlücken zumindest vorläufig zu schließen.

von ihnen freiwillig gewählte Gestaltung selbst geschaffen haben; die Entscheidung dieser Konflikte sollte dann aber auch zumindest im Zweifel nicht zu Lasten der Gläubiger ausfallen.

Was schließlich die „Rechtsfortbildung durch Professoren" betrifft, bleibt anzumerken, dass Universitätslehrer eine solche höchstens vorschlagen und begründen können, die Kompetenz zu deren Umsetzung aber ausschließlich bei den Gerichten liegt. Dass es gerade zu den Aufgaben der Wissenschaft zählt, auch über die Weiterentwicklung des Rechts und die Stimmigkeit des Gesamtsystems nachzudenken, sollte wohl unbestritten sein.[165]) Der Verfasser ist auch weiterhin davon überzeugt, dass der von ihm im Jahr 1996 erstmals in Österreich vorgeschlagene Weg, dem zunächst weitere Literaturstimmen und nunmehr auch der OGH gefolgt sind, der Richtige ist. Insofern wird eine „Mitverantwortung" für diese Entscheidung auch gerne übernommen.

G. Überraschung für die Praxis?

Von manchen Kritikern wird auch beklagt, dass die vom OGH vorgenommene Rechtsfortbildung überraschend gekommen sei und damit für Altfälle das Vertrauen auf die bisher bestandene Rechtslage enttäuscht werde.[166]) Dies ist freilich ein zwangsläufiger Effekt jeder Rechtsfortbildung – man denke etwa nur aus der jüngsten Zeit an die Entscheidung zu der jetzt doch in Analogie zu § 1346 ABGB angenommenen Formpflicht für den zu Interzessionszwecken vorgenommenen Schuldbeitritt,[167]) was ebenso zur Unwirksamkeit vieler davor eingegangener Haftungen, auf deren Bestand die Gläubiger vertraut haben, führen wird.[168])

Wie bereits oben III. E. angemerkt wurde, kann im vorliegenden Kontext von einer großen Überraschung aber ohnedies keine Rede sein: Der vom 2. Senat eingeschlagene Weg war bereits seit 1996 durch die Literatur (oben IV. C. 1.) und sogar seit 1995 durch zu vergleichbaren Fragen getätigte Aussagen des OGH (oben III.) vorgezeichnet.[169]) Vorsichtige und wohlinformierte Berater haben sich bereits in den Neunziger Jahren auf die zu erwartende (oder je nach Blickwinkel: zu befürchtende) Haltung des OGH eingestellt und daher etwa, wie der Verfasser selbst miterlebt hat, Umgründungsmaßnahmen nur unter möglichster

---

[165]) Nicht übersehen werden darf auch, dass nicht nur Professoren die Entscheidung 2 Ob 225/07p veranlasst haben, sondern mit *Reich-Rohrwig* gerade auch ein führender Vertreter der gesellschaftsrechtlichen Praxis (mit zusätzlicher *venia docendi*, die gerade durch die betreffende Monographie erlangt wurde) den Weg für die Rechtsfortbildung aufbereitet hat.

[166]) *Kalss/Eckert/Schörghofer*, GesRZ 2009, 78, 81.

[167]) OGH 20. 4. 2010, 4 Ob 205/09i JBl 2010, 509 mit Anm *Faber/Lukas* = Zak 2010/406, 237 = ÖBA 2010/1650, 610 mit Anm *Apathy* = ZIK 2010/300, 196 = ecolex 2010/312, 853 = RdW 2010/572, 570.

[168]) Für eine Rechtsfortbildung ungeachtet der grundsätzlichen Anerkennung der aus der Rechtssicherheit abgeleiteten Gegenargumente auch bereits 10 Ob 46/05w (zur Ausdehnung des Überschuldungstatbestandes auf die GmbH & Co KEG, oben III. D.).

[169]) Ebenso *Harrer*, wbl 2009, 328. Konkret vorhergesehen haben dies bereits im Jahr 2005 auch *Kalss/Eckert*, Zentrale Fragen des GmbH-Rechts 298.

Berücksichtigung der Erfordernisse der Kapitalerhaltung durchgeführt. Wirklich überrascht wurden also nur jene, die die sich abzeichnende Entwicklung völlig ignoriert haben; von einem schutzwürdigen Vertrauen kann dabei aber keine Rede sein.[170])

VIII. Die nunmehr vorgeschlagenen alternativen Schutzkonzepte

Als Alternative zu dem Ansatz bei § 82 GmbHG wurden von den Gegnern der Entscheidung 2 Ob 225/07p auch Alternativkonzepte entwickelt, um damit den ihrer Ansicht nach erforderlichen Gläubigerschutz auf anderem Wege – primär mit den Mitteln des Personengesellschaftsrechts – zu erreichen:

A. Punktuelle Schließung von Lücken *(Kalss/Eckert/Schörghofer)*

So wurden von *Kalss/Eckert/Schörghofer*[171]) zunächst nur punktuelle Maßnahmen zur Schließung einzelner Lücken vorgeschlagen, wie insbesondere eine Außenhaftung des Kommanditisten auch für den die Haftsumme übersteigenden Rückzahlungsbetrag und ein Verbot eines Vermögenstransfers von der KG bei Insolvenzreife als sittenwidrige Gläubigerschädigung. Eine „Umdeutung" der Entscheidung 2 Ob 225/07p in diesem Sinne, wie es gleichzeitig vorgeschlagen wurde,[172]) kommt freilich nicht in Betracht: Die Aussagen des OGH sind eindeutig und keiner Umdeutung zugänglich. Um das von *Kalss/Eckert/Schörghofer* angestrebte Ziel zu erreichen, müsste der OGH vielmehr seine Rsp ändern.

B. Zwingende personengesellschaftsrechtliche Entnahmesperre *(Kalss)*

In einem jüngst erschienenen Beitrag[173]) hat *Kalss* nun aber ohnedies wieder ein anderes Modell präsentiert, das dem Ansatz des OGH zumindest sehr nahe kommt: Sie will nunmehr bereits aus dem Personengesellschaftsrecht für die „Personengesellschaft & Co" ein zwingendes Entnahmeverbot ableiten, und

---

[170]) Wie in der Diskussion auf dem Symposium von *Konwitschka* zutreffend angemerkt wurde, hätte man aber in dem in 2 Ob 225/07p entschiedenen Fall einen Vertrauensschutz der beklagten Bank, bei der es auf den Vorwurf der groben Fahrlässigkeit angekommen ist, allenfalls in Anlehnung an die einen Altfall zur Schwesternsicherheit betreffende Entscheidung 9 Ob 25/08d, 26/08a erreichen können, in der eine grobe Fahrlässigkeit der Bank vor Ergehen der einschlägigen Grundsatzentscheidungen aus 1996 (erstmalige Anwendung des Verbots der Einlagenrückgewähr auf *up stream*-Sicherheiten) und 2000 (erstmalige Einbeziehung von Schwestergesellschaften in das Verbot der Einlagenrückgewähr) verneint worden war; aus Literaturmeinungen alleine könne noch keine grobe Fahrlässigkeit abgeleitet werden.

[171]) GesRZ 2009, 78 f.

[172]) *Kalss/Eckert/Schörghofer*, GesRZ 2009, 79.

[173]) *Kalss* in GedS Arnold 93 ff

damit die Wertungen des Kapitalgesellschaftsrechts für die spezielle Situation der GmbH & Co KG im engeren Sinn auf diese Form der Personengesellschaft übertragen.[174])

Die dafür im Einzelnen angebotene dogmatische Begründung ist allerdings noch nicht überzeugend: Verständlich ist der Grundgedanke, wonach der OGH auch in 2 Ob 594/95 (oben III. A.) gerade nicht die Liquidationsvorschriften für die GmbH analog angewendet, sondern stattdessen die Lösung aus dem Personengesellschaftsrecht entwickelt hat, und zwar durch eine Zwingendstellung der – an sich dispositiven – Liquidationsregelungen für die O(H)G (§§ 145 ff HGB/UGB).[175]) Anstatt nun aber, was die unmittelbare Parallele dazu wäre, §§ 122 und 168 UGB – die in Ermangelung anderweitiger Vereinbarungen in gleicher Weise wie § 82 Abs 1 GmbHG und §§ 52, 54 AktG nur einen Anspruch der Gesellschafter auf Entnahme des Gewinns vorsehen[176]) – ebenfalls zwingend zu stellen, wird nur mit dem Schädigungsverbot des § 122 UGB und einer teleologischen Reduktion des § 172 Abs 3 UGB argumentiert;[177]) es ist aber nicht ersichtlich, wie eine teleologische Reduktion des § 172 Abs 3 UGB – der nur das Wiederaufleben der Außenhaftung[178]), nicht aber die Frage der Zulässigkeit der Entnahme im Innenverhältnis betrifft (um diese Frage geht es eben nur in § 168 UGB) – zu einem Verbot der Einlagenrückgewähr im Innenverhältnis und zu einer Innenhaftung führen soll. Eine Vorschrift, die mit der Frage der Innenhaftung nichts zu tun hat, kann auch nach einer teleologischen Reduktion keinen in diese Richtung gehenden Inhalt erlangen. Erreichen lässt sich die zwingende Entnahmebeschränkung nur mit einem direkten Ansatz bei §§ 122 und 168 UGB, indem diese die Frage der Zulässigkeit der Entnahme im Innenverhältnis betreffenden Bestimmungen – so wie dies auch der OGH in 2 Ob 594/95 für die Vorschriften über die Liquidation getan hat – bei der „Personengesellschaft & Co" zwingend gestellt werden. Die von *Kalss*[179]) angestellte – durchaus zutreffende – Überlegung, dass § 172 Abs 3 UGB eine Wahlmöglichkeit zwischen der Einlage oder der Haftung vorsieht, dies aber bei der „Personengesellschaft & Co" (wegen der Entwertung der Haftung durch die Auswahl eines beschränkt haftenden Rechtsträgers als Komplementär) nur auf die Alternative „Einlage" zu reduzieren sei, lässt sich als zusätzliches wertendes Argument für die Zwingendstellung der Entnahmebeschränkungen in §§ 122 und 168 UGB heranziehen. Nur mit der direkten Fokussierung auf die Entnahmebeschränkungen lässt sich dann auch die – nach Ansicht des Verfassers gebotene (oben VI. B.) – Erstreckung des Entnahmeverbots auf Komplementäre und auf die OG ohne natürliche Person als Gesellschafter erreichen. Mit dieser Maßgabe wäre aber der Ansatz von *Kalss* methodisch jedenfalls begründbar.

---

174) So ausdrücklich *Kalss* in GedS Arnold 95.

175) *Kalss* in GedS Arnold 93.

176) Im Fall des § 168 UGB nur nach Maßgabe der „Wiederauffüllungspflicht" im Falle vorangegangener Verluste.

177) *Kalss* in GedS Arnold 94 f.

178) Siehe dazu nur zutreffend *Harrer*, wbl 2009, 332.

179) GedS Arnold 95.

Im Ergebnis würde es also – wohl auch nach der Intention von *Kalss* – darum gehen, den an sich dispositiven Entnahmebeschränkungen des Personengesellschaftsrechts (§ 122 und § 168 UGB) bei der „Personengesellschaft & Co“ einen zwingenden Charakter beizulegen, was – zumindest bei nach dem 1.1.2007 gegründeten Gesellschaften[180]) – zu einer generellen Beschränkung der Entnahmen auf den festgestellten Gewinn führt. Ein relevanter Unterschied zur analogen Anwendung des § 82 GmbHG ist dann allerdings nicht mehr erkennbar;[181]) wie von *Kalss*[182]) zutreffend angemerkt wird, gilt dies insbesondere auch für die Frage der Nichtigkeit verbotswidriger Rechtsgeschäfte und die Anwendung der „Fehringer“-Grundsätze auf Rechtsgeschäfte mit Dritten. Sehr wohl relevant könnten allerdings Unterschiede hinsichtlich der weiteren Ausstrahlungswirkung sein: Wenn man einfach §§ 122 und 168 UGB zwingend stellt, fällt es wohl leichter, trotzdem ein Ausscheiden eines Gesellschafters gegen eine Abfindung aus dem Gesellschaftsvermögen (wie es eben bei der Personengesellschaft vorgesehen ist) zu akzeptieren, und eine analoge Anwendung auch der GmbH-rechtlichen Kapitalaufbringungsregelungen abzuwehren. Ebenso lässt sich die Ausfallshaftung der Mitgesellschafter dann leichter als bei einer Analogie zu §§ 82 und 83 GmbHG vermeiden.[183])

Insofern hat es daher den Anschein, als ob *Kalss* dem 2. Senat nunmehr im Ergebnis, wenn auch mit einem stärker personengesellschaftsrechtlichen Ansatz in der Begründung und dem Bestreben, gewisse möglicherweise mit dem „kapitalgesellschaftsrechtlichen“ Ansatz verbundene Folgewirkungen zu vermeiden, doch zustimmt. Und jedenfalls wird auch von ihr der Bedarf für einen weit über den Standard des Personengesellschaftsrechts hinausgehenden Kapitalschutz anerkannt, womit offenbar die noch viel zurückhaltendere Position in dem zwei Jahre davor gemeinsam mit *Eckert* und *Schörghofer* verfassten Beitrag widerrufen wurde und *Kalss* wieder jedenfalls weitgehend zu jener Position zurückgekehrt ist, die sie (gemeinsam mit *Eckert*) wohl noch im Jahr 2005 vertreten hatte.[184])

---

[180]) Bei Altgesellschaften müsste hingegen für die Komplementäre § 122 HGB aF gelten, was wohl zur Folge hätte, dass diesen dann auch das in dieser Bestimmung noch vorgesehene Kapitalentnahmerecht zustehen würde. Für Kommanditisten ergibt sich hingegen aus der Anwendung des HGB (s § 169 aF) kein Unterschied.

[181]) Ein Unterschied könnte sich allenfalls bzgl der Frage ergeben, ob auch eine – in der Praxis wohl eher seltene – die Haftsumme übersteigende Pflichteinlage von der Vermögensbindung erfasst werden soll. Die diesbezügliche Haltung von *Kalss* geht aus ihrem Beitrag nicht deutlich hervor.

[182]) GedS Arnold 97 f.

[183]) Siehe dazu auch *Kalss* in GedS Arnold 97.

[184]) Dieser Hinweis soll nicht als Kritik missverstanden werden, sondern vielmehr als Anerkennung des Umstandes, dass *Kalss* ihre Position nochmals überdacht und dabei die Erfordernisse des Gläubigerschutzes wieder stärker gewichtet hat. Bei einer derart komplexen Fragestellung wie der vorliegenden ist dies auch jedenfalls legitim.

C. Unbeschränkte Innenhaftung aus § 172 Abs 3 UGB (*Koppensteiner*)

Einen wieder anderen Ansatz hat *Koppensteiner* auf dem Symposium präsentiert:[185]) Aus den §§ 171 und 172 Abs 3 UGB soll eine Innenhaftung in der gesamten Höhe der getätigten Entnahmen abzuleiten sein.

Das verwundert in mehrfacher Hinsicht: Richtig ist zwar das von *Koppensteiner*[186]) gebrachte Rechenbeispiel, dass ein Kommanditist mit einer Haftsumme 80 und einem Einlagenstand 80, der nunmehr 100 entnimmt, erst dann wieder von der Außenhaftung frei wird, wenn er wiederum 100 – und nicht nur 80 – einlegt. Dies ändert aber nichts daran, dass er auch in der Zwischenzeit gegenüber den Gläubigern nur bis zur Haftsumme (80) und nicht auf 100 haftet; auch der Insolvenzverwalter kann von ihm nach § 171 Abs 2 UGB[187]) nur 80 einfordern.[188]) Unverständlich ist überdies, wie sich aus den §§ 171 f UGB – abgesehen vom Einziehungsrecht des Insolvenzverwalters nach § 171 Abs 2 UGB, mit dem dieser in der Insolvenz der Gesellschaft die Ansprüche *der Gläubiger* geltend machen kann – eine Innenhaftung (gegenüber der Gesellschaft) ergeben soll; *sedes materiae* dafür wären nur die §§ 122 und 168 UGB.[189]) Auch der Ansatz von *Koppensteiner* lässt sich jedenfalls nur mit einer massiven Rechtsfortbildung erreichen. Um eine schlichte Gesetzesanwendung der §§ 171 und 172 Abs 3 UGB, wie diese These auf dem Symposium präsentiert wurde, handelt es sich jedenfalls nicht.[190])

Und unabhängig von den Schwächen in der dogmatischen Begründung ist festzuhalten, dass *Koppensteiner* mit der – wohl zwingenden? – Innenhaftung in Höhe der getätigten Entnahmen offenbar im Ergebnis letztlich doch dem Ansatz des OGH folgt: Zumindest in jenen Fällen, in denen die Zuwendung an einen Kommanditisten dazu führt, dass die Haftsumme nicht mehr voll gedeckt ist, muss auch nach dem Ansatz von *Koppensteiner* ein (zwingender) Rückgewähranspruch eingreifen.[191]) Unterschiede zu dem hier vertretenen Ansatz bestehen hingegen hinsichtlich der Ausschüttungen an die Komplementärin, für die allerdings auch der 2. Senat – zu Unrecht – keine Beschränkungen vorsehen wollte (oben VI. B.), sowie unter Umständen bezüglich der Nichtigkeitsfolge gegenüber Dritten, die nach dem Ansatz von *Koppensteiner* nur in Fällen einer sittenwidrigen

---

[185]) Siehe dazu jetzt auch *Koppensteiner* in FS Roth 402 ff.

[186]) Vgl dazu (mit einem anderen Zahlenbeispiel als im Text) *Koppensteiner* in FS Roth 402 f.

[187]) Den Rest könnte er allenfalls gestützt auf eine unzulässige Entnahme einfordern.

[188]) Siehe dazu bereits zutreffend *Harrer*, wbl 2009, 332.

[189]) Siehe dazu auch bereits oben B.

[190]) Auch in der Kommentierung von § 172 Abs 3 UGB bei *Koppensteiner/Auer* in *Straube*, UGB I[4] § 172 Rz 5 ff oder in der Passage zur GmbH & Co KG (§ 161 Rz 21) finden sich keine Hinweise auf das nunmehr von *Koppensteiner* vertretene Haftungskonzept.

[191]) Auf diesen Einwand hin wurde von *Koppensteiner* in der Diskussion noch die Ergänzung vorgenommen, dass das von ihm dargelegte Modell nur in der Insolvenz bzw in insolvenznahen Situationen eingreifen solle. Wie eine derartige Beschränkung aus §§ 171 ff UGB abgeleitet werden soll, bleibt freilich unklar.

Gläubigerschädigung (also bei drohender Insolvenz der KG), allenfalls aber doch auch bei einem Missbrauch der Vertretungsmacht durch den Geschäftsführer der Komplementär-GmbH (offenbar nicht nur bei Existenzgefährdung, sondern ebenso sonst bei für die KG nur nachteiligen Maßnahmen?) eingreifen soll.[192])

Unklar bleibt bei den nunmehrigen Ausführungen von Koppensteiner schließlich, ob er neben dem jetzt für richtig befundenen Ansatz bei § 172 Abs 3 UGB das von ihm bisher – zuletzt noch im Jahr 2009[193]) – vehement verfochtene „mittelbare" Schutzkonzept des BGH (oben IV. B.) weiterverfolgen will: Dient also das neue KG-rechtliche Modell nur zur ergänzenden Schließung des jetzt auch von Koppensteiner als unzureichend erkannten mittelbaren Schutzkonzepts oder als dessen vollständiger Ersatz? Auf weitere Präzisierungen, vielleicht schon in diesem Tagungsband, kann man also gespannt sein.

D. Anerkennung des Bedarfs für einen weitergehenden Kapitalschutz auch durch die Gegner von 2 Ob 225/07p

Somit bleibt festzuhalten, dass sowohl *Kalss* als auch *Koppensteiner* alternative Konzepte präsentiert haben, die auf einem anderen Weg als der OGH – über eine Weiterentwicklung der einschlägigen Vorgaben im Personengesellschaftsrecht anstatt einer analogen Anwendung des § 82 GmbHG – zu einem über ihre früheren Stellungnahmen deutlich hinausgehenden, verstärkten Kapitalschutz für die „Personengesellschaft & Co" führen. Während *Kalss* dabei offen von einer Rechtsfortbildung ausgeht und auch mit zutreffenden Argumenten die dafür erforderliche Lücke begründet, will *Koppensteiner* sein Ergebnis wohl als schlichte („korrekte") Gesetzesanwendung darstellen, was aber angesichts der massiven Abweichung von den einschlägigen gesetzlichen Vorgaben nicht richtig sein kann; auch dieser Ansatz lässt sich daher nur als Akt der Rechtsfortbildung verstehen, was mit der Position dieses Autors, es gebe keine Lücke, freilich in Widerspruch gerät. Zumindest *Kalss* kommt dem OGH auch im Ergebnis sehr nahe.[194]) Damit reduziert sich die Divergenz aber nur noch auf die Frage, ob der „kapitalgesellschaftsrechtliche" oder der „personengesellschaftsrechtliche" Begründungsansatz vorzuziehen ist. Zugleich bestätigt sich damit auch der vom 2. Senat eingeschlagene Weg, das Recht der „Personengesellschaft & Co" um ein zwingendes Ausschüttungsverbot zu ergänzen.

IX. Fazit: 2 Ob 225/07p als Beispiel für eine gelungene Rechtsfortbildung

1. Als Ergebnis der vorstehenden Untersuchung ist zusammenfassend festzuhalten, dass der 2. Senat mit der Entscheidung 2 Ob 225/07p zutreffend eine Schutzlücke im Recht der „Personengesellschaft & Co" erkannt und diese nach

---

[192]) Siehe dazu *Koppensteiner* in FS Roth 403 f.

[193]) *Koppensteiner/Auer* in *Straube,* UGB I^4 § 161 Rz 21.

[194]) Bei *Koppensteiner* bleibt hingegen noch abzuwarten, wie er sein Modell im vorliegenden Tagungsband genauer präzisiert (s dazu bereits oben C. und FN 191).

Auffassung des Verfassers auch in einer überzeugenden Weise geschlossen hat. Der OGH setzt damit lediglich konsequent den Weg fort, den der Gesetzgeber und die Rsp bereits vor längerer Zeit begonnen haben (oben II. und III.). Die gegen die Entscheidung vorgebrachten Argumente überzeugen nicht (oben VII.). Die zum Teil herbe Kritik hat sich diese Entscheidung nicht verdient, vielmehr kann man mit *Harrer*[195]) festhalten, dass es sich dabei um ein Beispiel für wohlüberlegte und verantwortungsvolle richterliche Rechtsfortbildung handelt. Die „Personengesellschaft & Co" hat damit zum Gläubigerschutzniveau für Kapitalgesellschaften aufgeschlossen.[196])

2. Dadurch, dass inzwischen auch Kritiker der Entscheidung 2 Ob 225/07p in der Sache ebenfalls, wenn auch auf anderem Weg, einen über die vorhandenen gesetzlichen Grundlagen deutlich hinausgehenden, besonderen Kapitalschutz für die „Personengesellschaft & Co" befürworten, wird die Richtigkeit der vom 2. Senat vorgenommenen Weichenstellung eindrucksvoll bestätigt (oben VIII.). Dass überhaupt keine Schutzlücke bestünde und dass das KG-rechtliche Regelungsmodell, allenfalls in Verbindung mit dem mittelbaren Schutz über die Komplementär-GmbH, allein genügt, lässt sich wohl nicht mehr ernsthaft vertreten. Die Diskussion reduziert sich dann höchstens noch auf die Frage, ob nun die Lückenfüllung im Personengesellschaftsrecht selbst (durch Etablierung eines zwingenden Ausschüttungsverbots in diesem) oder durch analoge Anwendung von kapitalgesellschaftsrechtlichen Vorschriften vorzuziehen sei. Zwischen der analogen Anwendung des § 82 GmbHG (entsprechend der Auffassung des OGH sowie des Verfassers) und der Zwingendstellung der Entnahmebeschränkungen in §§ 122 und 168 UGB *(Kalss)* dürfte freilich auch im Ergebnis kein großer Unterschied bestehen. Für den nunmehrigen Ansatz von *Koppensteiner* lässt sich dies derzeit in Ermangelung einer näheren Präzisierung noch nicht verlässlich beurteilen.

3. Einer Präzisierung bedürfen die Aussagen des OGH allerdings noch dahingehend, dass das Ausschüttungsverbot auch gegenüber der Komplementärin und auch in der „OG & Co" Anwendung finden muss (oben VI. B.). Dasselbe müsste sich übrigens auch genauso aus dem von *Kalss* vorgeschlagenen Alternativkonzept der zwingenden Anwendung der personengesellschaftsrechtlichen Schranken für eine Entnahme ergeben, wenn man dieses nicht primär aus dem – ohnedies nicht passenden – § 172 Abs 3 UGB, sondern direkt aus §§ 122 und 168 UGB ableitet, nicht hingegen nach dem nur auf § 171 UGB gestützten Ansatz von *Koppensteiner.*

4. Für „doppelstöckige" Konstruktionen, bei denen im Ergebnis doch eine natürliche Person unbeschränkt für die Gesellschaftsverbindlichkeiten haftet, bedarf es hingegen einer Einschränkung (oben VI. C.).

5. Wie der 2. Senat zutreffend festgehalten hat, gelangt das Außenhaftungsmodell des § 172 Abs 3 UGB auf die Kommanditisten zusätzlich zur Anwendung (oben VI. D.).

---

[195]) wbl 2009, 332.

[196]) So die zutreffende Charakterisierung von *C. Nowotny* in GedS Arnold 111.

Martin Trenker

Bericht über die Diskussion

Die Diskussion wurde von *Günter Roth* geleitet, der sie auf zwei wesentliche Fragen lenkte: Zuerst müsse die Richtigkeit der Entscheidung 2 Ob 225/07p aus methodischer Sicht beurteilt, also die Frage geklärt werden, ob die analoge Anwendung der §§ 82 f GmbHG auf eine GmbH & Co KG ieS die Grenzen zulässiger Rechtsfortbildung überschreite. Die eigentlich entscheidende Frage sei aber jene nach der inhaltlichen Überzeugungskraft der Übertragung des Verbots der Einlagenrückgewähr auf eine Kommanditgesellschaft ohne unbeschränkt haftende natürliche Person.

Dem wurde durch den ersten Diskutanten *Hanns Hügel* nicht zugestimmt. Die Frage nach der methodischen Legitimation des Analogieschlusses habe gerade deswegen große Bedeutung, weil sie symptomatisch für mehrere sehr weit vom Gesetz entfernte Rechtsansichten des OGH in den letzten Jahren sei. Schuld sei daran freilich in erster Linie das Schrifttum, allen voran jene Universitätsprofessoren, die kreativer Rechtsfortbildung den Vorzug vor methodenstrenger Gesetzestreue geben und an deren Stil sich auch die Judikatur orientiere. Inhaltlich kritisierte er zunächst die Ansicht, die §§ 82 f GmbHG wären auch auf die „Verein & Co KG" oder die „Limited & Co KG" anwendbar. Es sei unverständlich, dass für eine „Verein & Co KG" GmbH-Recht zur Anwendung gelangen soll, das aber für einen Verein unstreitig nicht gelte. Methodisch sei zu beanstanden, dass weder *Martin Karollus* noch der OGH ihrer Beweislast in Bezug auf das Bestehen einer Gesetzeslücke nachgekommen seien. Auch die in der Literatur von *Susanne Kalss* befürwortete Möglichkeit, § 122 UGB bei der GmbH & Co KG als zwingend einzustufen, sei mit dem Gesetz nicht vereinbar. Außerdem setze diese Bestimmung einen offenbaren Schaden der Gesellschaft durch den Vermögensabfluss voraus, während § 82 GmbH jede Vermögensminderung erfasst. Die These, dass bei einer GmbH & Co KG jeder Wertabfluss *per se* mit einem offenbaren Schaden der Gesellschaft gleichzusetzen wäre, beruhe auf einer allzu freien Einstellung zum Gesetz. Schließlich mahnte *Hanns Hügel* vor allem auch im Interesse der Rechtssicherheit eine Rückbesinnung auf mehr Methodenstrenge bei der Gesetzesauslegung im Sinne der anschaulichen Formulierung *Philipp Hecks* vom „denkenden Gehorsam" ein.

Eveline Artmann erwiderte auf die Kritik an der befürworteten Anwendung von GmbH-Recht auf Kommanditgesellschaften, bei denen zwar keine GmbH, aber eine andere juristische Person Komplementärin sei, dass diesfalls die KG *de facto* einem Rechtsträger mit beschränkter Haftung entspreche. Es sei daher naheliegend, sich am GmbH-Recht zu orientieren.

In Bezug auf die methodischen Ausführungen pflichtete *Friedrich Rüffler* den Argumenten von *Hanns Hügel* bei. In der Sache betonte er die Tauglichkeit der Lösung des BGH, den mittelbaren Kapitalschutz der GmbH & Co KG über die Kapitalerhaltung in der GmbH zu bewerkstelligen. Zwar seien entgegen dem BGH-Modell Zuwendungen an „Nur-Kommanditisten" nicht verboten. Das sei aber angesichts der mangelnden wirtschaftlichen Sinnhaftigkeit für die GmbH und deren Geschäftsführer nicht bedrohlich. Gerade in dem sehr komplexen Sachverhalt, der der OGH-Entscheidung zugrunde liegt, hätte höchstwahrscheinlich auch ein Verstoß gegen § 82 GmbHG seitens der GmbH festgestellt werden können.

Zu den nachfolgenden Erläuterungen von *Günter Roth* zu den unterschiedlichen Kapitalerhaltungsvorschriften im deutschen (§§ 30 f dGmbHG) und österreichischen GmbH-Recht (§§ 82 f GmbHG), bemerkte *Thomas Wenger*, dass die deutsche Regelung im Wesentlichen krisenbezogen sei und auch im österreichischen KG-Recht eine Schutzlücke allenfalls für Krisensituation zu bejahen sei. Anhand eines Beispiels zeigte er auf, dass eine Einlagenrückgewähr keineswegs immer bedenklich sei. Der Analogieschluss sei daher überschießend, insb im Hinblick auf die nach wohl hM anzunehmenden Rechtsfolge der Nichtigkeit eines Verstoßes gegen §§ 82 f GmbHG.

Peter Konwitschka wies zunächst auf einen Widerspruch in der besprochenen Entscheidung zum Judikat 9 Ob 25/08d hin. Dort war anders als in 2 Ob 225/07p eine grobe Fahrlässigkeit der Bank/Leistungsempfängerin verneint worden, weil der zu beurteilende Sachverhalt zuvor in der Judikatur des OGH noch nicht als verbotene Einlagenrückgewähr eingestuft worden war. Außerdem betonte *Peter Konwitschka* die erheblichen Probleme, die sich für in der Vergangenheit geschlossene Vertragsbestimmungen und bereits geleistete Zahlungen ergeben. Im Hinblick auf das berechtigte Vertrauen des Rechtsverkehrs verbiete sich eine Rechtsfortbildung durch die Rsp, die wie hier geeignet ist, eine Rechtsmaterie „völlig auf den Kopf zu stellen".

Bezugnehmend auf die Aussage von *Hans-Georg Koppensteiner*, dass eine GmbH als Komplementärin nicht gefährlicher als eine mittellose natürliche Person sei, wies *Manfred Umlauft* darauf hin, dass sich eine GmbH bei der gebotenen typisierten Durchschnittsbetrachtung tatsächlich als weniger gläubigergünstig als eine natürliche Person erweise und die GmbH & Co KG haftungsrechtlich einer GmbH sehr nahe stehe. Dennoch sei es nicht gerechtfertigt, dass von der Rsp eine derart revolutionäre Rechtsfortbildung vorgenommen wurde, weil dies Aufgabe des Gesetzgebers sei. Diesem sei daher der hauptsächliche Vorwurf zu machen, zumal er es verabsäumt hat, im Zuge der Einführung des UGB auch den bereits damals bekannten Problemkreis zu regeln. Spätestens jetzt sei es aber an der Zeit, dass der Gesetzgeber der geradezu unerträglichen Rechtsunsicherheit mit einer klaren Regelung entgegentrete, wie er dies auch kürzlich im Stiftungsrecht getan hat. Diesem Ruf nach dem Gesetzgeber schloss sich ein weiterer Diskutant an.

Bevor er das Wort an die Referenten übergab, konstatierte *Günter Roth*, dass die Rückwirkung die „Achillesferse" jeglicher richterlichen Rechtsfortbildung sei. In diesem Sinne hätte der OGH im konkreten Fall auch die subjektiven Voraussetzungen auf Seiten der Bank verneinen können. Außerdem könne eine richterliche Rechtsfortbildung immer nur die zweitbeste Lösung sein, wobei zu diagnostizieren sei, dass die Rechtspraxis zunehmend vom Gesetzgeber im Stich gelassen werde, der sich häufig nur noch zu Kompromisslösungen bereit zeige.

Hans-Georg Koppensteiner verdeutlichte seinen Standpunkt daraufhin dahingehend, dass es ausreichend sein müsse, wenn man die GmbH als Komplementärin einer KG vor den spezifischen Risiken dieser Rolle schütze. Dann sei nämlich die Position der KG-Gläubiger gleich stark wie bei einer gewöhnlichen GmbH. Die Annahme, es wäre ein stärkerer Gläubigerschutz als bei einer GmbH erforderlich, würde hingegen das gesamte Konzept der GmbH in Frage stellen. Das Verbot der Einlagenrückgewähr greife aber ohnehin bereits dann, wenn die GmbH am Vermögen der KG beteiligt ist oder wegen schlechter Vermögenslage der KG Rückstellungen für eine Inanspruchnahme nach § 128 UGB bilden müsse. Im Krisenfall sei die GmbH außerdem dadurch geschützt, dass Vermögensabflüsse an Kommanditisten als sittenwidrige Gläubigerschädigungen oder als Missbrauch der Vertretungsmacht des Geschäftsführers der GmbH zu qualifizieren sein könnten. Zusammengefasst fehle es daher an „KG-spezifischen" Risiken, die bestehende Gläubigerschutzmechanismen als lückenhaft erscheinen ließen.

Auch *Martin Karollus* war der Auffassung, dass die grobe Fahrlässigkeit der Bank in der OGH-Entscheidung gerade im Hinblick auf einige frühere Judikate verneint werden hätte können. Nach einer Analyse einzelner Sachverhaltselemente der Entscheidung 2 Ob 225/07p führte *Martin Karollus* aus, dass die von *Hans-Georg Koppensteiner* und *Friedrich Rüffler* befürwortete Lösung für eine „Verein & Co KG" nicht zum gewünschten Ergebnis kommen könne. Daraufhin nahm er Stellung zur Kritik, dass methodisch das Bestehen einer gesetzlichen Lücke noch nicht einwandfrei dargelegt worden sei und verwies ähnlich wie *Günter Roth* darauf, dass es primär schlicht darauf ankomme, ob die Rsp den rechtsfortbildenden Schritt setze oder nicht.

Bezugnehmend auf alternative Schutzmodelle, die erst bei einer vemögensgefährdenden Auszahlung eingreifen würde, wies *Günter Roth* auf die Nähe zur in Deutschland entwickelten Existenzvernichtungshaftung hin. Er stellte die Frage zur Debatte, ob es nicht sinnvoll wäre, eher die gesetzliche Wertung des § 82 GmbHG heranzuziehen als sich an dem Konstrukt der Existenzgefährdung zu orientieren, das hinsichtlich seiner genauen Anwendungsvoraussetzungen äußerst unklar sei.

In seinem Schlusswort bezweifelte *Ulrich Torggler* das Versagen des gesetzlichen Gläubigerschutzmodells der KG. Insb biete § 172 Abs 3 UGB ausreichende Handhabe bei Vermögensverlagerungen auf Kommanditisten, wenn man (wie vorgeschlagen) die Bestimmung so interpretiert, dass die Haftung des Kommanditisten seine Haftsumme auch übersteigen kann. Unberechtigt sei das Argument der Befürworter der Analogie, dass auch die Kritiker nicht ohne rechtsfortbildende Schritte auskämen. Denn auch bei der Rechtsfortbildung gebe es eine Pflicht zur Anwendung des gelindesten Mittels. Auch liefen die alternativ zur Lösung vorgestellten Auffassungen nicht auf dasselbe Ergebnis hinaus. Vielmehr lasse ein Vermögensschutz, der erst bei der Überschuldung ansetzt, viele unbedenkliche Maßnahmen weiterhin unberührt, die nach §§ 82 f GmbHG verboten wären.

Teil II:

Die GmbH & Co KG ieS nach OGH 2 Ob 225/07p

Eveline Artmann

Kapitalaufbringung und Kapitalerhöhung

Betrachtet man Kapitalaufbringung und Kapitalerhaltung lediglich als zwei Seiten einer Medaille[1]), so könnte man der These – frei nach dem Motto „Wer A sagt, muss auch B sagen" – zugeneigt sein, dass neben dem Verbot der Vermögensausschüttung (§§ 82 f GmbHG) auch die Regelungen über die Kapitalaufbringung (§§ 6 ff, § 63 GmbHG) auf die GmbH & Co KG ieS[2]) anzuwenden

---

[1]) Dieser Grundsatz gilt in dieser Form allerdings nur für die Kapitalgesellschaften GmbH und AG (SE). Bei den Privatstiftungen hat der Gesetzgeber nur die Kapitalaufbringung in ähnlicher Weise geregelt, eine Pflicht zur Kapitalerhaltung gibt es hingegen nicht. Siehe dazu insb *Dellinger*, Vermögensaufbringung und Vermögenserhaltung im Privatstiftungsrecht? wbl 1994, 177 ff mwN.

[2]) In Österreich ist die Bezeichnung der GmbH & Co KG ieS (im engeren Sinn) für jene KG üblich, deren einziger Komplementär eine GmbH ist; sind zudem die Gesellschafter der GmbH auch die Kommanditisten der KG, so spricht man von einer GmbH & Co KG „im engsten Sinn" (vgl nur *Jabornegg/Artmann* in *Jabornegg/Artmann*, UGB^2 [2010] § 161 Rz 30 mwN). Der OGH hat in der hier im Mittelpunkt stehenden Entscheidung 2 Ob 225/07p aber klargestellt, dass die Ausführungen für alle KG gelten, bei denen kein unbeschränkt haftender Gesellschafter eine natürliche Person ist, sodass es auf eine Beteiligung der Kommanditisten an der GmbH nicht ankommt (ebenso § 4 Z 3 EKEG; § 67 IO; § 221 Abs 5 UGB). In Deutschland wird die GmbH & Co KG ieS als „typische" oder „echte" GmbH & Co KG bezeichnet, während eine „unechte" GmbH & Co KG neben der GmbH noch weitere Komplementäre hat. Sind bei der typischen oder echten GmbH & Co KG die Kommanditisten im gleichen Verhältnis an der KG und an der Komplementär-GmbH beteiligt, so spricht man von einer (typischen) GmbH & Co KG im engeren

sind. Denn die Gläubiger müssten nicht nur davor geschützt werden, dass Vermögen ohne entsprechende Rechtsgrundlage an die Gesellschafter ausgekehrt wird, vielmehr müsse angesichts der fehlenden unbeschränkten Haftung von natürlichen Personen als Gesellschafter für die Verbindlichkeiten der Gesellschaft auch sichergestellt werden, dass sie der Gesellschaft ein bestimmtes Mindestkapital zur Verfügung stellen. Ganz so einfach wird man es sich freilich nicht machen können. Vielmehr gilt es zu prüfen, ob – entsprechend der Auffassung des OGH zur Kapitalerhaltung – auch im Bereich der Kapitalaufbringung bei der GmbH & Co KG ieS Schutzlücken zulasten der Gesellschaftsgläubiger vorliegen, die durch entsprechende Anwendung des GmbH-Rechts zu schließen sind.

I. Haftung und Kapitalausstattung in der KG

Das Haftungssystem der KG ist bekanntermaßen gekennzeichnet durch die zwei Arten von Gesellschaftern: Die Komplementäre haften gem § 128 iVm § 161 UGB den Gläubigern der Gesellschaft unbeschränkt für die Verbindlichkeiten der KG[3]). Die Haftung der Kommanditisten ist hingegen nach § 171 Abs 1 UGB auf den Betrag ihrer im Firmenbuch eingetragenen Haftsumme beschränkt. Gegenüber der Gesellschaft verpflichten sie sich regelmäßig zur Leistung einer sog Pflichteinlage, deren Erbringung im Innenverhältnis – somit an die Gesellschaft – auch zum Haftungsausschluss im Außenverhältnis – also gegenüber den Gläubigern – führt, sofern Pflichteinlage und Haftsumme gleich hoch sind[4]). Je nach gesellschaftsvertraglicher Regelung oder nachträglicher Vereinbarung kann auch das Stehenlassen von Gewinnen, die Begleichung von Gesellschaftsschulden oder die Aufrechnung mit einer werthaltigen Forderung gegen die KG haftungsausschließend sein[5]).

Die Ausstattung der Gesellschaft mit einem bestimmten Mindestkapital ist im Recht der KG ebenso wenig vorgesehen wie eine bestimmte Mindesthöhe für die Haftsumme der Kommanditisten[6]). Lediglich für den Fall der errichtenden

---

Sinne oder einer „personen- und beteiligungsidentischen" GmbH & Co KG (vgl *Gummert* in Münchener Handbuch des Gesellschaftsrechts II³ [2009] § 50 Rz 1; *Baumbach/Hopt*, HGB³⁴ [2010] Anh § 177a Rz 6 ff mwN).

[3]) Vgl nur *Jabornegg/Artmann* in *Jabornegg/Artmann*, UGB² § 171 Rz 4.

[4]) Ist die Haftsumme hingegen höher als die Pflichteinlage, so besteht im Ausmaß der Differenz weiterhin eine Haftung gegenüber den Gläubigern, sofern diesbzgl keine Leistungen erbracht wurden (vgl *Jabornegg/Artmann* in *Jabornegg/Artmann*, UGB² § 171 Rz 15). Ist die Haftsumme geringer als die Pflichteinlage, so erlischt die Außenhaftung sobald der entsprechende Teil der Pflichteinlage erbracht wurde.

[5]) Vgl *Jabornegg/Artmann* in *Jabornegg/Artmann*, UGB² § 171 Rz 21 ff; *Koppensteiner/Auer* in *Straube*, UGB I⁴ (2009) § 171 Rz 13; jeweils mwN.

[6]) *Jabornegg/Artmann* in *Jabornegg/Artmann*, UGB² § 161 Rz 24; *Schörghofer* in *Kalss/Nowotny/Schauer*, Österreichisches Gesellschaftsrecht (2008) Rz 2/840; *Duursma/Duursma-Kepplinger/Roth*, Handbuch zum Gesellschaftsrecht (2007) Rz 1111; *Kalss/Eckert/Schörghofer*, Ein Sondergesellschaftsrecht für die GmbH & Co KG? GesRZ 2009, 70; *Nowotny*, Die GmbH & Co KG auf dem Weg zur Kapitalgesellschaft? RdW 2009, 326.

Umwandlung einer GmbH in eine GmbH & Co KG hält der OGH in stRsp[7]) fest, dass die Gesellschafter, wenn sie in die Rolle der Kommanditisten schlüpfen, einen „Kommanditanteil" übernehmen müssten, der ihrer früheren Stammeinlage entspricht. Da der OGH diese Auffassung mit Gläubigerschutzerwägungen begründet, kann mit dem Ausdruck „Kommanditanteil" nur die Haftsumme gemeint sein[8]). Eine nähere Auseinandersetzung mit dieser Auffassung wurde bereits an anderer Stelle vorgenommen[9]) und soll hier nicht weiter vertieft werden[10]). Für die Neugründung einer KG gibt es jedenfalls keine Vorgaben hinsichtlich der Höhe der Haftsumme. Notwendig ist lediglich, dass sich die Gesellschafter auf eine bestimmte Haftsumme verständigen, die im Firmenbuch einzutragen ist. IdR wird diese Haftsumme nicht allzu gering sein, um eine entsprechende

---

[7]) OGH 6 Ob 335/97a SZ 71/42 = ecolex 1998, 557 mit krit Anm *Szep* und Anm *Ortner*; 7 Ob 38/98h ecolex 1998, 711 = GesRZ 1998, 203; 6 Ob 27/99k JBl 2000, 39 = RdW 1992, 592; 6 Ob 317/00m RWZ 2001/92 mit Anm *Wenger*; 6 Ob 235/07p und 6 Ob 236/07k ecolex 2008/86, 243 mit Anm *Karollus* = GesRZ 2008, 100 mit Anm *Umlauft* = GeS 2008, 21 mit Anm *Birnbauer* = RWZ 2008/33, 104 mit Anm *Wenger* = RWZ 2008/34, 107 mit Anm *Wiesner* = ZIK 2008/238; 6 Ob 267/08w GesRZ 2009, 176 = NZ 2009/45 = wbl 2009/112.

[8]) *Jabornegg/Artmann* in *Jabornegg/Artmann*, UGB² § 161 Rz 24; vgl auch *Karollus*, Entscheidungsanmerkung, ecolex 2008, 245; deutlicher nun OGH 6 Ob 267/08w GesRZ 2009, 176 = NZ 2009/45 = wbl 2009/112, wonach „die Höhe der übernommenen Kommanditeinlagen (Hafteinlagen) die Höhe des entsprechenden Teils des Stammkapitals erreichen" müsse (Pkt 1.1.).

[9]) Siehe dazu *Artmann*, Das „Ausmaß" der Kommanditeinlage bei errichtender Umwandlung, GesRZ 1999, 26; *Jabornegg/Artmann* in *Jabornegg/Artmann*, UGB² § 161 Rz 24; kritisch auch *Ch. Nowotny*, Kapitalerhaltung bei Umwandlung einer Kapitalgesellschaft in eine Personengesellschaft – Zu einer Grundsatzentscheidung des OGH, RdW 1998, 384; *Szep*, Umgründungen im Zusammenhang mit Personengesellschaften im Lichte jüngster OGH-Rechtsprechung zur Kapitalerhaltung, ecolex 2001, 804; *Kalss* in *Kalss/Nowotny/Schauer*, GesR Rz 3/1056; *Kalss/Eckert*, Gläubigergefahren bei Umgründungen von Kapitalgesellschaften: Überlegungen zur Zielrichtung und Wirkungsweise gläubigerschützender Vorschriften, GesRZ 2008, 81, 90; *Schörghofer*, Entscheidungsanmerkung GesRZ 2009, 179 f; zweifelnd auch *Koppensteiner/Rüffler*, GmbHG³ (2007) Anh § 101 Rz 25a; zustimmend insb *Reich-Rohrwig*, Grundsatzfragen der Kapitalerhaltung in AG, GmbH und GmbH & Co KG (2004) 315 mwN; s auch *Karollus*, Entscheidungsanmerkung, ecolex 2008, 245 f; abweichend *Umlauft*, Entscheidungsanmerkung, ecolex 2002, 179 ff.

[10]) Festzuhalten ist hier lediglich, dass eine Zustimmung zur vorliegenden Entscheidung des OGH keineswegs dazu zwingt, auch die Umwandlungs-Rsp als zutreffend anzuerkennen. Zwar geht es in beiden Fällen um Gläubigerschutz, die zu lösende Frage ist aber jeweils eine andere. Im vorliegenden Zusammenhang geht es um den Schutz der KG bzw deren Gläubiger vor Vermögensausschüttungen, die deshalb (ungehindert und uU weitgehend sanktionslos) erfolgen, weil das Korrektiv der natürlichen Person als unbeschränkt Haftender fehlt. Bei den Umwandlungsentscheidungen geht es – ebenso wie bei Verschmelzungen und anderen Umgründungsarten – um die Frage, wie man dem kapitalentsperrenden Effekt beikommen kann, der dadurch entsteht, dass eine Gesellschaft mit hohem gebundenen Kapital auf eine Gesellschaft mit niedrigerem gebundenen Kapital oder eben ohne Kapitalbindung umgegründet wird. Hier gilt es eine generelle Lösung zu finden, die insb auch auf die Umwandlung in eine OG angewendet werden kann.

Vertrauensbasis für die Gläubiger herzustellen; von Gesetzes wegen genügt aber eine Haftsumme von € 1,–[11]). Die Übernahme einer Pflichteinlage ist hingegen nicht zwingend vorgesehen[12]). Besteht der Beitrag der Kommanditisten in der bloßen Haftungsübernahme, so haben sie bei einer Inanspruchnahme durch Gesellschaftsgläubiger jeweils einen Regressanspruch gegen die Gesellschaft. Ist dieser mangels Vermögen in der KG nicht durchsetzbar, so bestehen entsprechend der Verlustverteilungsregelung im Gesellschaftsvertrag bzw Gesetz Ersatzansprüche gegenüber den Mitgesellschaftern. Auch für die Komplementäre gibt es keine gesetzlichen Vorgaben im Hinblick auf ihre Einlagen. Gerade bei einer GmbH & Co KG ieS ist es in der Praxis durchaus üblich, dass die GmbH als (einzige) Komplementärin als bloße Arbeitsgesellschafterin an der Gesellschaft beteiligt ist und sich somit ihr Beitrag in der Geschäftsführung und der Übernahme der persönlichen Haftung erschöpft. Eine Beteiligung am Vermögen durch Erbringung von Vermögenseinlagen ist hingegen gerade nicht vorgesehen.

II. Kapitalaufbringung bei der GmbH

Angesichts der fehlenden persönlichen Haftung der Gesellschafter für die Verbindlichkeiten der Gesellschaft (vgl § 61 Abs 2 GmbHG) bilden die Grundsätze der realen Kapitalaufbringung und der Kapitalerhaltung ganz zentrale Elemente des GmbH-Rechts. Wesensmerkmal der GmbH ist die Ausstattung mit einem satzungsmäßig festgelegten Stammkapital, dessen Mindestbetrag nach § 6 Abs 1 GmbHG € 35.000,– umfasst. Dieses Stammkapital muss durch reale Vermögenswerte in bar oder in Sachwerten von den Gesellschaftern aufgebracht werden, wobei die §§ 6a und 10 GmbHG besondere Regelungen, insb für die Mindesteinzahlungen, vorsehen. Sollen Stammeinlagen durch Sacheinlagen aufgebracht werden, so sind besondere Publizitäts- und Prüfungspflichten zu beachten (vgl § 6 Abs 4, §§ 6a und 63 Abs 5 GmbHG). Eine Erbringung der Stammeinlage in Form von Dienstleistungen ist ausgeschlossen[13]). Die Einlageleistung kann den Gesellschaftern gem § 63 Abs 3 GmbHG weder erlassen noch gestundet werden. Die Fälligkeit der Stammeinlagen richtet sich – abgesehen von den Mindesteinlagen, die bei der Gründung zu erbringen sind – nach dem Gesellschaftsvertrag oder nach Gesellschafterbeschluss; jedenfalls in der Insolvenz der Gesellschaft sind sie aber sofort fällig. Gläubiger können auf die Einlageforderung im Wege der Forderungspfändung greifen. Gegen Gesellschafter, die ihrer Einlageverpflichtung gegenüber der Gesellschaft nicht nachkommen, kann nach allgemeinen Regeln Klage und Exekution geführt werden. Daneben sieht § 66 GmbHG auch den Ausschluss des Gesellschafters durch das Kaduzierungverfahren vor. Für Beträge, die von einzelnen Gesellschaftern nicht erlangt

---

[11]) Siehe auch OLG Wien 28 R 53/05b GeS 2005, 378 = NZ 2005, P 2 mit Anm *Andrae*: „Das Gesetz normiert weder eine Untergrenze noch eine Obergrenze für die Höhe der Vermögenseinlage eines Kommanditisten (hier: einer KEG).“

[12]) *Kalss/Eckert/Schörghofer*, GesRZ 2009, 70.

[13]) So ausdrücklich § 20 Abs 2 AktG, der analog und bzgl Sacheinlagen über den Verweis in § 6a Abs 4 GmbHG auch für die GmbH gilt, vgl nur *Koppensteiner/Rüffler*, GmbHG[3] § 6 Rz 18 mwN.

werden können, haften unter den Voraussetzungen des § 67 GmbHG auch die Rechtsvorgänger sowie gem § 70 GmbHG die Mitgesellschafter nach Verhältnis ihrer Stammeinlagen.

Diese Grundsätze der Kapitalaufbringung gelten für Gründung und Kapitalerhöhung gleichermaßen. § 52 GmbHG verweist in seinem Abs 6 auf die §§ 6, 6a, 10 und 10a GmbHG. Diese sind „sinngemäß anzuwenden". Was dies bedeutet, ist im Einzelnen strittig, etwa wenn es um die Frage der Berechnung der Hälfteklausel oder der Mindesteinzahlungspflicht geht, was hier aber nicht weiter vertieft werden soll[14]). Bei Kapitalerhöhungen mit Sacheinlagen kann der Beschluss nach § 52 Abs 6 GmbHG nur gefasst werden, wenn die Einbringung der Sacheinlage ausdrücklich und fristgemäß angekündigt worden ist[15]).

III. Anwendung der Kapitalaufbringungsregeln auf die GmbH & Co KG ieS?

A. Kapitalbeteiligung und Mindestkapital

Eine Übertragung der GmbH-rechtlichen Kapitalaufbringungsregeln auf die GmbH & Co KG ieS würde zunächst bedeuten, dass auch diese Gesellschaftsform ein Mindestkapital in Höhe von € 35.000,– aufweisen müsste, und dass sämtliche Gesellschafter einen Anteil davon zu übernehmen haben. Letzteres ist jedenfalls für die Kommanditisten unproblematisch, sind diese doch idR durch ihre Pflichteinlagen an der KG vermögensmäßig beteiligt. Für die Komplementär-GmbH bedeutet dies hingegen, dass die – häufig in der Praxis anzutreffende – Ausgestaltung als reine Arbeitsgesellschafterin, bei der die Aufgabe der GmbH in der Übernahme von Geschäftsführung und Vertretung sowie der persönlichen Haftung besteht, nicht zulässig wäre. Denn die Komplementär-GmbH müsste an der Gesellschaft vermögensmäßig beteiligt sein, eine Erbringung ihrer Einlage in Form der Übernahme von Geschäftsführung und Vertretung – somit in Form einer Dienstleistung – ist hingegen nicht möglich. Für die AG ergibt sich dies aus § 20 Abs 2 AktG, der bzgl Sacheinlagen über den Verweis in § 6a Abs 4 GmbHG auch für die GmbH gilt. Zudem spricht für ein Verbot der Erbringung von Einlageleistungen in Form von Dienstleistungen auch bei der GmbH die Überlegung, dass Dienstleistungen nicht an einem Stichtag endgültig eingebracht werden können, was aber nach § 10 Abs 1 letzter Satz GmbHG erforderlich ist, und dass Dienstleistungen kein im Gesellschaftsvermögen verwertbares Wirtschaftsgut sind[16]). Freilich muss zumindest die Vertretung[17]) – auch wenn die GmbH ver-

---

[14]) Siehe dazu *Koppensteiner/Rüffler*, GmbHG[3] § 52 Rz 9, 31 mwN; *Ettmayer/Ratka* in *Straube*, GmbHG (2008) § 52 Rz 108.

[15]) Siehe zur Festsetzung einer Sacheinlage im Gesellschaftsvertrag OGH 7 Ob 129/07g ecolex 2008/50 = GesRZ 2008, 33 = RdW 2008/13 = RWZ 2007/104 mit Anm *Wenger*.

[16]) *Kasten Schmidt*, Gesellschaftsrecht[4] § 20 II 3a bb; *Koppensteiner/Rüffler*, GmbHG[3] § 6 Rz 18; s auch *Krejci/van Husen* in *Straube*, GmbHG § 6 Rz 139 ff.

[17]) Die Geschäftsführung kann in die Hände der Kommanditisten gelegt werden, § 164 UGB ist – wie sich aus § 163 UGB ergibt – nicht zwingend.

mögensmäßig beteiligt ist – jedenfalls bei der Komplementär-Gesellschaft liegen, zumal nach § 170 UGB die Kommanditisten (zwingend) von der organschaftlichen Vertretung der Gesellschaft ausgeschlossen sind.

Die Aufbringung der Vermögenseinlage seitens der Komplementärin könnte allerdings aus der Sicht des GmbH-Rechts unter mehreren Aspekten nicht ganz unproblematisch sein: Die Einzahlung der Vermögenseinlage bei der KG erfolgt aus dem Vermögen der GmbH, das idR nur aus dem eingezahlten Mindeststammkapital besteht. Insofern führt die Leistung einer Vermögenseinlage an die KG zum sog Teleskop- oder Pyramideneffekt[18]), bei dem – etwa wenn das gesamte Mindeststammkapital weitergeleitet wird – sowohl die GmbH als auch die KG über ein Kapital von € 35.000,– verfügen, das allerdings tatsächlich nur einmal vorhanden ist. Zum Zweiten könnte die Weiterleitung des Stammkapitals (oder von Teilen davon) als Rückzahlung an die Gesellschafter gesehen werden, wenn die Gesellschafter der GmbH zugleich Kommanditisten der KG sind und die Gesellschaft beherrschen. Der BGH hat jedenfalls für den Fall der Weiterleitung der Stammeinlage der Komplementär-GmbH an die KG[19]) als Darlehen festgestellt, dass diesfalls der Inferent „unter dem Gesichtspunkt der Kapitalaufbringung nichts“ leiste, denn die prinzipiell unverzichtbare Einlageforderung der GmbH dürfe nicht gegen eine schwächere Darlehensforderung ausgetauscht werden[20]). Dabei gelte als Rückzahlung auch eine Weiterleitung des Einlagebetrages an einen Empfänger, durch die der Inferent in gleicher Weise begünstigt werde wie durch eine unmittelbare Rückzahlung, „was insbesondere bei der Leistung an ein von dem oder den Inferenten beherrschtes Unternehmen der Fall ist“[21]). Sofern man dieser Auffassung folgt[22]), müsste auch die Weiterleitung von (Teilen der) Stammeinlagen als Vermögenseinlage der GmbH in die KG

---

[18]) Vgl dazu insb *U. H. Schneider*, Das Recht der Konzernfinanzierung, ZGR 1984, 497, 504 ff; *Emmerich/Sonnenschein*, Konzernrecht[6] (1997) 13; vgl auch den Bericht der von der Europäischen Kommission 2001 eingesetzten „Hochrangigen Expertengruppe auf dem Gebiet des Gesellschaftsrechts“ (sog Winter-Gruppe), Seite 107 (abrufbar unter http://ec.europa.eu/internal_market/company/docs/modern/report_de.pdf; 1.3.2011).

[19]) Vgl BGH II ZR 180/06 BGHZ 174, 370 = DZWiR 2008, 202 mit zust Anm *Böcker* = EWiR 2008, 403 mit Anm *Henkel* = LMK 2008, 261192 mit krit Anm *Teichmann* = NZI 2008, 322 mit Anm *Henkel* = ZInsO 2008, 96 mit zust Anm *Stiller*. Anders hingegen die Vorinstanz OLG Jena 6 U 717/05 BB 2006, 1647 mit Anm *Wachter* = ZIP 2006, 1534 = EWiR 2006, 497 mit zust Anm *Priester*. Siehe auch BGH II ZR 101/02 BGHZ 153, 107 zur Weiterleitung der Stammeinlage an eine OHG. Vgl auch OLG Hamm 27 U 81/06 EWiR 2007, 237 mit Anm *Ivo*; OLG Karlsruhe 1 U 122/06 EWiR 2008, 333 mit Anm *Thonfeld*.

[20]) BGH II ZR 180/06 BGHZ 174, 370 Rz 6.

[21]) BGH II ZR 180/06 BGHZ 174, 370 Rz 7.

[22]) Ablehnend *Karsten Schmidt*, Mittelaufbringung und Mittelverwendung bei der GmbH & Co KG – Funktionelles oder formelles Denken im Recht der Unternehmensfinanzierung? ZIP 2008, 481; *Theiselmann*, Die Kapitalaufbringung in der GmbH & Co KG, GmbHR 2008, 521; kritisch auch *Teichmann*, LMK 2008, 324; *Rohde*, GmbHR 2008, 205; dem BGH zustimmend hingegen *Gummert*, Die Kapitalaufbringung bei der Komplementär-GmbH einer GmbH & Co KG. Zum Urteile des BGH vom 10. 12. 2007, II ZR 180/06 DStR 2008, 976.

als Rückzahlung der Einlageleistung an die Gesellschafter angesehen werden[23]), wenn – wie meistens – die Gesellschafter der GmbH zugleich die Kommanditisten der KG sind bzw die Mehrheit der Kommanditisten bilden. Denn auch diesfalls wird die Einlageforderung gegen den viel schwächeren Rückzahlungsanspruch bei Liquidation der KG ausgetauscht. Insofern erhält die GmbH nicht einmal eine Darlehensforderung, die Vermögenseinlage stellt vielmehr Eigenkapital der KG dar, das im Insolvenzfall verloren ist. Freilich wird man dagegen einwenden, dass die GmbH für ihre Einlageleistung eine Beteiligung an der KG erhält, und dies deshalb nicht einer Rückgewähr an die Gesellschafter gleichgesetzt werden könne. Zutreffend ist dies allerdings nur in dem Fall, in dem die Beteiligung auch entsprechend „werthaltig" ist, sodass die GmbH für ihre Einlageleistung auch entsprechende Mitgliedschaftsrechte, insb im Hinblick auf die Gewinnverteilung, erhält. In einer früheren Entscheidung hat jedenfalls auch der BGH[24]) die Aufbringung der über die Mindesteinlagen hinausgehenden Stammeinlagen der GmbH durch eine Direktzahlung an die KG zugelassen, wenn „die GmbH mit den Mitteln der ... Gesellschaftereinlage ... einen Anspruch der KG auf eine Einlage erfüllen will", sofern das verbleibende Vermögen der GmbH zur vollen Befriedigung sowohl der Eigengläubiger der GmbH als auch der Gläubiger der KG, soweit deren Ansprüche das Vermögen dieser Gesellschaft übersteigen, ausreicht[25]). Obwohl auch in dieser Entscheidung die KG vom Alleingesellschafter der GmbH als einzigem Kommanditisten „beherrscht" wurde, hat der BGH in diesem Fall die Problematik des „Rückflusses" an den Gesellschafter nicht thematisiert. Möglicherweise erklärt sich die strengere Linie in der jüngeren BGH-Entscheidung aus dem engen sachlichen und zeitlichen Zusammenhang[26]), in dem die Einzahlung und Weiterleitung der Mittel erfolgte. Jedenfalls betont der BGH in beiden Entscheidungen, dass die KG und ihre Komplementär-GmbH hinsichtlich der Regeln über die Kapitalaufbringung und Kapitalerhaltung selbst dann nicht als Einheit behandelt werden können, wenn die GmbH neben der Führung der Geschäfte der KG keine weitere Tätigkeit ausübt[27]). Denn bei der GmbH können eigene Verbindlichkeiten, insb in Form von Steuerschulden oder aufgrund von Aufwendungen, die von der KG nicht ersetzt werden, entstehen, sodass die Eigengläubiger der GmbH, denen keine Ansprüche gegen die GmbH zustehen, auf die Haftungsmasse der GmbH angewiesen sind. Dies bedeutet aber auch, dass – wenn man eine vermögensmäßige Beteiligung der GmbH bejaht –

[23]) In diese Richtung auch *Karsten Schmidt*, ZIP 2008, 485.

[24]) BGH II ZR 48/85 ZIP 1986, 161 = WM 1986, 129 = DB 1986, 318.

[25]) Da es sich bei der KG und ihrer Komplementär-GmbH um selbständige Rechtssubjekte handelt, stellt die KG im Verhältnis zur GmbH und ihren Gesellschaftern einen Dritten dar, sodass der Einzahlung auf ein Konto der KG eben nur unter jenen Voraussetzungen befreiende Wirkung zukommt, unter denen die Zahlung der Einlageforderung an einen Dritten auf Geheiß der GmbH zulässig ist. Maßgeblicher Zeitpunkt für die Beurteilung der Vollwertigkeit ist jener, in dem die Leistung auf die Einlage an die KG mit Einwilligung der GmbH erbracht wird (so der BGH).

[26]) Die Einlagen wurde am 14.12. dem Geschäftsführer der GmbH bar übergeben und am 23. 12. vom Steuerberater der GmbH auf das Bankkonto der GmbH & Co KG zum vereinbarten Zweck der Darlehensgewährung einbezahlt.

[27]) BGH II ZR 48/85 ZIP 1986, 161 Rz 6; II ZR 180/06 BGHZ 174, 370 Rz 8.

sichergestellt werden muss, dass trotz Weiterleitung des uU gesamten Stammkapitals als Einlageleistung in die KG die GmbH ihren eigenen Verbindlichkeiten nachkommen kann[28]).

Fraglich ist allerdings, ob sich im Hinblick auf die Gleichstellung der GmbH & Co KG mit einer Kapitalgesellschaft tatsächlich die Notwendigkeit einer vermögensmäßigen Beteiligung der Komplementär-Gesellschaft in der KG sowie eines Mindestkapitals rechtfertigen lässt. Im Hinblick auf die Gläubiger der KG macht es keinen Unterschied, ob die GmbH am Vermögen der KG beteiligt ist oder nicht. Denn der Haftungsfonds der voll haftenden Komplementärin wird durch die Weiterleitung des Stammkapitals bzw Teile dessen an die KG geschmälert. Die Beteiligung, die die GmbH für ihre Vermögenseinlage an der KG erhält, ist ja gerade in jenem Fall, in dem die Gläubiger von der KG keine Befriedigung mehr erlangen, nichts mehr wert. Die GmbH haftet zwar für die Verbindlichkeiten der KG mit ihrem gesamten Vermögen, dieses ist aber durch die erzwungene Einlageleistung in die KG (erheblich) beschnitten worden. Insofern würde es für die Gläubiger nur dann eine echte Verbesserung bringen, wenn nicht nur in der GmbH, sondern auch in der KG ein Mindestkapital von € 35.000,– vorhanden wäre und zwar in der Form, dass dieser Betrag bei der KG aufgebracht wird, ohne dass die GmbH ihr Stammkapital weiterreichen dürfte. Es müssten daher die Kommanditisten verpflichtet werden, entsprechend hohe Pflichteinlagen zu erbringen. Diesbzgl erhebt sich allerdings die Frage, wodurch sich ein doppelter Haftungsfonds rechtfertigen ließe. Denn eine Gleichstellung der KG mit den Kapitalgesellschaften, insb einer GmbH, würde doch nur das einmalige Vorhandensein eines Haftungsfonds in Höhe von zumindest € 35.000,– rechtfertigen, der ohnehin bei der GmbH als unbeschränkt haftende Gesellschafterin aufgebracht werden muss[29]). Freilich könnte es sein, dass die GmbH nicht nur die Rolle als Komplementär-Gesellschafterin inne hat, sondern daneben noch einen eigenen Geschäftsbetrieb. Diesfalls könnte ihr Stammkapital durch anderweitige Geschäftstätigkeiten aufgebraucht sein und ihre Haftung als Komplementärin leer laufen. Doch auch in diesem Fall zeigt die Parallele zur „normalen" GmbH oder KG, die in unterschiedlichen Geschäftsfeldern tätig ist, dass eine Sonderbehandlung der GmbH & Co KG nicht gerechtfertigt ist.

B. Mindesteinzahlungspflicht im Gründungsstadium

Eine Verpflichtung zur Leistung der Mindesteinzahlungen bei Gründung besteht jedenfalls in der GmbH. In der KG werden die Kommanditisten ihre Pflichteinlagen jedenfalls im eigenen Interesse möglichst bald erbringen, um ihre Außenhaftung zum Erlöschen zu bringen. Eine Verpflichtung zur Zahlung von Mindestbeträgen bei Gründung wird sich aber ebenso wenig rechtfertigen las-

[28]) Dies könnte etwa aus Erträgen aus der KG oder der erforderlichen Haftungsprämie (vgl dazu *Jabornegg/Artmann* in *Jabornegg/Artmann*, UGB² § 161 Rz 53) oder auch durch Aufnahme von Fremdkapital bei entsprechender Werthaltigkeit der Beteiligung erfolgen.

[29]) Ebenso *Nowotny*, RdW 2009, 327; s auch *Kalss*, Kapitalschutzregelungen der GmbH & Co KG, in GedS Arnold (2011) 85, 94.

sen wie die Übertragung der im GmbH-Recht vorgesehene Verpflichtung zur Einzahlung auf ein Konto bei einem Kreditinstitut. Auch eine Bankbestätigung gem § 10 GmbHG muss nicht eingeholt werden. Diese Bankbestätigung dient im GmbH-Recht zur Vorlage gegenüber dem Firmenbuch[30]), in das aber bei der KG die Pflichteinlagen nicht eingetragen werden. Eine dementsprechende Notwendigkeit besteht auch nach der OGH-Entscheidung nicht. Ebenso wenig besteht für die Komplementär-GmbH ein Zwang zur Erbringung von Mindesteinlagen, da eine vermögensmäßige Beteiligung der Komplementär-GmbH an der KG – wie soeben aufgezeigt – nicht zwingend ist.

C. Sacheinlagen

§ 6a Abs 1 GmbHG regelt die sog „Hälfteklausel", wonach zumindest die Hälfte des Stammkapitals durch bar zu leistende Stammeinlagen voll aufgebracht werden muss, sofern diese nicht gem Abs 2–4 niedriger sind. Dies bedeutet, dass abgesehen vom privilegierten Fall der Einbringung eines „Familienunternehmens" (Abs 2 und 3) nur unter Einhaltung der aktienrechtlichen Sacheinlageregelungen mehr als die Hälfte des Stammkapitals durch Sacheinlagen aufgebracht werden kann. Diesfalls sind neben den Publizitätspflichten (vgl § 63 Abs 5 GmbHG) auch besondere Prüfpflichten (§ 6a Abs 4 GmbHG) einzuhalten. Demgegenüber gibt es im Recht der KG keine besonderen Prüfpflichten für den Fall, dass als Pflichteinlagen der Kommanditisten Sachen eingebracht werden. Es entspricht allerdings schon der bisherigen hM[31]), dass die Außenhaftung nur insoweit erlischt, als die eingebrachten Sachen auch tatsächlich werthaltig sind. Insofern sind die Gesellschafter bei der Bewertung der Sachen nicht völlig frei; ist die KG zudem rechnungslegungspflichtig nach § 189 UGB, so sind jedenfalls die rechnungslegungsrechtlichen Bewertungsregeln einzuhalten. Nicht erforderlich ist hingegen die Offenlegung des Umstandes, dass Sachen eingebracht werden (insb weil auch der Gesellschaftsvertrag nicht zum Firmenbuch eingereicht werden muss) sowie eine Prüfung durch einen externen Sachverständigen. Nach § 171 Abs 1 Satz 2 UGB hat nunmehr allerdings der Kommanditist auf Verlangen des Gläubigers innerhalb angemessener Frist über die Höhe der geleisteten Einlagen Auskunft zu geben. Diesbzgl wird man die Auffassung vertreten müssen, dass nicht nur die Höhe der Einlageleistung anzugeben ist, sondern auch der Umstand, dass anstelle von Bargeld Sachwerte eingebracht wurden und wenn ja, welche. Die Alternative, analog § 6 Abs 4 GmbHG eine Verpflichtung zur Umschreibung der Sacheinlagen im Gesellschaftsvertrag vorzusehen und somit einen Zwang zur Schriftlichkeit des Gesellschaftsvertrags und uU zu dessen Offenlegung gegenüber dem Firmenbuch zu begründen, erscheint hingegen zu weitgehend. Im Hinblick auf den Schutz der Gläubiger genügt es, wenn die Kommanditisten verpflichtet werden, Auskunft über die Erbringung der Einlagen zu geben und dies auch ggf nachzuweisen. Der Gläubiger hat dann die Möglichkeit bei Inanspruchnahme des Kom-

[30]) Vgl *Koppensteiner/Rüffler*, GmbHG³ § 10 Rz 26.

[31]) Vgl *Jabornegg/Artmann* in *Jabornegg/Artmann*, UGB² § 171 Rz 17; *Koppensteiner/Auer* in *Straube*, UGB I⁴ § 171 Rz 11, 13; OGH 2 Ob 517/88 JBl 1988, 729 = GesRZ 1989, 38 mit Anm *Ostheim*.

manditisten die Frage der Werthaltigkeit der Sache in Frage zu stellen und ggf überprüfen zu lassen. Ergibt die Überprüfung eine Überbewertung der Sache, so kann der Gläubiger den Kommanditisten in Höhe der Differenz in Anspruch nehmen, zumal in diesem Umfang die Außenhaftung des Kommanditisten nicht erloschen ist. Da eine ex ante-Kontrolle im KG-Recht nicht vorgesehen ist, liegt das Kostenrisiko der nachträglichen Überprüfung beim Gläubiger.

In der GmbH & Co KG könnte dieses Kostenrisiko für eine analoge Anwendung der Hälfteklausel sprechen: In der „normalen" KG wird der Komplementär aufgrund seiner unbeschränkten Haftung die Bewertung der vom Kommanditisten eingebrachten Sache kritisch hinterfragen, da eine Überbewertung letztlich zu seinen Lasten geht. Ist der Komplementär hingegen eine GmbH, an der uU sogar die Kommanditisten als Gesellschafter beteiligt sind, so ist hingegen fraglich, ob eine strenge Prüfung der Bewertung vorgenommen wird. Insofern bergen Sacheinlagen in der GmbH & Co KG für die Gesellschaftsgläubiger ein mit der GmbH vergleichbares Risiko, sodass eine analoge Anwendung der GmbH-rechtlichen Sacheinlageregelungen gerechtfertigt erscheint. Dabei ist das Risiko im Gegensatz zur GmbH, in der die Mitgesellschafter darauf achten werden, dass kein Gesellschafter eine überbewertete Sacheinlage erbringt, die zu einer Wertminderung des eigenen Anteils und uU auch zur Ausfallshaftung nach § 70 GmbHG führen kann, in der GmbH & Co KG noch größer, sofern nicht auch eine analoge Anwendung des § 70 GmbHG befürwortet wird[32]), zumal das KG-Recht keine Ausfallshaftung der Mitgesellschafter kennt. Zu überlegen ist allerdings, ob eine analoge Anwendung der Sacheinlageregelungen durch die fehlende Festsetzung eines bestimmten Mindestkapitals ad absurdum geführt wird[33]). Durch Festlegung eines nur geringen Betrages als Pflichteinlage und eines hohen Agios, das nicht den Kapitalaufbringungsregelungen unterliegt, könnten die Sacheinlageregelungen vermieden werden. Dem ist entgegenzuhalten, dass es nicht (nur) um die Aufbringung des Gesellschaftsvermögens und deren Prüfung, sondern primär um die Frage der Werthaltigkeit jener Einlagen geht, die zum Erlöschen der Außenhaftung der Kommanditisten führt. Die damit angesprochene Haftsumme werden die Gesellschafter schon im Interesse eines seriösen Außenauftritts und der Schaffung einer entsprechenden Vertrauensgrundlage für die Gläubiger nicht zu niedrig ansetzen. Die befürchtete Umgehung der Sacheinlagevorschriften durch Festlegung der Pflichteinlage (und damit korrespondierend der Hauftsumme) auf € 1,– und entsprechend hohem Agio dürfte daher realistischer Weise kaum vorkommen.

Ist in der GmbH & Co KG § 6a GmbHG analog anzuwenden[34]), sodass bei Überschreitung der Hälfteklausel eine Kontrolle durch einen externen Sachverständigen zu erfolgen hat, so führt dies zu weiteren Folgefragen. Zunächst geht es darum, wovon die (in der Terminologie des GmbHG) „Hälfte des Stammkapitals" zu berechnen ist, vom Gesamtkapital der KG, den Pflichteinlagen der Kommanditisten oder deren Haftsummen. Geht man davon aus, dass dem Gläu-

[32]) Dazu noch unten F.

[33]) Darauf wurde insb in der Diskussion auf der Tagung hingewiesen (vgl den Bericht über die Diskussion).

[34]) AA *Nowotny*, RdW 2009, 328.

bigerschutz in der KG primär die Haftsummen und das ihnen entsprechende Vermögen dienen, so wäre es einleuchtend hier anzusetzen. Dem Stammkapital der GmbH würde in der KG jedoch das Eigenkapital entsprechen, das sich aus den gesellschaftsrechtlich gebundenen Beiträgen des Komplementärs und den Pflichteinlagen der Kommanditisten zusammensetzt[35]). Ein dementsprechender Anknüpfungspunkt würde für die Praxis, da idR die Haftsummen mit den Pflichteinlagen konform gehen[36]) und die Einlagen der Komplementäre berücksichtigt werden, einen liberaleren Ansatz bedeuten. Nach dem Recht der KG unterliegt aber das Eigenkapital keiner derart strengen Bindung wie in der GmbH, was aus der Sicht der Gläubiger problematisch erscheint, wenn bei Berechnung der Hälfte auf das gesamte Eigenkapital abgestellt wird. Die Sacheinlageregelung wäre nur allzu leicht zu umgehen, wenn innerhalb kurzer Zeit das Eigenkapital wieder reduziert wird. Unter Berücksichtigung der gegenständlichen Entscheidung des OGH werden aber die Pflichteinlagen der Kommanditisten einer Bindung analog § 82 GmbHG unterzogen, woraus sich eine Berücksichtigung der Pflichteinlagen (und nicht nur der uU niedrigeren Haftsummen) rechtfertigen lässt. Der Eigenkapitalanteil des Komplementärs unterliegt hingegen – nach (allerdings zu bezweifelnden) Auffassung des OGH[37]) – keiner Bindung, sodass er auch für die Berechnung der Hälfteklausel nicht berücksichtigt werden kann[38]). Sind die Haftsummen hingegen höher als die Pflichteinlagen der Kommanditisten, könnte im Interesse einer Verbesserung des Gläubigerschutzes erwogen werden, darauf abzustellen, zumal es nicht nur um die Vermögensaufbringung in der KG, sondern insb auch um das Erlöschen der Außenhaftung der Kommanditisten geht.

Die zweite Frage betrifft die Werthaltigkeitskontrolle selbst. Diese betrifft jedenfalls jene Sachwerte, die die Haftsummen der Kommanditisten decken sollen. Sie betrifft aber auch die zur Abdeckung einer eventuell darüber hinausgehenden Pflichteinlage dienenden Sachwerte, könnten sich doch durch eine nicht ausreichende Prüfung Zweifel bei der Klärung der Frage ergeben, ob es bei einer – nach der OGH-Entscheidung unzulässigen, aber dennoch vorgenommenen – Rückgewähr des über die Haftsumme hinausreichenden Teils der Pflichteinlage zu einem Wiederaufleben der Außenhaftung nach § 172 Abs 3 UGB kommt, der ja nach Auffassung des OGH weiterhin anwendbar bleibt.

---

[35]) Vgl *Hirschler/Sulz/Schaffer* in *Hirschler* (Hrsg), Bilanzrecht Kommentar (2010) § 224 Rz 60 f; s auch IWP-RL 4: Die Darstellung des Eigenkapitals der GmbH & Co KG nach dem RLG (1990).

[36]) Vgl OGH SZ 68/28 = GesRZ 1995, 265 = ecolex 1995, 415; *Jabornegg/Artmann* in *Jabornegg/Artmann*, UGB[2] § 171 Rz 3.

[37]) Dies entspricht der Rechtslage bei der deutschen KGaA, in der nur das von den Kommanditaktionären aufgebrachte Grundkapital denselben strengen Regeln über die Kapitalerhaltung wie in einer AG unterliegt, während für die Vermögenseinlagen der persönlich haftenden Gesellschafter keine entsprechenden Bindungen bestehen, auch wenn § 288 dAktG das Recht der Komplementäre zu Entnahmen spürbar einschränkt (vgl *Raiser/Veil*, Recht der Kapitalgesellschaften[5] [2010] § 23 Rz 58).

[38]) In der Praxis dürfte dies freilich kaum relevant sein, zumal die Komplementär-GmbH weiterhin wohl keinen Vermögensanteil haben wird.

D. Kaduzierung bei Nichtleistung?

§ 66 GmbHG sieht vor, dass bei Nichtleistung der Einlagen die Gesellschaft den Gesellschafter unter Einhaltung eines besonderen Verfahrens unter Verlust seiner bisherigen Einlageleistungen aus der Gesellschaft ausschließen kann. Die Frage nach der (analogen) Anwendung dieser Regelung auf die GmbH & Co KG dürfte sich insofern kaum stellen, als das Personengesellschaftsrecht den Ausschluss von Gesellschaftern aus wichtigem Grund (§ 140 UGB) kennt und die Nichtleistung der Vermögenseinlagen einen solchen Grund darstellen kann[39]). Insb wenn man berücksichtigt, dass das grundsätzlich als gerichtliche Klage konzipierte Ausschlussverfahren im Gesellschaftsvertrag dahingehend abgeändert werden kann, dass auch ein Gesellschafterbeschluss genügt[40]), dürfte ein Bedürfnis nach analoger Anwendung des § 66 GmbHG nicht gegeben sein. Zudem besteht auch im GmbH-Recht keine Verpflichtung der Gesellschaft den Gesellschafter auszuschließen. Sie kann zur Hereinbringung der Einlageleistung auch eine zivilrechtliche Exekution führen. Die Anwendung des Kaduzierungsverfahrens könnte allerdings dann erforderlich sein, wenn die Bestimmungen über die Haftung der Rechtsvorgänger bzw die Ausfallshaftung der Mitgesellschafter analog auf die GmbH & Co KG angewendet werden sollten[41]), zumal die Kaduzierung dafür Voraussetzung ist[42]).

E. Haftung der Rechtsvorgänger?

Obwohl das Personengesellschaftsrecht den Gesellschafterwechsel nicht besonders regelt, ist heute anerkannt, dass sowohl die Komplementär- als auch die Kommanditisten-Stellung übertragen werden kann. Nach § 124 iVm § 161 UGB ist dafür allerdings, soweit im Gesellschaftsvertrag nichts anderes bestimmt ist, die Zustimmung der übrigen Gesellschafter notwendig. Wird die Komplementär-Position übertragen, so haftet der ausgeschiedene Gesellschafter gem § 160 iVm § 161 UGB für alle Verbindlichkeiten, die innerhalb von fünf Jahren ab Eintragung des Gesellschafterwechsels im Firmenbuch fällig werden, weiter. Ansprüche daraus verjähren innerhalb der für die jeweilige Verbindlichkeit geltenden Verjährungsfristen, längstens jedoch in drei Jahren. Gleiches gilt auch für Kommanditisten, die aus der Gesellschaft ausgeschieden sind, bevor ihre Außenhaftung vollständig erloschen ist[43]). Sie haften im Ausmaß ihrer noch offenen Außenhaftung solidarisch mit dem Neu-Kommanditisten. Sofern der Gesellschafter-

---

[39]) *Jabornegg/Artmann* in *Jabornegg/Artmann*, UGB² § 140 Rz 29; *Koppensteiner/Auer* in *Straube*, UGB I⁴ § 133 Rz 7.

[40]) Gegen den sich der Ausgeschlossene seinerseits mittels Klage zur Wehr setzen kann.

[41]) Dazu sogleich unten E. und F.

[42]) Vgl bzgl der Ausfallshaftung *Koppensteiner/Rüffler*, GmbHG³ § 70 Rz 2; *Schopper* in *Straube*, GmbHG § 70 Rz 16; *Gellis/Feil*, GmbHG⁷ (2009) § 70 Rz 1; *Reich-Rohrwig*, GmbH-Recht¹ (1983) 601; *Wünsch*, Die Haftung der Gründer einer GmbH, GesRZ 1984, 1, 10.

[43]) Dabei ist zu beachten, dass die Zahlung einer Abfindung aus dem Gesellschaftsvermögen zum Wiederaufleben einer bereits erloschenen Außenhaftung führen kann (vgl

wechsel durch einen entsprechenden Rechtsnachfolgevermerk im Firmenbuch eingetragen wurde, kommt ein Haftungsausschluss durch vollständige Einlageleistung beiden Gesellschaftern – sowohl dem ausgeschiedenen als auch dem neu eingetretenen – zugute[44]). Ist die Haftsumme oder ein Teil davon hingegen noch offen, so trifft den ausgeschiedenen Gesellschafter in Höhe des noch offenen Betrages die Nachhaftung nach § 160 UGB und den neu Eintretenden die Haftung gem §§ 171 ff UGB. Der Rechtsvorgänger des Kommanditisten haftet somit – abgesehen vom Fall des § 160 Abs 3 letzter Satz UGB – im Außenverhältnis für längstens acht Jahre für seine noch offene Haftsumme nach.

Die KG kann allerdings die Einlageleistungen nur noch von den Neugesellschaftern (Komplementäre oder Kommanditisten) fordern, nicht hingegen von den Ausgeschiedenen. Insofern unterscheidet sich die Regelung des KG-Rechts von § 67 Abs 1 GmbHG, wonach jene Rechtsvorgänger für die vom ausgeschlossenen Gesellschafter nicht bezahlten Beträge samt Verzugszinsen der GmbH gegenüber haften. Fraglich ist aber, ob durch eine analoge Anwendung der GmbH-Regelung für die Gläubiger der KG viel gewonnen wäre, können sie doch nach dem Recht der KG direkt gegen die Gesellschafter vorgehen und müssen nicht den Umweg über die Gesellschaft wählen. In Einzelfällen könnte allerdings der unterschiedliche zeitliche Anknüpfungspunkt für die Haftung eine Verbesserung der Gläubiger darstellen. Nach § 67 Abs 1 GmbHG trifft die Haftung all jene Rechtsvorgänger, die innerhalb der letzten fünf Jahre vor Erlassung der Einzahlungsaufforderung als Gesellschafter im Firmenbuch verzeichnet waren, während die Nachhaftungsregelung des § 160 UGB an die Eintragung des Ausscheidens im Firmenbuch anknüpft und die Dauer der Nachhaftung mit der Fälligkeit des Anspruchs verknüpft. Insofern könnte sich für einen Gläubiger, dessen Anspruch nach Ablauf der Fünf-Jahres-Frist erst fällig ist, eine Besserstellung ergeben, wenn die Zahlungsaufforderung bereits Jahre zuvor ergangen ist. Diese Besserstellung und somit eine analoge Anwendung auf die GmbH & Co KG lässt sich auch mit dem Grundgedanken rechtfertigen, dass in einer „normalen" KG der Komplementär für eine möglichst zeitgerechte Einzahlung der Pflichteinlagen Sorge tragen wird, zumal ein Ausfall wie hier durch Verjährung der Haftung des Rechtsvorgängers zu seinen Lasten geht. Ist der Komplementär jedoch eine Kapitalgesellschaft (an der die Kommanditisten als Gesellschafter beteiligt sind), so erscheint dies gerade nicht gesichert. Dies rechtfertigt eine analoge Anwendung des § 67 Abs 1 GmbHG.

F. Ausfallshaftung der Mitgesellschafter

Neben der Haftung des Rechtsvorgängers ordnet § 70 GmbHG die Ausfallshaftung der Mitgesellschafter für den Fall an, dass die Einlageleistung von den Zahlungspflichtigen nicht erreichbar ist. Diese Ausfallshaftung ist kein grundsätzliches Merkmal von Kapitalgesellschaften an sich, im AktG findet sich keine

---

OGH 3 Ob 276/01m GesRZ 2002, 83 = RdW 2002/407 = wbl 2002/259; *Jabornegg/Artmann* in *Jabornegg/Artmann,* UGB² § 172 Rz 20 mwN).

[44]) Zur (weiterhin) strittigen Frage, was gilt, wenn der Rechtsnachfolgevermerk fehlt, vgl *Jabornegg/Artmann* in *Jabornegg/Artmann,* UGB² § 172 Rz 24 f.

entsprechende Regelung. In der GmbH ist sie eine Art „letzte Sicherheit" für die Aufbringung des Stammkapitals und Ausdruck des personalistischen Elements. Als Personengesellschaft steht die KG auch in der Form der GmbH & Co KG ieS oder allgemeiner einer KG mit keiner natürlichen Person als unbeschränkt haftenden Gesellschafter der GmbH viel näher als einer AG, sodass eine analoge Anwendung des § 70 GmbHG jedenfalls prinzipiell in Betracht kommt. Des Weiteren scheitert eine analoge Anwendung der Ausfallshaftung auch nicht daran, dass es in der GmbH & Co KG (zumindest) einen unbeschränkt haftenden Gesellschafter gibt. Denn die Ausfallshaftung betrifft ja nicht die Frage der Außenhaftung gegenüber den Gesellschaftsgläubigern, sondern nur die Frage der Aufbringung der Einlageleistungen. Insofern kann die Ausfallshaftung auch für die Einlageleistung des Komplementärs nicht bereits mit diesem Argument ausgehebelt werden[45]).

In der „normalen" KG bildet die (natürliche) Person des unbeschränkt haftenden Komplementärs das Korrektiv für die Frage der Erbringung der Einlageleistung durch die Gesellschafter, insb Kommanditisten. Dieser wird um seine Haftung zu minimieren, darauf dringen, dass von den Kommanditisten bei Zeiten entsprechende Beträge in die Gesellschaft fließen. Ist dieser eine GmbH (an der die Kommanditisten wiederum als Gesellschafter beteiligt sind), so erscheint keineswegs gesichert, dass diese ebenfalls die Rolle des „Geldeintreibers" übernimmt. Eine analoge Anwendung der Ausfallshaftung erscheint daher gerechtfertigt[46]). Das Risiko für den einzelnen Kommanditisten ist insofern überschaubar, als er bereits im Gesellschaftsvertrag (bzw durch die Herbeiführung eines Gesellschafterbeschlusses) darauf dringen kann, dass die Mitgesellschafter alsbald ihre Einlageleistungen erbringen. Die mangels Erbringung der Einlageleistung weiterhin bestehende Außenhaftung der Kommanditisten bildet hingegen keinen ausreichenden Schutz, kann doch diesfalls der Gläubiger nur gegen den einen Kommanditisten und nicht gegen die Mitgesellschafter vorgehen. Sieht man die Begründung für eine Ausfallshaftung im fehlenden Korrektiv einer natürlichen Person als unbeschränkt haftender Gesellschafter, so umfasst die Außenhaftung nicht nur jene Beträge, die zur Abdeckung der Haftsumme erforderlich sind, sondern auch die uU höhere Pflichteinlage, denn auch diese soll – dem Willen der Gesellschafter entsprechend – das Gesellschaftsvermögen mehren und die Haftung des Komplementärs einschränken.

[45]) Zwar wird idR die Komplementär-GmbH keine vermögensmäßige Beteiligung an der KG haben, völlig ausgeschlossen ist dies aber nicht. Sollte sie neben ihrer Stellung als unbeschränkt haftender Gesellschafter noch weitere Tätigkeiten entfalten, so ist auch die Gefahr, dass ihr Vermögen anderweitig eingesetzt wird, gegeben, sodass sich daher die Frage erhebt, ob die Mitgesellschafter für ihre Vermögenseinlage einstehen müssen.

[46]) AA *Nowotny*, RdW 2009, 328; anders auch für die Ausfallshaftung nach § 83 Abs 2 GmbHG *Harrer*, Vermögensbindung bei der GmbH & Co KG, wbl 2009, 328, 333; *Kalss* in GedS Arnold 105, s aber auch 100.

IV. Kapitalerhöhung

Die vorerwähnten Fragen der Kapitalaufbringung stellen sich gleichermaßen bei einer Kapitalerhöhung. Hinzu kommen offene Diskussionspunkte aus der GmbH-rechtlichen Judikatur und Literatur, wie etwa die Frage nach der bereits erwähnten Berechnung der Hälfteklausel oder der Mindesteinzahlungspflicht oder auch der Ausfallshaftung jener Gesellschafter, die gegen eine Kapitalerhöhung gestimmt haben, für offene Stammeinlagen aus dieser Kapitalerhöhung[47]). Dies soll hier nicht weiter vertieft werden. Festzuhalten bleibt lediglich, dass mit dem Ausdruck Kapitalerhöhung eine Erhöhung einer allenfalls bestehenden Vermögenseinlage des Komplementärs (bzw die erstmalige Schaffung derselben) und va die Pflichteinlagen der Kommanditisten angesprochen sind. Eine (bloße) Erhöhung der Haftsummen ohne korrespondierende Einlageverpflichtungen dürfte hingegen keine neuen Fragen aufwerfen.

V. Zusammenfassung in Thesen

1. Ein Mindestkapital für die GmbH & Co KG ieS analog § 6 GmbHG lässt sich aus der Gleichstellung mit einer Kapitalgesellschaft nicht rechtfertigen. Ebenso wenig muss die GmbH als Komplementärin an der KG vermögensmäßig beteiligt sein.
2. Ebenso wenig lässt sich eine Mindesteinzahlungspflicht analog § 10 GmbHG begründen.
3. Eine schriftliche Festsetzung von Sacheinlagen im Gesellschaftsvertrag ist nicht erforderlich. Der Kommanditist hat darüber im Rahmen seiner Auskunftspflicht nach § 171 Abs 1 Satz 2 UGB Auskunft zu geben.
4. § 6a GmbHG ist analog anzuwenden. Dabei ist die „Hälfte des Stammkapitals" von den Pflichteinlagen bzw von den uU höheren Haftsummen zu berechnen. Die Werthaltigkeitskontrolle betrifft jedenfalls jene Sachwerte, die die Haftsummen der Kommanditisten decken sollen. Sie betrifft aber auch die zur Abdeckung einer eventuell darüber hinausgehenden Pflichteinlage dienenden Sachwerte.
5. Für eine analoge Anwendung der Regelung betreffend die Kaduzierung von Gesellschaftern besteht aufgrund des § 140 UGB, der die Möglichkeit zum Ausschluss von Gesellschaftern (bei entsprechender Modifikation durch den Gesellschaftsvertrag auch durch Gesellschafterbeschluss) enthält, keine Notwendigkeit. Im GmbH-Recht ist sie allerdings Voraussetzung für die Geltendmachung der Haftung der Rechtsvorgänger und der Ausfallshaftung der Mitgesellschafter und insofern (s Pkt 6. und 7.) auch analog auf die GmbH & Co KG anzuwenden.
6. Aufgrund der unterschiedlichen zeitlichen Anknüpfungspunkte der Nachhaftung der Gesellschafter nach § 160 UGB (iVm § 161 bzw § 171 UGB) und der Haftung der Rechtsvorgänger nach § 67 GmbHG kann im Einzelfall

[47]) Siehe dazu ausführlich *Artmann*, Die Ausfallshaftung der Mitgesellschafter einer GmbH für offen gebliebene Einlagen, insbesondere im Fall der Kapitalerhöhung, in FS Reischauer (2010) 55 ff.

eine analoge Anwendung der GmbH-rechtlichen Regelung für die Gläubiger der KG von Vorteil sein. Diese „Besserstellung“ erscheint auch durch das Fehlen einer natürlichen Person als unbeschränkt haftender Gesellschafter gerechtfertigt.

7. Eine analoge Anwendung der Ausfallshaftung nach § 70 GmbHG erscheint insofern gerechtfertigt, als bei den „verdeckten Kapitalgesellschaften“ jene natürliche Person als unbeschränkt haftender Gesellschafter fehlt, der um seine Haftung zu minimieren darauf drängen wird, dass die Kommanditisten ihre Pflichteinlagen erbringen.
8. Mit dem Begriff der Kapitalerhöhung ist bei einer GmbH & Co KG ieS eine Erhöhung allfälliger Vermögenseinlagen des Komplementärs und va eine Erhöhung der Pflichteinlagen der Kommanditisten gemeint. Für diese gelten vorstehende Ergebnisse gleichermaßen.

Friedrich Rüffler

Kapitalherabsetzung und Liquidation

I. Ausgangspunkte

A. OGH als Datum

Gegenstand dieses Beitrags ist es nicht, die grundsätzliche Frage zu diskutieren, ob die vom OGH in 2 Ob 225/07p gezogene Analogie zutrifft. Das ist Gegenstand anderer Beiträge dieses Buches. Vielmehr ist ungeachtet der Position des Autors[1]) dieses Erkenntnis als Datum zu nehmen und auf dieser Basis zu untersuchen, wie in Hinkunft eine GmbH & Co KG zu liquidieren ist und was die Entscheidungen des OGH für Kapitalherabsetzungen bedeutet. In diesem Zusammenhang stellt sich vor allem auch die praktisch bedeutsame Frage, wie mit Abfindungsansprüchen ausscheidender Gesellschafter umzugehen ist, die sich ja mangels gegenteiliger vertraglicher Regelung gegen die Gesellschaft richten[2]). Denn eine Abfindung aus dem Gesellschaftsvermögen ist nach 2 Ob 225/07p – jedenfalls wenn nicht besondere Vorkehrungen getroffen werden – unzulässig.

Trotz der Beschränkung auf die Folgen der Entscheidung kann man nicht umhin, die Aussagen des OGH nochmals näher zu analysieren. Denn die Begründung und die daraus zu schließende Reichweite der Analogie entscheiden maßgeblich über die Beantwortung der Folgefragen.

---

[1]) Zu dieser *Koppensteiner/Rüffler*, GmbHG³ (2007) § 82 Rn 20.

[2]) Vgl nur *Jabornegg/Artmann* in *Jabornegg/Artmann*, UGB² (2010) § 137 Rn 9 mit Nachw zur Rsp des OGH.

B. Die Aussage des OGH und ihre Bedeutung für Kapitalherabsetzung und Liquidation

Beim Analogieschluss erfolgt die Feststellung der Lücke und ihre Schließung anhand derselben Norm oder, wenn es sich um eine Gesamtanalogie handelt, anhand der Wertung derselben Normen. Ausgangspunkt ist, dass nach Maßgabe des Zweckes von Normen ein vom Wortlaut nicht erfasster Sachverhalt erfasst sein sollte, weil andernfalls eine sachlich nicht gerechtfertigte Differenzierung vorläge. Hat man das konstatiert, ist ebenjene Norm bzw die Wertung ebenjener Normen, die die sachlich nicht gerechtfertigte Differenzierung dargetan hat, auf den ungeregelten Sachverhalt anzuwenden. Dabei kann eine solche Lücke schon ursprünglich gegeben oder erst durch spätere Gesetzgebungsakte „aufgerissen" worden sein. So willkürlich eine Differenzierung auch sein mag, darf sie indes nicht geschlossen werden, wenn sie vom Gesetzgeber bewusst in Kauf genommen wurde. Nur die planwidrige Lücke ist mittels Analogie vom Rechtsanwender schließbar, sonst bleibt nur der Weg zum VfGH[3]).

In Frage stand für den OGH die analoge Anwendung des § 82 GmbHG, der nach seinem Wortlaut die GmbH & Co KG als solche und im Verhältnis zu ihren „Nur-Kommanditisten" nicht erfasst. Er hat den Analogieschluss maßgeblich mit den gesetzgeberischen Aktivitäten der jüngeren Zeit begründet, die die Kapitalgesellschaft & Co der „echten" Kapitalgesellschaft gleichstellen (§ 67 KO/IO, § 189 Abs 1 Z 1, § 221 Abs 5, § 244 Abs 3 UGB, § 22 Abs 2 URG, § 4 Abs 3 EKEG). Damit konstatiert er eine nachträgliche Lücke, deren Planwidrigkeit er bejaht. Anders als sonst misst er insb dem Schweigen des Gesetzgebers anlässlich einer großen Reform, nämlich dem HaRÄG 2005, keinen Erklärungswert zu[4]) (wobei dem Höchstgericht insoweit hinsichtlich des methodischen Grundsatzes zweifelsohne zu folgen ist[5])). Möglich wäre es auch gewesen, eine ursprüngliche Lücke festzustellen, mit dem Argument, dass schon der ursprüngliche Gesetzgeber das Fehlen einer natürlichen Person als Vollhafter nicht bedacht hatte und der Normzweck des § 82 GmbHG schon ab initio eine Erstreckung auf die verdeckte Kapitalgesellschaft gefordert hätte[6]).

---

[3]) Zum Ganzen *Rüffler*, Analogie: Zulässige Rechtsanwendung oder unzulässige Rechtsfortbildung? JRP 2002, 60ff.

[4]) Dezidiert anders etwa zum Ausschluss und zur Auflösung aus wichtigem Grund OGH 17. 10. 2006, 1 Ob 135/06v; 29. 1. 2001, 3 Ob 57/00d SZ 74/13; 22. 2. 1996, 6 Ob 657/95 SZ 69/37.

[5]) Dazu näher *Rüffler*, Lücken im Umgründungsrecht (2002) 16 ff; *ders*, JRP 2002, 73 mit FN 77.

[6]) So wohl in der Tendenz *Karollus*, Gedanken um Kapitalschutz bei der GmbH & Co KG, in FS Kropff (1997) 670 ff, 675 ff. Auch er stellt zwar auf die jüngeren gesetzlichen Nomen ab, die die GmbH & Co KG gleich einer GmbH behandeln, weist aber maßgeblich auch auf die Typenvermischung hin, an die der Gesetzgeber bei der Konzeption des personengesellschaftsrechtlichen Gläubigerschutzsystems nicht gedacht habe. Das deutet doch stärker auf die Annahme einer schon ursprünglichen Lücke hin. Ebenso *Harrer*, Vermögensbindung bei der GmbH & Co KG, wbl 2009, 328 ff. Weniger deutlich *Karollus*, Verstärkter Kapitalschutz bei der GmbH & Co KG, ecolex 1997, 860 ff und *Reich-Rohrwig*, Grundsatzfragen der Kapitalerhaltung (2004) 403 f.

Wie dem auch sei: Angesichts der hier geforderten Beschränkung auf die Diskussion der Folgen des Urteils ist von Interesse, welcher exakte Normzweck für den OGH entscheidend war, eine Lücke zu konstatieren. Denn dann könnte verhältnismäßig genau gefolgert werden, welche anderen kapitalgesellschaftsrechtlichen Normen ebenfalls analog angewendet werden müssen. Allein: Hier bleibt das Höchstgericht so vage, dass es vager kaum geht. Die Normen, die ausdrücklich die verdeckte Kapitalgesellschaft einer „echten" gleichstellen, verfolgten alle den Schutz der Gläubiger. Das sei auch bei § 82 GmbHG der Fall, weshalb er analog anzuwenden sei.

Wörtlich genommen bedeutete das die Übernahme sämtlicher Vorschriften des GmbH-Rechts, die (auch?) dem Ziel des Gläubigerschutzes dienen. Da das wohl nicht gemeint sein kann, muss man sich darauf besinnen, was der OGH inhaltlich getan hat. Er hat die zentrale Vorschrift über die Kapitalerhaltung auf die GmbH & Co KG als solche angewendet. Diese Norm besagt vereinfacht gesagt, dass nur auf der Basis eines festgestellten Jahresabschlusses ausgewiesene Gewinne und nach Maßgabe eines allenfalls erforderlichen Gewinnverwendungsbeschlusses an Gesellschafter ausgeschüttet werden dürfen, ansonsten aber keine offenen oder verdeckten Vermögenszuwendungen an Gesellschafter zulässig sind (§ 82 Abs 1 GmbHG). Das von den Gesellschaftern aufgebrachte Kapital bildet gleichsam eine Staumauer, die gewährleistet, dass nur dieses Eigenkapital übersteigende, als Gewinn ausweisbare und ausgewiesene Vermögenswerte an die Gesellschafter zurückfluten dürfen. Es verhindert nicht die Austrocknung des Staubeckens infolge schlechter Geschäfte, aber immerhin wie bemerkt, dass sich ungehindert Schleusen zu den Gesellschaftern öffnen[7]).

Wenn dem so ist, ist die für diesen Beitrag gestellte Frage im Grundsatz einfach zu beantworten: Wenn die Vorschrift, die das Zurückfluten von Vermögen unterhalb der Staumauer hindert, analog anzuwenden ist, muss das auch für die Vorschriften gelten, die die Verkleinerung (Kapitalherabsetzung) und das Niederreißen der Staumauer (Liquidation) im Interesse der Gläubiger regeln.

C. Kapitalherabsetzung und Liquidation: noch offene Fragen?

Kann damit also der Beitrag abgeschlossen und die gestellten Fragen ganz einfach damit beantwortet werden, dass Liquidations- und Kapitalherabsetzungsrecht der GmbH schlicht analog auch auf die GmbH & Co KG angewendet werden müssen? Das ist im Großen und Ganzen für die Liquidation tatsächlich der Fall. Hier gibt es zudem, wie zu zeigen sein wird, schon bemerkenswerte Vorjudikatur des OGH, die man durchaus auch als Vorzeichen der hier im Mittelpunkt stehenden Entscheidung des OGH deuten hätte können. Schwieriger zu lösen ist indes der „Kapitalherabsetzungskomplex". Da es in der KG kein gesetzliches Mindestkapital gibt oder, um ins Bild zurückzukehren, keine Verpflichtung besteht, überhaupt eine Staumauer in bestimmter Mindesthöhe zu errichten, fragt

---

[7]) Das Bild von der Staumauer dürfte auf *Würdinger*, Aktienrecht und das Recht der verbundenen Unternehmen[4] (1981) 32 zurückgehen (dort „Stauschleuse").

sich, was diese Staumauer bildet. Sind es die bloß in der Höhe gesetzlich nicht festgelegten, aber im Grundsatz zwingend „aufzubringenden“ Haftsummen, die freilich auch nur € 1,– hoch sein können, oder sind es die Pflichteinlagen, die nicht einmal zwingend vereinbart sein müssen[8])? In der Praxis sind diese zwar zumeist gleich hoch, das muss aber nicht so sein. Diskrepanzen kommen durchaus vor und könnten gerade als Folge des gegenständlichen OGH-Urteils in Zukunft häufiger vorkommen, wenn sich etwa herausstellen sollte, dass nur für Pflichteinlagen bestimmte Kapitalaufbringungsregeln gelten oder nur ihre Herabsetzung dem Kapitalherabsetzungsrecht unterliegt. Denkbar wäre es auch, auf keine der beiden Größen abzustellen und nur, aber immerhin zu verlangen, dass vermögenswerte Leistungen an die Gesellschafter nur dann und in dem Ausmaß zulässig sind, als die Aktiva die Verbindlichkeiten übersteigen. Die Staumauer, und das sprengt dann schon fast das Bild, wäre dann genau Null hoch, aber sie verhinderte immerhin, dass Leistungen an die Gesellschafter zu einer Überschuldung führen. Die Mauer würde gleichsam im Keller verhindern, dass das Grundwasser angebohrt wird.

II. Liquidation

Gemäß § 145 Abs 1 UGB sind die Liquidationsvorschriften dispositiv, was zufolge § 161 Abs 2 UGB auch für die KG gilt[9]). Die Gesellschafter können daher einvernehmlich insb eine sofortige Realteilung des Gesellschaftsvermögens beschließen und damit die Vollbeendigung der Gesellschaft herbeiführen, ohne zuvor die Gesellschaftsgläubiger befriedigt oder sichergestellt zu haben[10]). Die Zulässigkeit dieser Vorgangsweise folgt daraus, dass eine unbeschränkte persönliche Haftung zumindest einer Person fortbesteht und auch sonst das Personengesellschaftsrecht keine Kapitalerhaltungsvorschriften kennt (eben wegen jener persönlichen Haftung). Ein Komplementär, dem die unbeschränkte persönliche Haftung droht, würde schon dafür sorgen, dass nicht Vermögen hin zu Kommanditisten verschoben wird, wenn ihm selbst noch erhebliche Haftungsrisiken drohen und die Kommanditistenhaftung ja – jedenfalls wenn man der hM folgt – immer nur bis zur Höhe der Haftsumme schlagend werden kann, selbst wenn erheblich mehr an Vermögenswert an den Kommanditisten ausgekehrt wird. Freilich: Diese „Bremsfunktion“ des Komplementärs funktioniert nur dann, wenn er eine natürliche Person ist. Die GmbH als Komplementär lässt man leichteren Herzens in Insolvenz gehen[11]).

---

[8]) *Koppensteiner/Auer* in *Straube*, UGB I[4] (2009) § 161 Rn 12.

[9]) *Jabornegg/Artmann* in *Jabornegg/Artmann*, UGB[2] § 145 Rn 4 f; *U. Torggler* in *Straube*, HGB I[3] (2003) § 145 Rn 6 ff; ausführlich *Dellinger*, Rechtsfähige Personengesellschaften in der Liquidation (2001) 50 ff.

[10]) Zu möglichen Vorgangsweisen vgl *Jabornegg/Artmann* in *Jabornegg/Artmann*, UGB[2] § 145 Rn 28.

[11]) Vgl *Dellinger*, Liquidation (FN 9) 68 ff; *ders*, Personenhandelsgesellschaft, Gläubigerschutz und Vollbeendigung während eines Passivprozesses, JBl 1991, 629 ff, 634 ff; *ders*, Zu Graff, AnwBl 1992, 154, AnwBl 1992, 262 f.

Diese Erwägung und der Hinweis auf § 67 KO (heute IO), woraus sich ergebe, dass das Gesellschaftsvermögen bei der GmbH & Co KG indirekt zugunsten der Gläubiger geschützt sei, haben den OGH schon 1995 bewogen, Stimmen der Literatur[12]) zu folgen und den Vorrang der Gläubigerbefriedigung, welcher durch das Befriedigungs- und Zurückbehaltungsgebot gem §§ 149, 155 HGB/UGB verwirklicht wird, in dieser gesellschaftsrechtlichen Mischform für zwingend zu halten[13]).

Aus heutiger Sicht betrachtet stellt sich diese Entscheidung als Vorläufer der so umstrittenen Entscheidung 2 Ob 225/07p dar, deren Konsequenzen hier darzustellen sind. Bemerkenswerterweise ist sie nicht kritisiert, sondern begrüßt worden[14]). In der Tat ist die Begründung überzeugend. Denn erstens ist zutreffend, dass die Gefahr missbräuchlicher Vermögensverteilung zugunsten von Kommanditisten, aber zulasten der Gläubiger und des Komplementärs, dann unvergleichlich höher ist, wenn der Komplementär selbst auch nur ein beschränkt haftender Rechtsträger ist. Zweitens leuchtet aus der Gleichstellung der GmbH & Co KG hinsichtlich des Insolvenzantragsgrundes der Überschuldung hervor, dass auch bei dieser Gesellschaftsform das Gesellschaftsvermögen vorrangig der Gläubigerbefriedigung zu dienen hat. Denn die legale Teilnahme am Rechtsverkehr setzt damit voraus, dass immer alle Gläubiger befriedigt werden können, was die Reservierung von Gesellschaftsvermögen primär zugunsten der Gläubiger impliziert[15]). Der Unterschied in der Rezeption beider Entscheidungen dürfte wohl darin liegen, dass die Liquidations-Entscheidung lediglich § 145 Abs 1 für die GmbH & Co KG teleologisch reduziert hat[16]) und das auch nur für die Abdingbarkeit des Vorrangs der Gläubigerbefriedigung, während 2 Ob 225/07p den radikalen Schritt der Gleichbehandlung der GmbH & Co KG mit der GmbH hinsichtlich des Kapitalerhaltungsrechts macht[17]).

In Fortsetzung der dargestellten Entscheidung des OGH zur Liquidation kann es nur darum gehen, ob 2 Ob 225/07p nunmehr dazu nötigt, GmbH-Liquidationsrecht analog anzuwenden, also insbesondere § 91 GmbHG über den Gläubigeraufruf und die dreimonatige Sperrfrist. Hatte *Dellinger* das noch als zu weitgehende Rechtsfortbildung verneint, ist es nach 2 Ob 225/07p (und unter Achtung des hier gewählten methodischen Ansatzes, an der grundsätzlichen Weichenstellung des OGH nicht mehr zu rütteln) klar zu bejahen[18]). Wenn man Vermögensausschüttungen der GmbH & Co KG grundsätzlich so beschränkt wie

[12]) Vor allem *Dellinger* aaO (FN 11).

[13]) OGH 21. 12. 1995, 2 Ob 594/95 SZ 68/244; vgl auch OGH 9. 10. 1997, 2 Ob 184/97s SZ 70/196.

[14]) Vgl *Koppensteiner/Rüffler*, GmbHG³ § 90 Rn 4a; *Jabornegg/Artmann* in *Jabornegg/Artmann*, UGB² § 145 Rn 6; *U. Torggler* in *Straube*, HGB I³ § 145 Rn 10.

[15]) Vgl dazu insb *Dellinger* jeweils aaO (FN 11); ferner *U. Torggler* in *Straube*, HGB I³ § 145 Rn 10; *Koppensteiner/Rüffler*, GmbHG³ § 90 Rn 4a.

[16]) Vgl *Dellinger*, JBl 1991, 635.

[17]) Vgl denn auch *Dellinger*, Liquidation (FN 9) 70 ff, der eine weitergehende analoge Anwendung von GmbH-Recht als unzulässige Rechtsfortbildung abgelehnt hat.

[18]) Vgl auch schon *U. Torggler* in *Straube*, HGB I³ § 145 Rn 12 – analoge Anwendung, wenn § 82 analog angewendet wird (was *Torggler* seinerzeit noch verneinte, freilich für Gesetzeswerdung der § 4 Abs 3, § 11 EKEG neu zu überdenken ankündigte).

in der GmbH, so müssen auch für die finale Vermögensausschüttung im Rahmen der Liquidation grundsätzlich die gleichen Kautelen gelten. Die Gläubiger hier unterschiedlich zu schützen, ließe sich sachlich nicht rechtfertigen. Demgemäß haben die Geschäftsführer der Komplementär-GmbH die Auflösung der GmbH & Co KG in den Bekanntmachungsblättern der Gesellschaft, das sind das Amtsblatt zur Wiener Zeitung und gegebenenfalls weitere gesellschaftsvertraglich bestimmte Publikationsorgane[19]), zu veröffentlichen und dabei die Gläubiger der Gesellschaft aufzufordern, sich bei ihnen zu melden. Bekannte Gläubiger sind unmittelbar aufzufordern. Der in § 91 Abs 2 GmbHG vorgesehenen Grundsatz des Vorrangs der Gläubigerbefriedigung samt der Verpflichtung, nicht behobene Beträge sowie Beträge für noch nicht fällige oder streitige sowie schwebende Verbindlichkeiten zurückzubehalten, geht wohl nicht über die schon bisherige Judikatur hinaus. Beachtlich ist aber noch § 91 Abs 3 GmbHG, wonach das verbleibende Vermögen erst nach einer dreimonatigen Sperrfrist an die Gesellschafter verteilt werden darf.

Die Einhaltung dieser analog anzuwendenden Bestimmungen ist den Geschäftsführern der Komplementär-GmbH dringend zu empfehlen. Denn sie sind anerkanntermaßen Schutzgesetze zugunsten der Gläubiger, auf die diese Direkthaftungsansprüche stützen können[20]). Es ist kein Grund ersichtlich, warum dies nicht auch im analogen Anwendungsbereich der Normen gelten sollte[21]).

III. Kapitalherabsetzung

A. Analoge Anwendung der §§ 55 ff GmbHG, Pflichteinlagen oder Haftsummen als Stammkapital?

Auch für die Kapitalherabsetzung scheint prima facie eine einfache Antwort gefunden zu sein. Das Kapitalherabsetzungsverfahren mit Einschaltung des Firmenbuchgerichts, Gläubigeraufruf bzw unmittelbarer Information bekannter Gläubiger, Befriedigung oder Sicherstellung und Sperrfrist (vgl §§ 55–57 GmbHG) müsste wohl eingehalten werden. Geschäftsführer unterlägen der Haftung gem § 56 Abs 3 GmbHG (analog). Dass § 174 UGB eine Vorschrift für die Herabsetzung der Haftsumme kennt, änderte daran nichts, weil in der Logik der Entscheidung 2 Ob 225/07p das KG-rechtliche Haftungssystem/Gläubigerschutzsystem insgesamt gegenüber dem Kapitalerhaltungsrecht der GmbH ungenügend ist, und daher auch bei der Kapitalherabsetzung die analoge Anwendung kapitalgesellschaftsrechtlicher Normen nicht hindern dürfte. Dass im KG-Recht eine Änderung des Gesellschaftsvertrages im Firmenbuch nicht eingetragen wird, was § 56 GmbHG voraussetzt, müsste man wohl dergestalt berücksichtigen, dass

---

[19]) § 18 AktG analog, vgl dazu OGH 23. 10. 2000, 6 Ob 119/00 RdW 2001, 153 = ecolex 2001, 50 mit Anm *Grave*.

[20]) OGH 9. 10. 1997, 2 Ob 184/97s SZ 70/196; *Koppensteiner/Rüffler*, GmbHG^3 § 91 Rn 14 für die GmbH; vgl auch schon zur GmbH & Co KG für die zwingenden §§ 149, 155 UGB OGH 21. 12. 1995, 2 Ob 594/95 SZ 68/244; *U. Torggler* in *Straube*, HGB I^3 § 145 Rn 10.

[21]) Vgl auch OGH 21. 12. 1995, 2 Ob 594/95 SZ 68/244.

wenn an die Haftsummen angeknüpft wird, die Eintragung des Herabsetzungsbetrages maßgeblich sein müsste. Wenn die Pflichteinlagen dem Stammkapital der GmbH für Zwecke der analogen Anwendung des Kapitalherabsetzungsrechtes entsprechen sollten, müsste wohl eine entsprechende Eintragung zumindest der Tatsache einer Kapitalherabsetzung im Firmenbuch erwogen werden.

Doch sind wir damit gleich beim Kern des Problems, woran sich zugleich zeigt, dass die Frage nach einer analogen Anwendung des Kapitalherabsetzungsrechts so einfach nicht zu beantworten ist. Welcher Betrag entspricht dem Stammkapital der GmbH (nicht nur, aber auch für die Frage der Kapitalherabsetzung), sind es die Haftsummen insgesamt oder die Summen der Pflichteinlagen? Was bildet also, um ins Bild zurückzukehren, die Staumauer, oder gibt es gar keine zwingende Staumauer, sondern dürfen Ausschüttungen nur nicht zur Überschuldung führen, darf also gleichsam im Keller nicht das Grundwasser angebohrt werden?

Für die Pflichteinlagen könnte sprechen, dass sie in bilanzieller Hinsicht zusammen mit einem allfälligen Kapitalanteil des Komplementärs[22]) das Eigenkapital bilden und damit dem Stammkapital der GmbH entsprechen[23]). Aber besonders überzeugend ist ein Hinweis allein auf das Bilanzrecht nicht, weil das Bilanzrecht als Recht der „Abbildung" dem Unternehmens- und Gesellschaftsrecht zu folgen hat und nicht umgekehrt. Überzeugender wäre es schon auf die Haftsummen abzustellen. Denn sie sind die für den Gläubigerschutz maßgeblichen Beträge, sie sind durch die Eintragung im Firmenbuch publik, auf sie darf der Gläubiger in haftungsrechtlicher Hinsicht vertrauen. Schließlich stellt der OGH auch in seiner Judikatur zur errichtenden Umwandlung auf die Haftsummen und nicht die Pflichteinlagen ab, wo er ja bekanntlich in stRsp verlangt, dass die Höhe der übernommenen Hafteinlagen die Höhe des entsprechenden Teils des Stammkapitals erreichen muss[24]). Freilich könnte es auch sein – und das macht die Frage auch dann interessant, wenn Pflichteinlage und Haftsumme wie wohl zumeist gleich hoch sind – dass mangels gesetzlichen Mindestkapitals in der GmbH & Co KG als solcher neben § 174 UGB auch kein besonderer Herabsetzungsschutz greift.

Die bisherige Literatur, die sich in Folge von 2 Ob 225/07p mit dieser Frage beschäftigt hat, wendet das Kapitalherabsetzungsrecht der GmbH dann analog an, wenn die Haftsummen herabgesetzt werden sollten. Höhere Pflichteinlagen könnten ohne Einhaltung dieses Prozederes bis zur Höhe der Haftsummen herabgesetzt und ausbezahlt werden (bzw auf entsprechende Einlageansprüche

---

[22]) Diesen gibt es freilich nicht, wenn die Komplementär-GmbH wie zumeist in der Praxis bloße Arbeitsgesellschafterin ist.

[23]) Zur Bilanzierung des Eigenkapitals der GmbH & Co KG näher Richtlinie des Instituts Österreichischer Wirtschaftsprüfer IWP RL4, Die Darstellung des Eigenkapitals der GmbH & Co KG nach dem RLG (September 1990); ferner *Hirschler/Sulz/Schaffer* in *Hirschler*, Bilanzrecht (2010) § 224 Rn 58 ff.

[24]) Vgl OGH 7. 11. 2007, 6 Ob 235/07p, 6 Ob 236/07k GesRZ 2008, 100 mit Anm *Umlauft* = ecolex 2008, 243 mit Anm *Karollus*; 17. 12. 2008, 6 Ob 267/08w GesRZ 2009, 176 mit Anm *Schörghofer*; *Kalss*, Verschmelzung – Spaltung – Umwandlung² (2010) § 5 UmwG Rn 110 f.

verzichtet werden), wenn der Herabsetzungsbetrag Deckung in festgestellten Gewinnen nach Abzug allfälliger Verlustvorträge findet[25]). Das bedeutet, dass höhere Pflichteinlagen, so sie durch Aktiva gedeckt sind, aufgelöst und entsprechende Beträge im Rahmen einer Gewinnausschüttung an die Gesellschafter ausgekehrt werden dürfen. Dem entspricht es, wenn *Reich-Rohrwig* auf höhere Pflichteinlagen § 74 GmbHG analog angewendet wissen will. Pflichteinlagen entsprächen Nachschüssen. Gem § 74 GmbHG (analog) dürften diese nur – aber immerhin – zurückgezahlt werden, wenn sie nicht zur Deckung eines etwaigen Bilanzverlustes erforderlich sind[26]). Unklar bleibt mE bei *Reich-Rohrwig* allerdings, ob er die Auflösung und Rückzahlung der Pflichteinlage unter dieser Voraussetzung nicht auch auf einen Betrag unterhalb der Haftsumme zulässt[27]). Für den Wegbereiter der Entscheidung 2 Ob 225/07p, *Karollus*, folgt aus der Anwendung von Kapitalerhaltungsrecht nur, dass keine Ausschüttungen erfolgen dürfen, wenn und soweit diese zur Überschuldung führen[28]). Die Frage einer analogen Anwendung von Kapitalerhaltungsrecht stellt sich dann gar nicht, weil man naturgemäß nicht auf ein negatives Kapital herabsetzen kann.

Karollus ist zu folgen. Auszugehen ist davon, dass 2 Ob 225/07p nicht zur Aufbringung eines Mindestkapitals nötigt. Für eine analoge Anwendung des Kapitalaufbringungsrechts fehlt es, jedenfalls hinsichtlich der Aufbringung eines gesetzlichen Mindestkapitals, an den Analogievoraussetzungen[29]). Die Pflichteinlage als bloß im Innenverhältnis vereinbarte und zudem nicht publike Leistungspflicht lässt sich wie bemerkt nicht mit dem Stammkapital, jedenfalls im Hinblick auf den präventiven Gläubigerschutz, vergleichen; mutatis mutandis Gleiches gilt für die Haftsumme, die bloß einen Haftungsbetrag gegenüber den Gläubigern ausdrückt[30]). Zudem könnten die Kommanditisten, da ja eine analoge Anwendung des GmbH-rechtlichen Mindeststammkapitals ausscheidet, zulässigerweise Haftsummen- und Pflichteinlagen von gerade einmal € 1,– vereinbaren (bzw bei den Pflichteinlagen sogar ganz darauf verzichten). Diese leichte Möglichkeit, schon von Beginn an ein „Stammkapital" von so geringer Höhe zu vereinbaren, dass sich eine Herabsetzung erst gar nicht mehr lohnt, lässt von vorneherein jede analoge Anwendung von Kapitalherabsetzungsrecht als mehr als zweifelhaft erscheinen. Zusammen mit den anderen genannten Argumenten führt sie zum Ergebnis, dass Kommanditisten nach dem analog anzuwendenden Kapitalerhaltungsrecht vermögenswerte Leistungen nur erhalten dürfen, wenn

---

[25]) Vgl am genauesten *Nowotny*, Die GmbH & Co KG auf dem Weg zur Kapitalgesellschaft? RdW 2009, 326 ff, 328 ff; ferner *Grossmayer*, Kapitalerhaltung bei der GmbH & Co KG, ecolex 2008, 1023 ff, 1025; unklar *Kalss/Eckert/Schörghofer*, Ein Sondergesellschaftsrecht für die GmbH & Co KG, GesRZ 2009, 65 ff, 75 f.

[26]) *Reich-Rohrwig*, Grundsatzfragen (FN 6) 404 f.

[27]) Vgl aaO 404 ganz unten („... und soll die Pflichteinlage auf die im Firmenbuch eingetragene Hafteinlage oder weiter herabgesetzt und sollen die entsprechenden Beträgen an den Kdt ausgeschüttet werden, so wird dem Rechtsgedanken des § 74 GmbHG folgend ..."

[28]) *Karollus* in FS Kropff (1997) 670 ff, 678; *ders*, ecolex 1996, 860 ff, 861 mit FN 14.

[29]) Vgl *Artmann* in diesem Band; ferner *Nowotny*, RdW 2009, 327.

[30]) *Karollus* in FS Kropff 678.

sie in Gewinnen gedeckt sind, die sich aus einem Jahresabschluss, der nach den Regeln des UGB aufgestellt[31]) und festgestellt ist, ergeben und wenn zudem ein allenfalls nach Maßgabe des Gesellschaftsvertrag erforderlicher Gewinnverteilungsbeschluss gefasst worden ist. Das Kapital, werde es durch die Pflichteinlagen oder die Haftsummen gebildet, ist darüber hinaus aber nicht geschützt. Pflichteinlagen (und Rücklagen) aufzulösen ist vielmehr bis auf Null möglich, Ausschüttungen dürfen nur nicht zu einer Überschuldung führen. Selbstverständlich bleibt es aber beim genuin personengesellschaftsrechtlichen Schutz, dh auf eine Herabsetzung von Haftsummen ist § 174 UGB anzuwenden und Ausschüttungen, die das Kapitalkonto unter den Betrag der Haftsumme drücken, führen zu einem entsprechenden Wiederaufleben der Haftung (§ 172 Abs 3 UGB).

B. Abfindung bei Ausscheiden

Gemäß § 137 Abs 2 iVm § 161 Abs 2 UGB hat der ausscheidende Kommanditist gegen die Gesellschaft einen Anspruch auf Abfindung. Gesellschaftsverträge regeln diesen Anspruch häufig näher. Indes ist in der Praxis die Abfindung durch die Gesellschaft nach meiner Erfahrung durchaus die Regel, nur die Abfindungshöhe und Fälligkeit wird häufig anders als im dispositiven Recht geregelt. Eine Abfindung aus dem Gesellschaftsvermögen ist jedoch nach 2 Ob 225/07p evident rechtswidrig und führt zu einem Rückerstattungsanspruch der Gesellschaft gegen den Gesellschafter, während nach früherer Meinung die Leistung nur zu einem Wiederaufleben der Haftung bis maximal zur Höhe der Haftsumme führte, es sei denn, dass nur Beträge des Kapitalkontos geleistet wurden, die die Haftsumme übersteigen[32]).

Fraglich ist wie mit solchen Ansprüchen in der GmbH & Co KG nach 2 Ob 225/07p umzugehen ist. Unstrittig ist zunächst, dass sie aus einer alienaren Gewinnausschüttung befriedigt werden können, für die nach dem Gesagten auch Rücklagen und Pflichteinlagen aufgelöst werden können. Freilich setzt das das Einverständnis der übrigen Gesellschafter voraus (es sei denn – was unwahrscheinlich ist – der Gesellschaftsvertrag enthielte für eine alienare Gewinnausschüttung eine hinreichend bestimmte Mehrheitsklausel). Interessant ist aber immer der strittige Fall: wie ist Rechtslage, wenn sich die übrigen Gesellschafter unter Berufung auf 2 Ob 225/07p einer alienaren Gewinnausschüttung bzw allfälligen Auflösung von Rücklagen und der Herabsetzung von Pflichteinlagen verweigern oder zB gar kein Gewinn vorhanden ist (und er auch nicht durch eine Herabsetzung von Pflichteinlagen generiert werden kann), dennoch aber wegen positiven Verkehrswerts ein Abfindungsanspruch besteht.

Auszugehen ist davon, dass der Abfindungsanspruch gegen die Gesellschaft nichtig ist. Fraglich ist, ob es bei dieser Totalnichtigkeit bleiben muss. ME ist das zu verneinen. Vielmehr kommt es nur zur „qualitativen Teilnichtigkeit", indem solche Abfindungsansprüche grundsätzlich in Ansprüche gegen die Co-

[31]) Zu diesem Erfordernis vgl *Nowotny*, RdW 2009, 329.

[32]) Vgl genauer *Strohn* in *Ebenroth/Boujong/Joost/Strohn*, Handelsgesetzbuch I² (2008) § 171 Rn 22, 38 f.

Gesellschafter umzudeuten sind (Konversion)[33]). Denn redliche Parteien, die sich der Nichtigkeit von Abfindungsansprüchen gegen die Gesellschaft bewusst gewesen wären, hätten wohl regelmäßig Ansprüche gegen die Co-Gesellschafter vereinbart. Das folgt schon daraus, dass sich durch das Ausscheiden des Gesellschafters der Beteiligungswert der verbleibenden Gesellschafter verhältnismäßig erhöht und sie sonst bereichert wären. Dass die Gesellschafter das in einem Entscheidungszeitpunkt, da sie selbst negativ betroffen sein könnten (weil sie es selbst sind, die in Zukunft ausscheiden), gewollt hätten, kann grundsätzlich nicht angenommen werden. Das wird im Einzelfall wohl noch durch die in Gesellschaftsverträgen regelmäßig enthaltene salvatorische Klausel unterstützt, wonach bei Nichtigkeit einzelner Bestimmungen eine den Intentionen der Gesellschafter möglichst nahekommende, gesetzlich erlaubte Regelung treten soll. Das ist bei wirtschaftlicher Betrachtung der verhältnismäßige Anspruch gegen die vermögensmäßig begünstigten Co-Gesellschafter selbst. Allfällige Liquiditätsprobleme der Co-Gesellschafter können gegen die Alternative eines sonst kompensationslosen Ausscheidenmüssens nicht den Ausschlag geben. Selbstverständlich gelten aber gesellschaftsvertragliche Fälligkeitsregelungen und Abfindungsbeschränkungen[34]) (etwa auf einen Buchwert, Subtanzwert sonstige Mittelwerte) auch für den umgedeuteten Anspruch. Sonstigen Härten durch die Umdeutung (insb wegen einer Liquiditätsgefährdung der Co-Gesellschafter) wäre durch eine Anwendung der Treuepflicht zu begegnen. Da es freilich um eine Auslegung des konkreten Gesellschaftsvertrages geht, könnte sich im Einzelfall auch ergeben, dass der Parteiwille gegen eine Konversion spricht. Die Regel wird das nicht sein, wenn sich dafür überhaupt Anwendungsfälle finden. Zudem wäre dann zu prüfen, ob der dann ja geltende gänzliche Abfindungsausschluss nicht sittenwidrig ist.

IV. Zusammenfassung

Gläubigerschützendes Liquidationsrecht der GmbH ist analog anzuwenden. Gegenüber dem schon vor der Entscheidung 2 Ob 225/07p erreichten Judikaturstand bedeutet das aber nur eine zusätzliche analoge Anwendung des § 91 Abs 1 und 3 GmbHG mit Gläubigeraufruf bzw -verständigung und Einhaltung der Sperrfrist.

In der GmbH & Co KG gibt es keine Pflicht, ein bestimmtes Mindestkapital aufzubringen, das kann auch nicht aus einer Analogie abgeleitet werden. Pflichteinlagen und Haftsummen sind in ihrer Funktion und Ausgestaltung nicht mit dem Stammkapital der GmbH vergleichbar. Folglich bleibt auch kein Raum für eine analoge Anwendung des GmbH-rechtlichen Kapitalherabsetzungsrechts. Die vom OGH geforderte analoge Anwendung des Kapitalerhaltungsrechts fordert nur, dass ausschließlich Gewinne ausgeschüttet werden dürfen, die sich

[33]) Vgl zur Konversion ewa *Heiss* in *Kletečka/Schauer*, ABGB-ON § 914 Rn 98, dort auch zur treffenden Umschreibung mit „qualitativer“ Teilnichtigkeit.

[34]) Natürlich nur, soweit der Beschränkung als solcher nicht Bedenken entgegenstehen.

aus einem ordnungsgemäß nach UGB aufgestellten und festgestellten Jahresabschluss ergeben. Dafür können auch, ohne Einhaltung eines besonderen Kapitalherabsetzungsrechts, Pflichteinlagen aufgelöst werden. Die Ausschüttung darf nur nicht zu einer Überschuldung führen.

Abfindungsansprüche eines ausgeschiedenen Gesellschafters gegen die Gesellschaft sind, so sie nicht aus einer alienaren Gewinnausschüttung befriedigt werden, regelmäßig in Ansprüche gegen die Co-Gesellschafter umzudeuten.

Hanns F. Hügel

Vermögensbindung und Kapitalschutz bei Sachdividende und Realteilung der GmbH und GmbH & Co KG

I. Praktische Bedeutung der GmbH & Co KG

Wie manches im Gesellschaftsrecht[1]) ist auch die GmbH & Co KG das Produkt steuerrechtlich motivierter Kreativität. Früher führte die ungemilderte Doppelbesteuerung von Körperschafts-Gewinnen zu einem konfiskatorischen Ergebnis: Bei einem Gewinn vor Steuern ergaben rund 11 % Gewerbesteuer, 27,5 % Körperschaftsteuer bei Ausschüttung und bis zu 62 % Einkommensteuer auf die Dividende eine Gesamtsteuerbelastung von bis zu 75 %. Von einem Gewinn der Körperschaft vor Steuern von 100 verblieb dem Gesellschafter eine

[1]) Dies zeigt vor allem das Umgründungsrecht: So hat sich die Einbringung von Unternehmen und Beteiligungen im Steuerrecht entwickelt. Dazu *Hügel*, Verschmelzung und Einbringung (1993) 460 ff. Einbringungen sind ein fester Bestandteil der gesellschaftsrechtlichen Praxis in Österreich, auch wenn diese Umgründungsform (noch) nicht gesellschaftsrechtlich normiert ist (anders etwa die Ausgliederung iSd § 123 Abs 3 dUmwG). Die Betriebsaufspaltung hatte ihren Grund ursprünglich (auch) in der Senkung der Gewerbesteuerbelastung. Hinzu kam die Haftungsabschottung des Besitzunternehmens von der Betriebs-GmbH. Der Gewinnabführungsvertrag (§ 238 AktG; § 291 Abs 1 dAktG) geht auf die steuerrechtliche Organschaftsjudikatur des Preußischen Oberverwaltungsgerichts sowie des Reichsfinanzhofs zurück. Eingehend *Schellmann* in *Bauer/Quantschnigg/Schellmann*, KStG 1988 § 9 Rz 1 ff (5. Lieferung Juni 1997).

Nettodividende von rund 25. Ein hoher, meist zu hoher Preis für die Haftungsbeschränkung der Kapitalgesellschaft.

Der Rest der Geschichte ist bekannt[2]): Der damals bestehende Vorteil der Einmal-Besteuerung der Gewinne einer Personengesellschaft wurde mit der Haftungsbeschränkung der Kapitalgesellschaft kombiniert. Steueroptimierend erhielt die unbeschränkt haftende Komplementär-GmbH keine Beteiligung am Vermögen und folglich auch keine Gewinnbeteiligung, sondern lediglich eine Haftungsprämie sowie einen Anspruch auf Aufwandersatz. Der Gewinn der KG wurde ausschließlich den Kommanditisten zugewiesen. Waren diese natürliche Personen, unterlagen die Gewinne nur der Einkommensteuer.

Mit der Beseitigung der Doppelbesteuerung der Körperschafts-Gewinne im Zuge der Steuerreformen der Jahre 1986 und 1988 verlor die GmbH & Co KG an Attraktivität. Ist die GmbH die beliebteste Gesellschaftsform mit steigenden Zahlen, stagniert die Anzahl der GmbH & Co KG. Die Bedeutung des Personengesellschaftsrechts in der Beratungspraxis ist seit damals rückläufig. Die verbleibenden Familienunternehmen in der Rechtsform der GmbH & Co KG dürften den Weg in die Kapitalgesellschaft wegen der mit der Einbringung verbundenen Grunderwerbsteuerlasten oder wegen des (bedauerlichen) Fehlens eines Umwandlungstatbestandes mit Gesamtrechtsnachfolge[3]) scheuen. Manchmal ist auch der Wegfall des Ausgleichs der betrieblichen Verluste mit sonstigen Einkünften der Gesellschafter nachteilig.

Ganz anders die Situation in Deutschland: Hier werden zahlreiche Unternehmen des wirtschaftlich mächtigen Mittelstands in der Rechtsform der GmbH & Co KG betrieben. Die auch hier erfolgte Beseitigung der Doppelbesteuerung von Körperschafts-Gewinnen scheint daran nichts zu ändern. Auch dies dürfte seinen Grund indessen in steuerlichen Belastungen des Rechtsformwechsels haben.

In Österreich erlebte die GmbH & Co KG in den 90er Jahren infolge der restriktiven Judikatur des Verwaltungsgerichtshofs zu den Voraussetzungen der Organschaft[4]) eine beschränkte Renaissance. Wegen der in § 9 KStG aF[5]) unbestimmt definierten Eingliederungsvoraussetzungen war Rechtssicherheit über deren Erfüllung im konkreten Fall nur durch eine Einzelabsprache mit der Finanzverwaltung zu erzielen. Manche Konzerne wollten diesen Weg nicht gehen, sondern wandelten Tochtergesellschaften in GmbH & Co KG um, um auf rechtssicherer Basis die Verrechnung von Gewinnen und Verlusten von Mutter-

---

[2]) Zu Anerkennung und Entwicklung der GmbH & Co KG vgl *Reich-Rohrwig*, Grundsatzfragen der Kapitalerhaltung bei AG, GmbH sowie GmbH & Co KG (2004) 381 ff.

[3]) Anders wiederum das dUmwG: Dieses lässt den Formwechsel von Personenhandelsgesellschaften in eine Kapitalgesellschaft oder eingetragene Genossenschaft mit Gesamtrechtsnachfolge zu (§§ 214 ff dUmwG).

[4]) *Schellmann* in *Bauer/Quantschnigg/Schellmann* , KStG § 9 Rz 72 ff (5. Lieferung, Juni 1997). Gemeint ist die Voraussetzung der wirtschaftlichen Eingliederung.

[5]) IdF vor dem SteuerreformG 2005 BGBl I 2004/57, mit dem die Gruppenbesteuerung eingeführt wurde.

und Tochtergesellschaft zu erreichen. Denn auch im Konzern wird das steuerliche Ergebnis einer GmbH & Co KG dem Kommanditisten zugerechnet und mit dessen (eigenem) steuerlichen Ergebnis verrechnet.

Mit der Einführung der Gruppenbesteuerung, die die Verrechnung von Gewinnen und Verlusten im Konzern in unkomplizierter Weise eröffnet, hat die GmbH & Co KG auch als „Organschafts-Ersatz" an Bedeutung eingebüßt.

II. Ein fast alltäglicher Fall aus der Beratungspraxis

Probleme der Realteilung einer GmbH & Co KG möchte ich anhand eines Falles aus meiner Beratungspraxis schildern.

Die Geschichte spielt im Jahr 2005. Die Hauptrolle hatte eine Konzerngesellschaft in der Rechtsform einer GmbH & Co KG. Die Obergesellschaft – eine GmbH – hielt eine 100%ige Beteiligung an der Komplementär-GmbH und war einziger Kommanditist. Die Komplementär-GmbH war weder am Vermögen noch am Gewinn der KG beteiligt, in der Sprache der Praxis war sie ein reiner Arbeitsgesellschafter.

Der Konzern wollte die Anteile an der GmbH & Co KG veräußern. Ein Teilbetrieb der GmbH & Co KG sollte allerdings zurückbehalten werden. Dies erforderte die Abteilung des Teilbetriebs von der GmbH & Co KG. Im Falle einer GmbH wäre der Teilbetrieb durch Abspaltung zur Neugründung auf eine Schwester-GmbH oder durch Abspaltung zur Aufnahme direkt auf die Mutter-GmbH übertragen worden; danach wären die Anteile an der spaltenden GmbH verkauft worden.

Das SpaltG gilt bekanntlich nur für Kapitalgesellschaften. Der entsprechende Vorgang bei einer Personengesellschaft wird im Steuerrecht „Realteilung" genannt. Er ist in Art V UmgrStG geregelt, ein weiteres Beispiel für den Einfluss des Steuerrechts auf die gesellschaftsrechtliche Praxis. Eine Realteilung liegt gem § 27 Abs 1 UmgrStG vor, wenn eine Personengesellschaft einen Betrieb, einen Teilbetrieb oder einen Mitunternehmeranteil auf Grundlage eines schriftlichen Teilungsvertrages auf einen Nachfolgeunternehmer überträgt[6]). Wie bei allen Umgründungen muss es sich allerdings um einen Vorgang auf gesellschaftsrechtlicher Grundlage[7]), nicht um eine Veräußerung gegen Kaufpreis oder eine andere schuldrechtliche Gegenleistung handeln. In diesem Sinne verlangt § 27 Abs 1 UmgrStG, dass die Vermögensübertragung gegen „untergehende Gesellschafterrechte ohne oder ohne wesentliche Ausgleichszahlung" erfolgt. Dieses Erfordernis ist bei Umgründungen stets erfüllt. Meist liegt überhaupt keine Gegenleistung vor. So ist dies bei der zuerst geschilderten Abspaltung von einer GmbH auf eine

[6]) Weitere Voraussetzungen sind das Vorliegen einer Teilungsbilanz, das Fehlen wesentlicher Ausgleichszahlungen, die steuerliche Zurechnung des Vermögens zum Nachfolgeunternehmer sowie ein positiver Verkehrswert des übertragenen Vermögens.

[7]) *Hügel*, Verschmelzung und Einbringung (1993) passim; *Hügel* in *Hügel/Mühlehner/Hirschler*, UmgrStG (2000) Einleitung Rz 1 ff, 11 ff.

neue GmbH. Und so war es auch im Falle der Realteilung der GmbH & Co KG geplant: Der Teilbetrieb sollte auf eine Schwester-GmbH & Co KG derselben Obergesellschaft – ohne Gegenleistung – übertragen werden. Dieser Vorgang lässt sich rechtlich in zwei Übertragungen zerlegen: in eine Entnahme des Kommanditisten aus der GmbH & Co KG und eine anschließende Einlage in die Schwester-GmbH & Co KG. Der Kommanditist entnimmt aber keinen Geldbetrag, sondern den abzutrennenden Teilbetrieb. Der Vorgang ist eine Sachentnahme; diese kann als Gegenstück zur Sacheinlage betrachtet werden. Sacheinlagen und Sachentnahmen sind auch Gegenstand derselben Bewertungsregelung: Nach § 202 Abs 1 Satz 1 UGB sind sie mit dem beizulegenden Wert anzusetzen. Die Sachentnahme der abzutrennenden Beteiligung führt zu einer Minderung des Gesellschaftsvermögens der GmbH & Co KG. Wer nicht zu rechtsfortbildenden Höhenflügen neigt, sondern – wie die Beratungspraxis – gesicherte Rechtsgrundlagen schätzt, wird die Antwort auf dieses Gläubigerschutzproblem ganz einfach in § 172 Abs 3 UGB finden: Der Obergesellschaft wird durch die Sachentnahme ihre Einlage zurückgezahlt[8]). Die Rückzahlung entspricht dem Verkehrswert des entnommenen Teilbetriebs. Dies führt zum Wiederaufleben der Haftung des Kommanditisten, wenn die in der KG verbliebene Einlage des Kommanditisten nach der Entnahme niedriger ist als der im Firmenbuch eingetragene Haftbetrag. Der Kommanditist haftet nach herrschender Ansicht nur bis zur Höhe des Haftbetrags, selbst wenn die Entnahme höher ist. Auf eine höhere persönliche Haftung des Kommanditisten kann nach dem Registerstand niemand vertrauen[9]).

Bei der Einführung des UmgrStG im Jahr 1991 waren derartige Realteilungen, auch im Falle einer GmbH & Co KG, eine gesellschaftsrechtliche Routineangelegenheit. Die Zulässigkeit der Entnahme ist ausschließlich eine Frage des Innenverhältnisses. Grundsätzlich darf nur der Gewinn entnommen werden (§ 122 UGB). Wie alle Regelungen des Innenverhältnisses ist aber auch § 122 UGB dispositiv (§ 108 UGB). Bei Zustimmung aller Gesellschafter ist die Entnahme unabhängig vom Gewinnkonto zulässig und rechtmäßig. Sie ist den Gläubigern gegenüber – anders als eine kapitalgesellschaftrechtlich verbotene Einlagenrückgewähr – nicht rechtswidrig; von der Nichtigkeit des Entnahmevorgangs kann keine Rede sein. Gläubigerschutz wird durch die wieder auflebende Kommanditistenhaftung nach § 172 Abs 3 UGB verwirklicht.

Im Jahr 2004 hingegen war die „Rechtslage" komplizierter: In meiner Begutachtung des geschilderten Praxisfalls musste ich darauf hinweisen, dass namhafte

---

[8]) *Koppensteiner* in *Straube*, HGB I³ § 172 Rz 9: „Im Einzelnen kommen Geld- und Sachleistungen aller Art in Betracht…". *Kalss/Eckert/Schörghofer,* GesRZ 2009, 72: „Die Realteilung ist gesellschaftsrechtlich nichts anders als ein Ausscheiden von Gesellschaftern gegen Leistung einer Abfindung aus dem Gesellschaftsvermögen. Der Gläubigerschutz bei der KG ist wieder allein auf der Haftung des ausscheidenden Kommanditisten gem § 171 iVm § 160 UGB aufgebaut."

[9]) Nachweise in FN 28.

Autoren, nämlich *Karollus*[10]) und *Reich-Rohrwig*[11]), im Anschluss an die OGH-Entscheidung vom 24. 7. 1996, 8 Ob 2124/96b[12]), für die analoge Anwendung des kapitalgesellschaftsrechtlichen Verbots der Einlagenrückgewähr auf die GmbH & Co KG plädierten. Angesichts des erheblichen Wertes des abzutrennenden Teilbetriebs läge, sollten sich diese Lehrmeinungen durchsetzen, eine verbotene Einlagenrückgewähr vor, klärte ich den Mandanten auf[13]). Die Folge könnte die Nichtigkeit des Realteilungsvorganges sein.

Nach der OGH-Entscheidung vom 29. 5. 2008, 2 Ob 225/07p[14]), stellt sich die Frage, ob diese Befürchtung Realität geworden ist.

Meine Untersuchung dieser Frage legt die OGH-Entscheidung zunächst als Datum zugrunde. Ungeachtet dessen halte ich die Entscheidung für unzutreffend: Die gesetzliche Gleichstellung der GmbH & Co KG mit der GmbH in manchen (krisenbezogenen) Zusammenhängen liefert kein Argument für eine Gleichbehandlung in Sachen Vermögensbindung. Dazu müssten gerade im Rahmen des Gläubigerschutzes ein über die Kommanditistenhaftung gem §§ 171, 172 UGB hinausgehendes spezifisches Schutzbedürfnis und eine entprechenden Gesetzeslücke nachgewiesen werden. Dies haben weder der OGH noch *Karollus* oder *Reich-Rohrwig*[15]), auf die sich der OGH schwergewichtig beruft, unternommen. Tatsächlich scheitert die analoge Anwendung des § 82 GmbHG am Fehlen einer Gesetzeslücke. Gläubigerschutz durch Kommanditistenhaftung nach §§ 171, 172 UGB sowie das Eingreifen von § 82 GmbHG bei Aushöhlung des Vermögens der Komplementär-GmbH ist im Regelfall ausreichend. Da eine grundlegende

---

[10]) Gedanken zum Kapitalschutz bei der GmbH & Co KG, FS Kropff (1997) 669; *ders*, Verstärkter Kapitalschutz bei der GmbH & Co KG, ecolex 1996, 860; jeweils auch unter Berufung auf *K. Schmidt*, Kapitalsicherung in der GmbH & Co KG: Schlussbilanz oder Zwischenbilanz einer Rechtsfortbildung? GmbHR 1989, 141, 143. Allerdings bleibt bei *K. Schmidt* – worauf *Karollus* (FS Kropff 676 FN 18) hinweist – offen, ob die Erstreckung des Verbots der Einlagenrückgewähr bzw des § 30 dGmbHG auf die GmbH & Co KG noch ein Akt (zulässiger) Rechtsfortbildung oder eine rechtspolitische Forderung ist. In Deutschland wird die in FS Kropff von *Karollus* vertretene Ansicht, der (eingeschränkte) Kapitalschutz des § 30 dGmbHG sei auf die GmbH & Co KG anzuwenden, nicht geteilt: *Habersack* in *Ulmer/Habersack/Winter*, GmbHG § 30 Rz 101 FN 279. Keine Erwähnung findet die These von der Anwendbarkeit des § 30 dGmbHG auf die GmbH & Co KG bei *Westermann* in *Scholz*, GmbHG[10] § 30 Rz 57 ff und *Pentz* in *Rowedder/Schmidt-Leithoff*, GmbHG[4] § 30 Rz 66 ff. Ablehnend zur (verwandten) These der Finanzierungsverantwortung des Nur-Kommanditisten hinsichtlich der KG: *Heidinger* in *Michalski*, GmbHG[2] § 30 Rz 69 f.

[11]) Grundsatzfragen der Kapitalerhaltung bei AG, GmbH sowie GmbH & Co KG (2004) 401 ff, 406 ff.

[12]) GesRZ 2008, 310 mit Anm *Stingl*.

[13]) Die Probleme der Anwendung des Verbots der Einlagenrückgewähr auf die Realteilung von GmbH & Co KGs wurden in aller Klarheit bereits bei *Szep*, ecolex 2001, 807 f aufgezeigt.

[14]) GesRZ 2008, 310 = ecolex 2008, 918.

[15]) Weder in FS Kropff noch in ecolex 1996, 862 begründet *Karollus*, warum Gläubigerschutz nach §§ 171, 172 UGB bei der GmbH & Co KG nicht ausreiche, das Lückenproblem wird nicht einmal erwähnt. Auch *Reich-Rohrwig* untersucht den Gläubigerschutz nach §§ 171, 172 UGB nicht (Grundsatzfragen der Kapitalerhaltung 401 ff).

Auseinandersetzung mit der OGH-Entscheidung nicht der mir gesetzten Themenstellung entspräche, verweise ich auf die Beweisführung in der eingehenden Untersuchung von *Kalss/Eckert/Schörghofer*[16]) sowie auf die Tagungsbeiträge von *Hans-Georg Koppensteiner* und *Ulrich Torggler*. Die nachstehende Darstellung der Folgen der OGH-Entscheidung für die Realteilung von GmbH & Co KG wird weitere Einwände gegen die OGH-Entscheidung vom 29. 5. 2011 zu Tage fördern.

III. Umgründungen von kapitalistischen Personengesellschaften nach der OGH-Entscheidung vom 29. 5. 2008

A. Kapitalschutz und Vermögensbindung

Das Umgründungsrecht hat sich im Kapitalgesellschaftsrecht entwickelt[17]). Während die modernen Umwandlungsgesetze Deutschlands und der Schweiz[18]) alle Gesellschaftsformen erfassen, existiert in Österreich kein geschlossenes Gesellschaftsrecht der Umgründungen. Verschmelzung, übertragende Umwandlung und Spaltung sind als solche geregelt. Sonst existieren keine normierten Umgründungstypen. Während etwa das deutsche Umwandlungsrecht auch die Ausgliederung mit Gesamtrechtsnachfolge (§ 123 Abs 3 dUmwG) sowie die Verschmelzung und Spaltung von Personengesellschaften (§ 3 Abs 1 Nr 1, §§ 39 ff, 124 Abs 1 iVm § 3 Abs 1 Nr 1 dUmwG) regelt, muss die österreichische Gestaltungspraxis derartige Umgründungsvorgänge als Sacheinlage mit Einzelrechtsnachfolge ausgestalten. Umgründungen von Personengesellschaften sind komplett ungeregelt. Anders das Umgründungssteuerrecht: Der Verschmelzung von Kapitalgesellschaften entspricht der in Art IV UmgrStG geregelte Zusammenschluss zu Personengesellschaften. Die Realteilung – als Gegenstück zur Spaltung von Kapitalgesellschaften – ist, wie bereits erwähnt, Gegenstand des Art V UmgrStG.

Nicht als solche geregelte Umgründungen müssen den allgemeinen gesellschaftsrechtlichen Vorgaben genügen. So darf etwa die Einbringung durch eine Kapitalgesellschaft nicht gegen die Vermögensbindung nach § 52 AktG und § 82 GmbHG verstoßen. Die ohne Gegenleistung erfolgende Einbringung in eine Schwestergesellschaft ist danach in aller Regel eine verbotene Einlagenrückgewähr[19]).

---

[16]) GesRZ 2009, 65.

[17]) Zur Historie des Umgründungsrechts: *Hügel*, Verschmelzung und Einbringung 33 ff 460 ff (zur Einbringungsjudikatur des Reichsfinanzhofs); *Flume* in KölnKomm UmwG Einl B Rz 9 ff.

[18]) Bundesgesetz über Fusion, Spaltung, Umwandlung und Vermögensübertragung vom 03. 10. 2003 (Fusionsgesetz), Systematische Sammlung des Bundesrechts 221.411.1; vgl dazu etwa *Watter/Vogt/Tschäni/Daeniker* (Hrsg), Basler Kommentar Fusionsgesetz (2005).

[19]) *Hügel*, Umgründungsbilanzen (1997) Rz 4.61; weitere Fälle bei *Reich-Rohrwig*, Grundsatzfragen der Kapitalerhaltung 216 ff.

Zusätzlich werfen Umgründungen häufig Fragen des Kapitalschutzes auf. Anders als bei § 52 AktG und § 82 GmbHG geht es hier nicht um die Bindung des gesamten Gesellschaftsvermögens, sondern um die Bindung nur eines Teils des Gesellschaftsvermögens, dessen Wert dem Betrag Nennkapitals zuzüglich gebundener Rücklagen entspricht. Der Kapitalschutz hat zwei Seiten: die Kapitalaufbringung und die Kapitalerhaltung.

Die Umgründung von Kapitalgesellschaften berührt in aller Regel die Kapitalaufbringung oder die Kapitalerhaltung. Kapitalaufbringungsfragen stellen sich bei Umgründungen, die mit der Neugründung eines Rechtsträgers oder einer Kapitalerhöhung verbunden sind. Das umgründungsbedingt übergehende Vermögen ist in diesen Fällen eine Sacheinlage, für welche die allgemeinen Vorschriften betreffend Ankündigung, Festsetzung in Gesellschaftsvertrag oder Kapitalerhöhungsbeschluss, Prüfung und Berichterstattung, manchmal modifiziert durch umgründungsrechtliche Spezialregelungen, wie etwa § 223 AktG, § 6a Abs 2 und 3 GmbHG oder § 3 SpaltG, gelten. Kapitalerhaltung im Interesse des Gläubigerschutzes ist vor allem der Zweck jener Vorschriften, die Auszahlungen an die Gesellschafter regeln: also zunächst Rechnungslegung, die Vorschriften über den Jahresabschluss und die Gewinnverteilung. Sie bezwecken die Erhaltung eines Teils des Gesellschaftsvermögens als Haftungsfonds für (gegenwärtige und künftige) Gläubiger, der dem Betrag des Nennkapitals und allfälliger gebundener Rücklagen (§ 229 Abs 4–7 UGB) entspricht. Weiters stehen damit die Vorschriften über Kapitalherabsetzung und Liquidation in sachlichem Zusammenhang: Soll Nennkapital für Zwecke der Rückzahlung an die Gesellschafter herabgesetzt oder – im Rahmen der Liquidation der Gesellschaft – zur Gänze zurückgezahlt werden, sind aktuelle Gläubiger vorweg zu befriedigen oder sicherzustellen.

Entgegen gängigem Sprachgebrauch, der insoweit nicht präzise differenziert[20]), ist von der Kapitalerhaltung die Vermögensbindung zu unterscheiden[21]). Sie greift weiter. Sie bindet nicht nur einen Teil des Gesellschaftsvermögens, das dem gebundenen Kapital entspricht, sondern das gesamte Gesellschaftsvermögen. Rechtsgrundlage ist das Verbot der Einlagenrückgewähr (§ 52 AktG, § 82 Abs 1 GmbHG), das nach ganz einhelliger Meinung nicht bloß die Einlagen (Nennkapital und gebundene Kapitalrücklage), sondern das gesamte Gesellschaftsvermögen umfasst[22]). Anders als die genannten Kapitalschutzregelungen verbietet die Vermögensbindung jede Minderung des Gesellschaftsvermögens, auch wenn sie durch ungebundenes Eigenkapital (Bilanzgewinn, ungebundene

[20]) Vgl stellvertretend für viele *Saurer* in *Doralt/Nowotny/Kalss*, AktG § 52 Rz 12, wo im selben sachlichen Zusammenhang der Einlagenrückgewähr zuerst der Kapitalerhaltungsgrundsatz und danach – offenkundig synonym – die Vermögensbindung genannt werden.

[21]) Gleicher Vorschlag zur Terminologie bei *Bayer* in MünchKomm AktG[3] § 57 Rz 10.

[22]) Für Österreich grundlegend: OGH 25.6.1996 JBl 1997, 108 mit Anm *Hügel*; danach OGH 1.12.2005 JBl 2006, 388 mit Anm *Artmann*; OGH 29.9.2010 wbl 2011, 162 = GES 2010, 217; *Artmann* in *Jabornegg/Strasser*, AktG[4] § 52 Rz 1; *Nowotny* in *Kalss/Nowotny/Schauer*, Österreichisches Gesellschaftsrecht Rz 4/407.

Gewinn- oder Kapitalrücklagen, Gewinnvortrag) gedeckt wäre und folglich im Rahmen der Gewinnverteilung, die nur an die Grenze der Kapitalerhaltung stößt, bewirkt werden könnte. Im Ergebnis verhindert die Vermögensbindung somit die verfahrensfreie – nämlich außerhalb der regulären Gewinnverteilung erfolgende – Minderung des Gesellschaftsvermögens. Darauf ist noch zurückzukommen.

Die Unterscheidung zwischen Vermögensbindung einerseits und Kapitalschutz andererseits ist wichtig, weil die OGH-Entscheidung vom 29. 5. 2008 nur Aussagen zur analogen Anwendung des Verbots der Einlagenrückgewähr enthält. Dies betrifft die Vermögensbindung. Offen ist, ob die OGH-Entscheidung – etwa wegen eines untrennbaren Zusammenhanges von kapitalgesellschaftsrechtlicher Vermögensbindung und Kapitalschutz – auch zur analogen Anwendung der Kapitalschutzregelungen zwingt.

Fragen der Kapitalaufbringung behandle ich nicht, weil sie Gegenstand eines anderen Beitrags sind. Umgründungen von GmbH & Co KG dürften zudem keine Fragen der Kapitalaufbringung aufwerfen, die sich nicht auch außerhalb von Umgründungen, bei gewöhnlichen Sacheinlagen in eine GmbH & Co KG, stellen.

Ob bei Übertragung des Vermögens einer GmbH & Co KG auf eine GmbH durch Sacheinlage (Einbringung) oder Anwachsung gem § 142 UGB, das „Verbot des kapitalherabsetzenden Effekts" entsprechend der OGH-Entscheidung vom 11.11.1999[23]) zu beachten ist, wird hier nicht erörtert[24]), weil dieses Verbot mE bereits im Ausgangsfall – bei der Verschmelzung von Kapitalgesellschaften – abzulehnen ist[25]).

Somit beschränke ich mich auf Fragen der Vermögensbindung und der Kapitalerhaltung bei der Realteilung. Die Problemlage wird durch mein Einleitungsbeispiel skizziert.

B. Realteilung als Sachentnahme nach KG-Recht

Das Zweite Buch des UGB kennt keine zwingenden Entnahmeverbote. Entnahmen sind lediglich im Interesse der Gesellschafter unzulässig, wenn sie zur Minderung der gesellschaftsvertraglich versprochenen Gesellschafterbeiträge führen würden. Doch dass diese entgegen dem Gesellschaftsvertrag oder der Einlagevereinbarung nicht entnommen werden dürfen, ist eine nicht regelungsbedürftige Selbstverständlichkeit. Das UGB regelt die Kehrseite, das Recht der Gesellschafter, Gesellschaftsvermögen, das über den Betrag der Einlagen hinausgeht, entnehmen zu dürfen. Das über die Gesellschaftereinlagen, über das „Kapital", hinausgehende Vermögen ist per definitionem der „Gewinn". In diesem Sinne bestimmt § 122 Abs 1 Satz 1 UGB, dass jeder Gesellschafter Anspruch auf

[23]) SZ 72/172 = GesRZ 2000, 25.

[24]) Vgl aber dazu *Frank/Kusternigg*, RdW 2010, 384, 386 ff.

[25]) Im Einzelnen *Hügel*, Kapital entsperrende und Gewinn realisierende Verschmelzungen – Zur Bilanzierung und Bindung von Verschmelzungsdifferenzbeträgen – FS Maier-Reimer (2010) 265.

Auszahlung seines Gewinnanteils hat. Würde mehr ausbezahlt, käme es zu einer Rückzahlung der Gesellschaftereinlagen – des „Kapitals".

Im Kapitalgesellschaftsrecht ist diese Unterscheidung zwischen Kapital und Gewinn zwingend – und zwar zum Schutze der Gläubiger. Im Recht der Personengesellschaft können die Gesellschafter hingegen einvernehmlich von der Bindung der Einlagen absehen. Da der gesamte Zweite Titel des Zweiten Buchs, der das Innenverhältnis der Gesellschafter regelt, gem § 108 UGB dispositive Vorschriften enthält, gilt dies auch für § 122 Abs 1 Satz 2 UGB, wonach der Gewinnauszahlungsanspruch nicht geltend gemacht werden kann, soweit die Auszahlung zum offenbaren Schaden der Gesellschaft gereicht. Zweck der Vorschrift ist somit der Vermögensschutz im Interesse der Gesellschafter und des Unternehmens, nicht Gläubigerschutz im Außenverhältnis. Schon daran muss meines Erachtens der allzu wohlmeinende Versuch von *Susanne Kalss*[26]), die OGH-Meinung unter Verwertung des Rechtsgedankens des § 122 Abs 1 Satz 2 UGB zu retten, scheitern. Abgesehen davon, dass § 122 Abs 1 Satz 2 UGB nur die ausnahmsweise Bindung von Gewinnbeträgen, nicht aber die Bindung des gesamten Gesellschaftsvermögens regelt und nicht jede Auszahlung aus einer GmbH & Co KG „zum offenbaren Schaden" der Gesellschaft gereicht, ist die zwingende Bindung von Gesellschaftsvermögen oder Kapital zum Schutze der Gläubiger dem Zweiten Buch des UGB schon im Grundsatz fremd. Sind die Gesellschafter einig oder existiert – wie in unserem Realteilungsfall – nur ein sowohl an der Komplementär-GmbH als auch an der KG als Kommanditist beteiligter Gesellschafter, sind Entnahmen ohne weiteres zulässig. Überschreiten diese den Jahresgewinn, führt dies nur zum Wiederaufleben der Haftung nach § 172 Abs 3 Satz 2 UGB.[27])

Dies ist auch die simple sich aus dem Gesetz ergebende Rechtsfolge der eingangs beschriebenen Realteilung, bei der der Wert des abzutrennenden Teilbetriebs weit höher ist als der Gewinnanspruch des Kommanditisten. Die Realteilung ist nach den Regelungen des Innenverhältnisses zulässig. Im Außenverhältnis führt sie zum Wiederaufleben der Haftung gegenüber den Gläubigern, dies aber begrenzt mit der Höhe des im Firmenbuch eingetragenen Haftungsbetrags, selbst wenn der Wert des Teilbetriebs – und damit der Wertabfluss aus dem Gesellschaftsvermögen – weit höher ist[28]).

Nimmt man den OGH ernst – und angesichts drohender Haftungsfolgen dürften sich Firmenbuchgericht und Beratungspraxis bis zu einer allfälligen Korrektur der neuen Judikatur keine Alternativen bieten – ist die „formlose Sachentnahme" im Wege einer Realteilung eine verbotene Einlagenrückgewähr.

---

[26]) Kapitalschutzregelungen der GmbH & Co KG, FS Arnold (2011) 77, 93 ff.

[27]) So im Kontext der Realteilung *Grünwald* in *Helbich/Wiesner/Bruckner* (Hrsg), Handbuch der Umgründungen Art V Realteilung – Unternehmensrecht Rz 28.

[28]) So zutreffend *Harrer*, wbl 2009, 332 und *Kalss* in FS Arnold 96 jeweils mwN. Abweichend für das Wiederaufleben der Haftung in Höhe des entnommenen Wertes, somit auch über den Haftbetrag hinausgehend: *Reich-Rohrwig*, Grundsatzfragen der Kapitalerhaltung 395 f; *Kalss/Eckert/Schörghofer*, GesRZ 2009, 78; wohl auch *Kalss* in FS Arnold 90 f jedenfalls für die GmbH und Co KG: „Konsequent fortgedacht greift dieses Verbot der Ausschüttung nicht nur für Vermögen innerhalb des Rahmens der Haftsumme, sondern für die gesamte Einlagenleistung des Kommanditisten".

Anders als Rechtsgeschäfte, die immerhin eine (wenn auch unangemessene) Gegenleistung vorsehen, liegt nicht nur eine verdeckte Gewinnausschüttung, sondern eine offene Verletzung des Rückgewährverbots vor, weil die GmbH & Co KG keinerlei Gegenleistung erhält. Nach der OGH-Entscheidung vom 29. 5. 2008 gleicht die Realteilung einer GmbH & Co KG dem Griff des GmbH-Gesellschafters in die Gesellschaftskasse. Realteilungsverträge, die – entsprechend der bisherigen Gestaltungspraxis – ohne Einhaltung kapitalgesellschaftsrechtlicher Schutzinstrumente abgeschlossen wurden, müssten nach der herrschenden Ansicht zu § 82 GmbH nichtig sein[29]). Die überzeugende Gegenmeinung von *Friedrich Rüffler*[30]), wonach an die Stelle der Nichtigkeitsfolge ein Wertersatzanspruch der Gesellschaft bei Aufrechterhaltung der Gültigkeit des Geschäftes tritt, kann mE nicht für Realteilungsvorgänge und sonstige Fälle offener Entnahmen gelten. Denn es ist jedenfalls unstrittig, dass Kenntnis des Vertragspartners um den Verbotsverstoß zu Unwirksamkeit des Rechtsgeschäftes nach den Grundsätzen über den Missbrauch der Vertretungsmacht führt[31]). Im Übrigen meine ich, dass *Rüfflers* These ihre Berechtigung vor allem bei verdeckten Verbotsverstößen, bei der verdeckten Gewinnausschüttung infolge unangemessener Gegenleistung, Berechtigung zukommt. Bei offenen Verstößen gegen § 82 GmbHG kommt dies nicht in Betracht: Der GmbH-Gesellschafter, der ein Gemälde der GmbH an sich nimmt, um es an einen Dritten im eigenen Namen und auf eigene Rechnung zu veräußern, hat durch die faktische Entnahme kein Eigentum erworben. Gleiches gilt, wenn er mit „seiner" GmbH einen Entnahme- oder Realteilungsvertrag abschließt. Ich kann an dieser Stelle die Bemerkung nicht unterdrücken, dass die neue Ansicht – mit der gefährlichen Rückwirkung von OGH-Entscheidungen – alle in der Vergangenheit durchgeführten Realteilungen in die Nähe von Diebstahl- und Untreuetatbeständen gerückt hat.[32]) Wer dies für übertrieben hält, lese in der OGH-Entscheidung vom 29. 5. 2008 nach. Dort hat der OGH nicht dem begünstigten Gesellschafter, sondern einem Dritten, der beklagten Bank, vorgehalten, die verbotene Einlagenrückgewähr hätte sich ihr geradezu aufdrängen müssen, ihre Unkenntnis beruhe demnach auf grober Fahrlässigkeit. Mit anderen Worten: Die Bank hätte bei Empfang der Zahlungen der GmbH & Co KG auf das Kreditkonto des Gesellschafters voraussehen müssen, dass der OGH die GmbH & Co KG als GmbH behandeln würde[33]). Wie das Gemälde-Beispiel

---

[29]) Umfassende Darstellung von Literatur und Judikatur sowie kritische Stellungnahme bei *Reich-Rohrwig*, Grundsatzfragen der Kapitalerhaltung 133 ff.

[30]) GesRZ 1999, 90; dazu auch *Koppensteiner/Rüffler*, GmbHG[3] § 82 Rz 19.

[31]) Nachweise bei *Koppensteiner/Rüffler*, GmbHG[3] § 82 Rz 19.

[32]) So auch *Kalss/Eckert/Schörghofer*, GesRZ 2009, 79.

[33]) Muss man es dem OGH einerseits bis zu einem gewissen Grade nachsehen, dass er den Literaturmeinungen gewichtiger Autoren im Rahmen einer umfassenden Würdigung des Schrifttums zur analogen Anwendung des § 82 GmbHG folgte, so ist andererseits der Vorwurf des OGH, die Nichtberücksichtigung der Analogie durch die beklagte Bank beruhe auf grober Fahrlässigkeit, unhaltbar. Dies zeigt gerade auch die Feststellung des OGH in derselben Entscheidung, „zur Frage der analogen Anwendung dieser Bestimmung (ie § 82 Abs 1 GmbHG) auf eine GmbH & Co KG (liegt) eine eindeutige Rsp des OGH nicht vor". Die Frage war auch in der Lehre höchst umstritten, wie die penible Wiedergabe der Literaturmeinungen durch den OGH deutlich zeigt. Der Vorwurf der

verdeutlicht, steht die Fortsetzung der formlosen Realteilungspraxis sogar unter strafrechtlichem Untreueverdacht, denn nach der Breitenwirkung der OGH-Entscheidung, über die auch in der Tagespresse berichtet wurde, liegt die Annahme eines wissentlichen Missbrauchs der Vertretungsmacht zum Nachteil der GmbH & Co KG doch vergleichsweise nahe. Ob wenigstens hier das strafrechtliche Analogieverbot für Ordnung sorgen kann, bleibt dahingestellt.

C. Vermögensbindung, Kapitalschutz und Sachausschüttung im GmbH-Recht

Wie könnten die Geschäftsführer der GmbH & Co KG Realteilungen ohne Missbrauch ihrer Vertretungsmacht durchführen? Auch in diesem Zusammenhang ist ein Blick in das Kapitalgesellschaftsrecht hilfreich. Er zeigt, dass das Verbot der Einlagenrückgewähr nicht eine isolierte Regelung des AktG oder GmbHG ist, sondern in das System des kapitalgesellschaftsrechtlichen Vermögens- und Kapitalschutzes eingebunden ist. Nimmt man die analoge Anwendung der Vermögensbindung auf die GmbH & Co KG im Sinne der OGH-Entscheidung vom 29. 5. 2008 ernst, so könnte es möglicherweise nicht bei dieser Analogie bleiben; vielmehr könnte sich zeigen, dass auch andere – mit der Vermögensbindung in systematischem Zusammenhang stehende – Normen des Kapitalgesellschaftsrechts analog auf die GmbH & Co KG angewendet werden müssen.

---

groben Fahrlässigkeit erweckt im Übrigen den Anschein der ergebnisorientierten Argumentation, denn im Wege des traditionellen Gläubigerschutzes wäre die Haftung der Bank als Nichtgesellschafter im Normalfall (zu Sonderkonstellationen vgl *Kalss/Eckert/Schörghofer*, GesRZ 2009, 78; *Koppensteiner* in diesem Tagungsband) nicht zu erreichen gewesen: § 172 Abs 3 UGB führt lediglich zur Außenhaftung des Kommanditisten, begründet aber keine Rechtswidrigkeit der Einlagenrückzahlung, sodass eine Haftung des Dritten (abgesehen von sittenwidriger Schädigung und anderen Ausnahmekonstellationen) wegen erkennbaren Missbrauchs der Vertretungsmacht nicht in Betracht kommt. Ähnlich wohl *Kalss*, GedS Arnold 89: „Die unmittelbare Anwendung von § 82 GmbHG eröffnete nunmehr die Möglichkeit, den Kreditgeber, dh die dritte Bank, nach den seit 1996 im Fehringer-Urteil vom OGH entwickelten Grundsätzen den Dritten nicht nur bei Kollusion, sondern auch bei Kenntnis des Dritten um die Verbotswidrigkeit oder bei grob fahrlässiger Unkenntnis aus verbotener Einlagenrückgewähr in Anspruch zu nehmen". Noch deutlicher *Kalss/Eckert/Schörghofer*, GesRZ 2009, 68: Der OGH „brauchte" die An wendung des § 82 GmbHG; ähnlich *Kalss/Eckert/Schörghofer*, GesRZ 2009, 78: In diesem Fall „ging es... letztlich darum, die Rechtsfolgen der Einlagenrückgewähr auf einen Dritten zu erstrecken." Wie Vertrauensschutz bei Judikaturwenden zu gewährleisten ist, hat etwa BGHZ 62, 216 = DB 1974,1278 gerade auch im Zusammenhang mit der GmbH & Co KG demonstriert: Dort begründete der BGH die Verpflichtung der GmbH & Co KG zur Aufnahme eines Rechtsformzusatzes in die abgeleitete Firma (ebenso die österreichische Rsp seit OGH SZ 51/40; Nachweise bei *Reich-Rohrwig*, Grundsatzfragen der Kapitalerhaltung 397 f; nunmehr positiviert in § 19 Abs 2 UGB). Gleichzeitig statuierte der BGH eine Rechtsscheinhaftung bei Verletzung dieser Vorschrift. Nach einer „Übergangsfrist", welche die Berichterstattung über die Judikaturwende im Fachschrifttum aber auch in Tagesmedien berücksichtigte, bejahte der BGH die Rechtsscheinhaftung erstmals in BGHZ 64, 11 = DB 1975, 923. Vgl dazu auch *Hügel*, JBl 1983, 526 f.

Wie funktionieren nunmehr Entnahmen aus einer GmbH? Anders gewendet: Wie vermeidet der GmbH-Geschäftsführer bei einer Sachentnahme den Verstoß gegen zwingende Gläubigerschutzvorschriften?

In Betracht kommen: der Verkauf der Vermögensgegenstände durch die GmbH an den Gesellschafter, eine Sachdividende oder eine ordentliche Kapitalherabsetzung, bei welcher keine Rückzahlung von Geld, sondern eine Sachauskehrung stattfindet, oder eine Spaltung.

Beim Verkauf der Vermögensgegenstände ist unstrittig, dass der aus dem Verbot der Einlagenrückgewähr abzuleitende Fremdvergleichsgrundsatz einen Kaufpreis in der Höhe des Verkehrswerts der Vermögensgegenstände, nicht nur des niedrigeren Buchwerts erfordert[34]).

Die Übertragung der zu dem Teilbetrieb gehörenden Vermögensgegenstände als Sachdividende oder im Zuge einer Kapitalherabsetzung setzt zunächst die Zulässigkeit nach der Satzung[35]), weiters aber die Einhaltung der einschlägigen gesellschaftsrechtlichen Verteilungsverfahren voraus: somit Feststellung, ggf Prüfung und Veröffentlichung des Jahresabschlusses, Ausweis eines ausreichenden Bilanzgewinnes und Gewinnverteilungsbeschlüsse einerseits – Kapitalherabsetzungsbeschluss, Eintragung im Firmenbuch und vorgelagerter Gläubigerschutz im Falle der Kapitalherabsetzung andererseits. Zusätzlich stellt sich die Frage der Bewertung der auszukehrenden Vermögensgegenstände. Sie ist im Zusammenhang mit der Sachdividende heftig umstritten und stellt sich in gleicher Weise bei der Sachauskehrung gegen Kapitalherabsetzung. Die Frage lautet: Ist die Sachdividende zulässig, wenn der ausgeschüttete Bilanzgewinn den Buchwert der auszukehrenden Vermögensgegenstände deckt[36]), oder muss mit der wohl herr-

---

[34]) *Hügel*, RdW 1997, 580; insoweit zustimmend *Stern* in FS Doralt (2004) 634; *Reich-Rohrwig*, Grundsatzfragen der Kapitalerhaltung (2004) 108; *Hügel* in *Gruber/Rüffler* (Hrsg) Gesellschaftsrecht – Wettbewerbsrecht – Europarecht, Hans-Georg Koppensteiner zum 70. Geburtstag (2006) 18 f; *Bauer/Zehetner* in *Straube*, GmbHG § 82 Rz 62 f; allgemein zum Verkauf von Vermögensgegenständen an den Gesellschafter unter Marktpreis: *Henze* in GroßKomm AktG[4] § 57 Rz 48: *Bayer* in MünchKomm AktG[3] § 57 Rz 81; vgl auch die Nachweise bei *Saurer* in *Doralt/Nowotny/Kalss*, AktG[4] § 52 Rz 51 zum Verkauf von Vermögensgegenständen an den Aktionär zu Unterpreisen sowie zum Verkauf eines Teilbetriebs, für den bei Gesamtverwertung ein höherer Veräußerungserlös zu erzielen wäre. Ebenso *Lutter/Leinekugel*, ZGR 2002, 217, obwohl sie im Rahmen in der von ihnen vertretenen Buchwert-Theorie für die „stille" Verteilung der stillen Reserven der im Rahmen einer Sachdividende ausgekehrten Vermögensgegenstände eintreten.

[35]) Fraglich ist, ob – in Ermangelung einer § 58 Abs 5 dAktG vergleichbaren – gesetzlichen Regelung ein Individualanspruch jedes Gesellschafters auf eine Bardividende besteht, sodass die Ausschüttung von Vermögensgegenständen der Zustimmung jedes einzelnen Gesellschafters bedarf, oder ob (mit oder ohne Satzungsermächtigung) die Gesellschafter eine Sachdividende (oder im Rahmen der Liquidation: eine Sachauskehr von Liquidationsvermögen) mehrheitlich beschließen können: dazu eingehend *Stern*, FS Doralt 625 ff; *Saurer* in *Doralt/Nowotny/Kalss*, AktG § 52 Rz 109; *Berger* in *Doralt/Nowotny/Kalss*, AktG § 208 Rz 19 ff.

[36]) So eingehend *Lutter/Leinekugel*, ZGR 2002, 204, 218 ff (der dritte Autor *Rödder* zeichnet nur für den steuerrechtlichen Teil der Abhandlung verantwortlich); *Stern* in FS Doralt 634 ff.

schenden Ansicht gefordert werden, dass ein ausschüttungsfähiger Gewinn in der Höhe des Verkehrswerts der Vermögensgegenstände vorliegt.[37]).

Im Sinne der herrschenden Ansicht, die ich ebenfalls literarisch vertreten habe, ist die Deckung bloß des Buchwerts nicht ausreichend. In diesem Falle würden die stillen Reserven dem Gesellschaftsvermögen still entzogen. Dies ist beim Verkauf von Vermögensgegenständen an die Gesellschafter unzulässig. Stichwort: Verkauf zum Buchwert. Es ist auch im Rahmen einer Sachdividende unzulässig. Dies ergibt sich zunächst aus dem Wortlaut von § 52 AktG, § 82 GmbHG. Im Anschluss an das Verbot der Einlagenrückgewähr, das nach einhelliger Meinung nicht auf die Einlagen beschränkt ist, sondern eine Bindung des gesamten Gesellschaftsvermögens bewirkt, folgt im Gesetzestext die Kehrseite des Rückgewährverbots: Die Gesellschafter haben „nur Anspruch auf den nach dem Jahresabschluss als Überschuss der Aktiven über die Passiven sich ergebenden Bilanzgewinn". Auf die Ausschüttung der stillen Reserven haben die Gesellschafter somit keinen Anspruch, weil die stillen Reserven nicht Bilanzgewinn sind. Dies sind sie erst nach Realisierung, das heißt: nach Veräußerung des Vermögensgegenstandes, bei welcher die stille Reserve in der Höhe der Differenz zwischen dem Kaufpreis und dem Buchwert aufgedeckt wird. Nur im Falle der bilanzrechtlich geforderten Gewinnrealisierung – und zwar in der durch den Kaufpreis aufgedeckten Höhe – liegt ausschüttungsfähiger Gewinn vor.

§ 52 AktG und § 82 GmbHG beschränken den Gewinnanspruch des Gesellschafters aber nicht nur der Höhe nach auf den bilanzrechtlich realisierten Gewinn. Zusätzlich enthalten sie eine Verfahrensvorschrift. Anders als nach deutschem GmbH-Recht darf ungebundenes Vermögen nach Aktienrecht und österreichischem GmbH-Recht nicht jederzeit und regellos, sondern nur auf Grundlage eines gültigen Jahresabschlusses nach Fassung eines Gewinnverteilungsbeschlusses entnommen werden. Dies ist der Sinn des zweiten Halbsatzes des § 82 Abs 1 GmbHG, wonach die Gesellschafter „nur Anspruch auf den nach dem Jahresabschluss ... sich ergebenden Bilanzgewinn" haben. In seiner bis heute grundlegenden Untersuchung zu „Kapital, Gewinn und Ausschüttung bei Kapitalgesellschaften" aus dem Jahr 1949 hat *Ballerstedt*[38]), in Abwandlung eines berühmten Ausspruchs *Franz Kleins*, betont, die Gewinnverteilung solle sich „im hellsten Licht der Öffentlichkeit" abspielen. Verdeckte Vermögensverschiebungen sind damit unvereinbar. Denn dabei kommt, wie *Flechtheim*[39]) bereits im Jahr 1934 zu dem mit § 52 AktG wortgleichen § 213 dHGB 1900 bemerkt hatte, „die Vermögensverteilung bilanzmäßig nicht zum Ausdruck. Aber gerade das

[37]) *Hügel*, RdW 1997, 580; *Hügel*, Umgründungsbilanzen (1997) Rz 4.62 mit Nachweisen zum Schrifttum in FN 61; eingehend *Reich-Rohrwig*, Grundsatzfragen der Kapitalerhaltung 106 ff mit dem zutreffenden Hinweis, dass nur bilanzrechtlich realisierte und folglich in den Bilanzgewinn eingegangene stille Reserven für Ausschüttungen in Betracht kommen. Dies entspricht auch der hA in Deutschland: vgl *Hasselbach/Wicke*, NZG 2001, 599; *Welf Müller*, NZG 2002, 752; *Ihrig/Wagner*, BB 2002, 789; *Schnorbus*, ZIP 2003, 509; *Holzborn/Bunnemann*, AG 2003, 671; *Orth*, WPg, 2004, 777, 784; aA *Lutter/Leinekugel*, ZGR 2002, 204, 218 ff; *Schüppen* ZIP 2002, 1277.

[38]) 132 f.

[39]) *Düringer/Hachenburg*, HGB³ (1934) § 213 Anm 4.

verstößt gegen (das Verbot der Einlagenrückgewähr)", fügte *Flechtheim* hinzu. Die kapitalgesellschaftsrechtlichen Vorschriften über die Gewinnverteilung und ihre Kehrseite – das Verbot der Einlagenrückgewähr – bezwecken somit nicht bloß Gläubigerschutz, sondern überdies die Ermittlung und den Ausweis des „richtigen" Gewinns.[40]) Nur dieser darf an die Gesellschafter verteilt werden[41]). Danach sind nicht nur verdeckte Vermögensverschiebungen, wie Unter-Marktpreis-Verkäufe an den Gesellschafter, verboten, sondern ebenso das unbemerkte Durchschleusen stiller Reserven bei der Ausschüttung von Vermögensgegenständen zum Buchwert. Dies ist auch durch den Gläubigerschutz gefordert, denn auch die stillen Reserven gehören zum kapitalgesellschaftsrechtlichen Haftungsfonds.[42])

Zusätzlicher Überlegungen bedarf, ob nach österreichischem Recht die von einem Teil der deutschen Lehre vertretene Lösung in Betracht kommt, wonach die Sachentnahme selbst ein bilanzrechtlicher Realisierungsvorgang sei, sodass der Bilanzgewinn im Falle der Sachdividende um die stille Reserve – die Differenz zwischen dem Zeitwert (Tageswert) des ausgeschütteten Vermögensgegenstandes und dem Buchwert – erhöht werden könne[43]). Diese modifizierte Verkehrswert-Theorie würde zum Ausweis des „richtigen" Gewinns führen, sodass auf den ersten Blick der Eindruck entsteht, dass dies in jedem Fall die Deckung der Sachdividende im Bilanzgewinn bewirken würde. Zunächst ist aber schon fraglich, ob die Sachdividende, die anders als Anschaffungs- und Veräußerungsvorgänge keinem Markttest unterliegt, zur Aufdeckung der stillen Reserven führt. Dafür könnte möglicherweise § 202 Abs 1 UGB ins Treffen geführt werden, der bei Einlagen die Realisierung des beizulegenden Werts ohne Markttest und überdies die Bewertung von Entnahmen mit dem beizulegenden Wert (Zeitwert, Tageswert)

---

[40]) *Ballerstedt*, aaO 133; zustimmend *Döllerer*, Verdeckte Gewinnausschüttungen und verdeckte Einlagen bei Kapitalgesellschaften[2] (1990) 25; *Hügel*, FS Koppensteiner (2006) 20.

[41]) Im Kontext der Sachdividende besonders klar *Welf Müller*, NZG 2002, 752 f gegen *Lutter/Leinekugel*, ZGR 2002, 218 ff, die für die Zulässigkeit der stillen Verteilung stiller Rücklagen im Rahmen der Sachdividende eintreten; wie *Welf Müller* auch *Orth*, WPg 2004, 782 ff, 784; allgemein *Hügel* in *Gruber/Rüffler* (Hrsg), Gesellschaftsrecht, Wettbewerbsrecht, Europarecht, Hans-Georg Koppensteiner zum 70. Geburtstag (2006) 20 f.

[42]) Zutreffend *Reich-Rohrwig*, ecolex 1992, 702; ihm folgend *Micheler*, RdW 1993, 361 (mE missverstanden von *Stern* in FS Doralt [2004] 634, die überdies unzutreffend beim Kapitalschutz und nicht bei der Vermögensbindung ansetzt); *Reich-Rohrwig*, Grundsatzfragen der Kapitalerhaltung 108 f gegen die These, Gläubiger dürften auf die Erhaltung der stillen Reserven nicht vertrauen; *Hügel*, Umgründungsbilanzen Rz 4.62 mwN in FN 61. Früher schon: *Döllerer*, Verdeckte Gewinnausschüttungen und verdeckte Einlagen bei Kapitalgesellschaften[2] (1990) 38 f: Bindung aller Vermögensvorteile, gleichgültig ob bilanziert oder bilanzierungsfähig. Ebenso *Bayer* in MünchKomm AktG[3] § 57 Rz 7 mwN sowie *Henze* in GroßKomm AktG[4] § 57 Rz 11. Wohl ebenso *Ballerstedt*, aaO 49 ff, 121 ff: Beschränkung von Leistungen an Aktionäre an die Ausschüttung des realisierten Bilanzgewinns.

[43]) Im Anschluss an die Bejahung einer steuerrechtlichen Realisierung durch *Rödder*, ZGR 2002, 204, 229 ff, für das Gesellschaftsrecht (bzw Bilanzrecht) va *Welf Müller*, NZG 2002, 751 f; ebenso *Orth*, WPg 2004, 786.

statuiert. Indessen ist die Entnahmebewertungsregelung weitgehend unerforscht. Soweit sich das Schrifttum mit ihr befasst, will es ihren Anwendungsbereich auf Entnahmen aus dem Betriebsvermögen eines Einzelunternehmers in sein Privatvermögen sowie auf Entnahmen aus Personengesellschaften beschränken, weil Entnahmen aus Kapitalgesellschaften gesellschaftsrechtlich unzulässig seien; auf die Bewertung von Sachdividenden gehen diese ersichtlich vom einkommensteuerrechtlichen Entnahmebegriff beeinflussten Literaturmeinungen nicht ein.[44]) Abgesehen von der Frage, ob die Sachdividende als unternehmensrechtlicher Realisierungsvorgang einzustufen ist, besteht aber auch die Problematik, dass das SpaltG den Entzug des Spaltungsvermögens – einen Vorgang, der einer Sachdividende weitgehend gleicht – nur bei Einhaltung besonderer Sicherungsmaßnahmen zulässt. Diese bestehen in der Prüfung und Berichterstattung durch Vorstand und Aufsichtsrat, in der Restvermögensprüfung durch einen Wirtschaftsprüfer, in einer besonderen Haftung der genannten Personen, die der Gründerhaftung nachgebildet ist (§ 3 Abs 4 und 5 SpaltG), der Offentlegung der Spaltungsunterlagen sowie in der Solidarhaftung der Nachfolgegesellschaften und der Sicherheitsleistung (§ 15 SpaltG). Zwar führen die genannten Prüfungen nicht zu einer Bewertung der stillen Reserven im Spaltungsvermögen, sodass dies auch im Falle der Sachdividende entbehrlich erscheinen könnte. Dennoch bestünde wohl ein erheblicher Wertungswiderspruch, könnten die spaltungsrechtlichen Kautelen durch eine Sachausschüttung ausgeschaltet werden[45]).

Jedenfalls auf Basis der in Österreich herrschenden Verkehrswert-Theorie ist klar, dass die Praxis Spaltungs- und Realteilungsvorgänge in den meisten Fällen nicht im Wege einer Sachdividende bewältigen kann[46]). Wird ein wertvoller Teilbetrieb oder eine wertvolle Beteiligung entnommen, so hat die Gesellschaft selten Bilanzgewinn oder ungebundene Rücklagen in der Höhe des Verkehrswertes des Spaltungsvermögens zur Verfügung. Bei Kapitalgesellschaften werden Sachentnahmen daher in aller Regel im Wege der Spaltung durchgeführt. Die Spaltung ist eine legale Durchbrechung des Verbots der Einlagenrückgewähr, bei welcher der erforderliche Gläubigerschutz va durch die Kombination von Summengrundsatz, Restvermögensprüfung sowie betraglich beschränkter Solidarhaftung der aus der Spaltung hervorgehenden Gesellschaften geleistet wird. Wendet man die kapitalgesellschaftsrechtliche Bindung des Vermögens inklusive stiller Reserven auf die GmbH & Co KG an, zeigt sich zweierlei: Sollen Realteilungsvorgänge nicht in den meisten Fällen undurchführbar werden, scheint die Analogie der OGH-Entscheidung vom 29. 5. 2008 notwendig zu weiteren Analogien zu führen: nicht nur zur Anwendung der Kapitalherabsetzungs- und Liquidationsvorschriften des GmbHG[47]), sondern auch zur analogen Anwendung des SpaltG. Im Wege einer „wunderbaren Analogien-Vermehrung" droht die GmbH

[44]) *Gassner/Lahodny-Karner/Urtz* in *Straube*, HGB II/RLG² § 202 Rz 10; *Djanani/Bitzyk* in *Bertl/Mandl* (Hrsg), Handbuch zum RLG § 202 lit ee Einlagen S. 5.

[45]) Das dUmwG kennt keine § 3 Abs 4 und 5 SpaltG vergleichbaren Schutzmaßnahmen aus Anlass der Abspaltung.

[46]) So auch *Szep*, ecolex 2001, 807; *Schnorbus*, ZIP 2003, 515.

[47]) Zu den Folgewirkungen der OGH-Entscheidung vom 29. 5. 2008 bereits *Kalss/Eckert/Schörghofer*, GesRZ 2009, 75 f; weiters die Beiträge in diesem Tagungsband.

& Co KG – jedenfalls was ihre Finanz- und Haftungsverfassung betrifft – vollständig zur Kapitalgesellschaft zu mutieren. Es ist nur eine Geschmacksfrage, ob man dies mit Schiller und/oder Shakespeare kommentieren will: „Das eben ist der Fluch der bösen Tat, dass sie, fortzeugend, immer Böses muss gebähren." Ähnlich tragisch wie Wallenstein aber mehr juristisch-methodologisch Hamlet: „Und ist es auch Wahnsinn, so hat es doch Methode."

Ich hoffe, dieser Ausflug in die klassische Krimi-Literatur hat die Stimmung aufgelockert, so dass ich die Probleme künftiger Realteilungsvorgänge anhand eines nüchternen Bilanzbeispiels darstellen kann. Dies hilft auch zu zeigen, dass die Analogie des OGH im Zusammenhang mit Realteilungen eine Frage aufwirft, die sich bei dem einfachen Einlagenrückgewährfall des OGH nicht stellte: Nach der Höhe des gebundenen Kapitals der GmbH & Co KG musste in dem OGH-Fall nicht gefragt werden, weil nach § 82 GmbHG das gesamte Vermögen gebunden und somit jegliche Auszahlung außerhalb der Gewinnverteilung verbotene Einlagenrückgewähr ist. Die OGH-Entscheidung befasst sich nur mit dem Verbot der Einlagenrückgewähr, also der Vermögensbindung. Demgegenüber ist Kapitalerhaltung, also die Ausschüttungssperre zur Reservierung von Vermögen in der Höhe des Nennkapitals und der gebundenen Rücklagen, nicht Gegenstand der OGH-Entscheidung.

Beide Themen werden hingegen im SpaltG behandelt.

Zunächst durchbricht die Spaltung die Vermögensbindung. Wegen der Solidarhaftung nach § 15 SpaltG kann das Gesetz die Aufteilung des Gesellschaftsvermögens auf zwei Kapitalgesellschaften erlauben. Der allen Gläubigern zur Verfügung stehende Haftungsfonds wird im Spaltungszeitpunkt – das heißt: im Zeitpunkt der Aufteilung des Vermögens bei Eintragung der Spaltung in das Firmenbuch – nicht reduziert. Denn: Für jede Verbindlichkeit haften neben dem gesamten Vermögen jener Gesellschaft, der die Verbindlichkeit im Spaltungsplan oder Spaltungs- und Übernahmevertrag zugewiesen wird (§ 2 Abs 1 Z 10 SpaltG), die anderen Nachfolgegesellschaften bis zur Höhe des ihnen zugeordneten Nettoaktivvermögens. Dieses umfasst auch die stillen Reserven[48]). Dies steht im Einklang damit, dass die stillen Reserven auch von der Vermögensbindung gem §§ 52 AktG und§§ 82 GmbHG umfasst sind.

Zusätzlich achtet das SpaltG auf die Kapitalerhaltung. Es wacht darüber, dass die Situation der Gläubiger auch bei anschließenden Gewinnausschüttungen nicht verschlechtert wird. Hier geht es – wie früher herausgearbeitet – nicht um die Bindung des gesamten Gesellschaftsvermögens, sondern lediglich eines Teils des Gesellschaftsvermögens, der wertmäßig dem Nennkapital zuzüglich gebundener Rücklagen entspricht. Hier greift der Summengrundsatz des § 3 SpaltG ein. Sollte auch diese Regelung analog auf die GmbH & Co KG anzuwenden sein, stellt sich allerdings die spannende Frage, was denn eigentlich das „Stammkapital" einer GmbH & Co KG ist.

Nunmehr zu dem angekündigten Bilanzbeispiel:

Nehmen wir an, die GmbH unseres Ausgangsfalles ist eine seriös finanzierte Gesellschaft. Sie weist ein bilanzielles Eigenkapital von 30 % und ein Fremdka-

[48]) *Hügel*, Umgründungsbilanzen 131; *Kalss*, Verschmelzung – Spaltung – Umwandlung[2] § 15 SpaltG Rz 32 mwN.

pital von 70 % aus. Die Gesellschaft verfügt über zwei Teilbetriebe, jeweils mit Aktiva von 50 und Verbindlichkeiten von 35, sodass der Buchwert beider Teilbetriebe jeweils 15 beträgt. Infolge stiller Reserven und eines Firmenwerts beträgt der Verkehrswert der Teilbetriebe jeweils 40.

GmbH vor Spaltung[49]

Akt_1	50	StK	20
Akt_2	50	BGew	10
		EK	30
		$Verb_1$	35
		$Verb_2$	35
	100		100

GmbH nach Spaltung

Akt_1	50	StK	10
		BGew	5
		EK	15
		$Verb_1$	35
	50		50

Neue GmbH

Akt_2	50	StK	10
		KRL	5
		EK	15
		$Verb_2$	35
	50		50

Nach der Buchwert-Theorie scheidet eine Sachdividende aus, weil der Buchwert der Sachdividende in Höhe von 15 im Bilanzgewinn von 10 keine Deckung findet. Auch die modifizierte Verkehrswert-Theorie, nach welcher die Sachausschüttung zur Gewinnrealisierung führt, brächte keine Abhilfe: Zwar würde die Sachdividende infolge Realisierung der stillen Reserven zu einem (zusätzlichen) Bilanzgewinn von 25 führen; der erhöhte Bilanzgewinn von 35 wäre indessen angesichts des Verkehrswerts von 40 nicht ausreichend.

Ein Zusatzproblem ergibt sich, wenn die Sachausschüttung auch zur steuerrechtlichen Gewinnrealisierung führt. Dies ist bei Gewinnrealisierung im

[49]) Akt = Aktiva, StK = Stammkapital, BGew = Bilanzgewinn, KRL = Kapitalrücklage, EK = Eigenkapital, Verb = Verbindlichkeiten.

UGB-Abschluss – also bei Anwendung der modifizierten Verkehrswert-Theorie – schlicht eine Folge des Maßgeblichkeitsprinzips (§ 5 Abs 1 EStG)[50]), könnte aber auch im Falle der Buchwert-Theorie zutreffen[51]). Dann kürzt die Belastung der stillen Reserve mit 25 % Körperschaftsteuer den verteilungsfähigen Bilanzgewinn. Bei Aufwertung im UGB-Abschluss im Sinne der Verkehrswert-Theorie steht mehr Bilanzgewinn zur Verfügung, trotzdem muss zusätzlich zu dem aufgrund der Sachausschüttung realisierten Gewinn noch weiteres ungebundenes Eigenkapital (Bilanzgewinn, ungebundene Rücklagen) zur Verfügung stehen – und zwar in Höhe des Buchwerts der ausgeschütteten Vermögensgegenstände zuzüglich der Steuerbelastung. Bei Buchwertfortführung wird bei namhaften Sachdividenden häufig allein die Steuerbelastung das verfügbare Eigenkapital aufzehren[52]).

Hinzu kommt ein „Periodenverschiebungsproblem" der Sachdividende: Bejaht man infolge Annahme eines „Umsatzaktes" die Gewinnrealisierung, so führt – in Ermangelung einer bilanzrechtlichen Rückwirkungsregelung – kein Weg daran vorbei, dass die Gewinnrealisierung erst im Geschäftsjahr der Ausschüttung, genauer: im Zeitpunkt der Übertragung der ausgeschütteten Vermögensgegenstände, erfolgt.[53]) Der Wert der Ausschüttung muss aber im Bilanzgewinn zum zurückliegenden Bilanzstichtag Deckung finden. Die (problematische, jedenfalls aber unter Berücksichtigung von § 202 Abs 1 UGB diskutable) Einordnung als Realisationsakt hilft nicht über das aufgezeigte praktische Problem hinweg, dass in der Sachdividende enthaltene, namhafte stille Reserven – wie dies etwa bei der Realteilung eines Betriebes oder Teilbetriebs häufig der Fall ist – in aller Regel keine Deckung im ungebundenen Eigenkapital finden werden. Die bilanzielle Aufdeckung der stillen Reserven aber kommt um eine Rechnungsperiode „zu spät".

---

[50]) Vgl nur *Herzog/Mayr* in *Doralt*, EStG § 5 Rz 3 mwN.

[51]) Bei Abspaltungen, die nicht unter das UmgrStG fallen, kommt es gem § 20 Abs 1 Z 2 KStG zur Gewinnrealisierung nach § 6 Z 14 EStG (vgl auch Rz 1447 KStR). Da bei der Ausschüttung von Einzelwirtschaftgütern, die nicht Vermögen iSd § 32 Abs 2 UmgrStG sind, keine Abspaltung vorliegt, greift § 20 Abs 1 Z 2 KStG nicht ein (vgl auch die Überschrift des § 20 KStG: „Umgründungen"). Gegen die Anwendung des Tauschgrundsatzes auf jegliche Sachdividende spricht das Fehlen einer Tausch-Gegenleistung. Von diesem *essentiale* eines Tauschvorgangs dispensiert § 6 Z 14 lit b EStG nur für den Fall der Einlage, nicht für den „entgegengesetzten" Fall der Sachausschüttung. Freilich sprechen für die Besteuerung der ausgeschütteten stillen Reserven das Trennungsprinzip und das Subjektsteuerprinzip, das die Erfassung bei jenem Steuerpflichtigen verlangt, bei dem die stillen Reserven gelegt wurden (s nur *Hügel* in FS Koppensteiner [2007] 11, 22 mwN). Ob aus diesen Prinzipien freilich die (nicht positivierte) Besteuerungsnorm zu deduzieren ist oder die Gewinnrealisierung einfach aus § 8 Abs 2 KStG folgt (die Kommentarliteratur schweigt dazu), kann hier nicht untersucht werden. Zum deutschen Steuerrecht vgl *Rödder*, ZGR 2002, 229 ff; *Welf Müller*, NZG 2002, 751 f; *Orth*, WPg 2004, 841 ff.

[52]) Vgl das Beispiel bei *Welf Müller*, NZG 2002, 751 f, das allerdings die deutsche Steuerrechtslage vor Ersetzung des Körperschaftsteueranrechnungsverfahrens durch das (dem österreichischen doppelten Halbsatz-Verfahren nachgebildete) Halbeinkünfteverfahren berücksichtigt.

[53]) Vgl *Orth*, WPg 2004, 790 mwN zum Meinungsstand.

Das SpaltG lässt die Abspaltung ohne Einhaltung der Kapitalherabsetzungsvorschriften zu, wenn die Stammkapitalien (und gebundenen Rücklagen) der Nachfolgegesellschaften „in Summe" dem Stammkapital und den gebundenen Rücklagen der spaltenden Gesellschaft vor der Spaltung entsprechen. Somit durchbricht § 3 SpaltG den Grundsatz der Erhaltung des Kapitals bei der spaltenden Gesellschaft. Der Grund liegt auf der Hand: Infolge des Summengrundsatzes bleibt das Garantiekapital „in Summe" gleich.

Erlaubt § 3 SpaltG bei „summenmäßiger" Kapitalerhaltung, der spaltenden GmbH Vermögensgegenstände zu entziehen, und durchbricht er insoweit den allgemeinen Grundsatz der Kapitalerhaltung, so erlaubt er implizit auch den Entzug der zugehörigen stillen Reserven: Nur der buchmäßige Vermögensabgang wird beschränkt, weil § 3 SpaltG nur die summenmäßige Erhaltung des Buchwerts des gebundenen Kapitals verlangt. Ist dies nach Ausbuchung des Buchwerts des Spaltungsvermögens erfüllt und bestätigt die Restvermögensprüfung die Erhaltung des Buchkapitals, spielt es keine Rolle, ob die abgespaltenen Vermögensgegenstände mehr wert sind als ihr Buchwert. § 3 SpaltG durchbricht somit auch die Vermögensbindung. Abgesehen von der partiellen Gesamtrechtsnachfolge ist der vor allem von Praktikern geschätzte „*unique selling point*" der Spaltung: Sie ermöglicht den „stillen Entzug" stiller Reserven, etwas, was die Sachdividende, wie gezeigt, nicht leisten kann. Warum dies unbedenklich ist, wurde bereits oben angedeutet: Auch die Vermögensbindung wird auf die Gesamtheit der Nachfolgesellschaften projiziert, denn auch hier greift eine Art „Summengrundsatz" ein: Unmittelbar nach der Spaltung haftet den Gläubigern die Summe der Gesellschaftsvermögen – kraft der Solidarhaftung des § 15 SpaltG. Gleichgültig wo sich die stillen Reserven nach der Spaltung befinden, bleiben sie haftungsverstrickt.

Das oben geschilderte „Periodenverschiebungsproblem" stellt sich nach dem SpaltG nicht: Da die Abspaltung nicht als Gewinnverteilung konstruiert ist, kommt es auf die Deckung des Werts des Spaltungsvermögens im Bilanzgewinn des zurückliegenden Jahresabschlusses nicht an. Vielmehr ist im Wege der Restvermögensprüfung (§ 3 Abs 4 SpaltG) nachzuweisen, dass der Wert des Restvermögens zeitnah zur Anmeldung der Spaltung zur Eintragung in das Firmenbuch das Nennkapital zuzüglich gebundener Rücklagen deckt.[54])

Wie sind die geschilderten Fragen der Vermögensbindung und Kapitalerhaltung nach der OGH-Entscheidung vom 29. 5. 2008 bei Realteilung einer GmbH & Co KG zu beurteilen?

[54]) Da die Restvermögensprüfung nach den Grundsätzen der Gründungsprüfung erfolgt, ja sogar als „Gründungsprüfung der abspaltenden Gesellschaft" aufgefasst werden kann (*Kalss*, Verschmelzung – Spaltung – Umwandlung[2] § 3 SpaltG Rz 46), ist die Bewertung im Rahmen der Prüfung, die zwangsläufig vor der Anmeldung stattfinden muss, auf einen zeitnah vor der Anmeldung liegenden Bewertungsstichtag durchzuführen. Wertänderungen bis zum voraussichtlichen Eintragungsstichtag, die bei der Prüfung absehbar sind, müssen freilich berücksichtigt werden. Vgl zur Sacheinlageprüfung etwa *Pentz* in MünchKomm AktG[3] § 34 Rz 16. Im Zusammenhang mit dem Summengrundsatz lehnt *Kalss*, aaO § 3 SpaltG Rz 12 zutreffend die Maßgeblichkeit der (bis zu neun Monate zurückliegenden) Schlussbilanz ab.

D. Analoge Anwendung des Spaltungsgesetzes?

Da das Wiederaufleben der Kommanditistenhaftung zu keiner summenmäßigen Bindung des Gesellschaftsvermögens nach der Realteilung führt, könnte Zuflucht zunächst bei der analogen Anwendung des § 15 SpaltG gesucht werden. Dies würde zu einer Solidarhaftung der spaltenden GmbH & Co KG und der übernehmenden Gesellschaft führen. Die Unterschiede zu § 172 Abs 3 UGB sind beträchtlich.

Zunächst: Das SpaltG zerlegt die spaltungsbedingte Übertragung des Vermögens auf eine Schwestergesellschaft nicht eine Einlagenrückgewähr an den gemeinsamen Gesellschafter und eine anschließende Einlage in die übernehmende Gesellschaft, denn es ordnet – anders als § 172 Abs 3 UGB – keine Haftung des Gesellschafters an. § 15 SpaltG führt bloß zu einer Haftung der übernehmenden Gesellschaft. Hinzu kommt: Während die wiederauflebende Haftung nach § 172 Abs 3 UGB der Höhe nach mit dem eingetragenen Haftbetrag beschränkt ist, führt § 15 SpaltG zu einer zweifach beschränkten Haftung der übernehmenden Gesellschaft: Die Haftung[55]) betrifft nur jene Verbindlichkeiten, die nach Spaltungsplan oder Spaltungsvertrag bei der spaltenden Gesellschaft zurückbleiben. Naturgemäß ist die Haftung mit dem Betrag der zurückbleibenden Altverbindlichkeiten begrenzt. Zusätzlich ist aber der Wert des übergehenden Nettoaktivvermögens – kurz der Verkehrswert des spaltungsbedingt übertragenen Vermögens – relevant. Ist dieser Wert niedriger, haftet die übernehmende Gesellschaft für die zurückbleibenden Altverbindlichkeiten nur bis zu dieser Höhe. Zuletzt besteht ein Unterschied hinsichtlich künftiger Verbindlichkeiten der spaltenden Gesellschaft: Das Wiederaufleben der Kommanditistenhaftung aufgrund einer Entnahme begünstigt auch künftige Gläubiger der KG. Auch sie können die Kommanditistenhaftung in Anspruch nehmen. Dies ist nach § 15 SpaltG ausgeschlossen. Für die Abgrenzung der von der Haftung erfassten Altverbindlichkeiten von den Neuverbindlichkeiten kommt es auf den Zeitpunkt der konstitutiven Eintragung der Spaltung an. Eine derartige Eintragung fehlt aber bei der Realteilung von Personengesellschaften[56]). Zusätzlich führt § 15 SpaltG – anders als das KG-Recht – zu einer Haftung der abspaltenden Gesellschaft für die der übernehmenden Gesellschaft zugeordneten Verbindlichkeiten. All dies weist erneut die Grundverschiedenheit des KG-rechtlichen und kapitalgesellschaftsrechtlichen Haftungssystems und des damit untrennbar verbundenen Umgründungsrechts auf, die gegen die Analogie des OGH spricht[57]).

---

[55]) Kein Haftungsthema sind die auf die übernehmende Gesellschaft durch Gesamtrechtsnachfolge übertragenen Verbindlichkeiten. Die Begleichung dieser eigenen Verbindlichkeiten schuldet die übernehmende Gesellschaft selbstverständlich in unbeschränkter Höhe.

[56]) Eingetragen wird im Firmenbuch allerdings gem § 3 Abs 1 Z 15 FBG die Übertragung eines Betriebs oder Teilbetriebs im Wege der Realteilung. Diese Eintragung hat indessen keine konstitutive Wirkung. Zusätzlich führt § 15 SpaltG – anders als das KG-Recht – zu einer Haftung der abspaltenden GmbH & Co KG für die übernehmende Gesellschaft.

[57]) Außerhalb von Spaltung und Realteilung eingehend *Kalss/Eckert/Schörghofer*, GesRZ 2009, 68 ff.

Ist zusätzlich zur Aufrechterhaltung der Vermögensbindung im Wege einer analogen Anwendung des § 15 SpaltG noch eine analoge Anwendung der Kapitalerhaltungsvorschrift des § 3 SpaltG zu erwägen?

Wie bereits angedeutet, wirft dies die Frage auf, was im Rahmen einer derartigen Analogie als „Stammkapital" einer GmbH & Co KG zu berücksichtigen wäre. Denn dieser Betrag (und allfällige gebundene Rücklagen) wären Gegenstand des Summengrundsatzes und unterlägen der Restvermögensprüfung. Auf den ersten Blick spricht einiges für die Maßgeblichkeit der Haftbeträge iSd §§ 171, 172 UGB. Wie das Stammkapital sind sie im Firmenbuch eingetragen. Nur diese Beträge – nicht die Pflichteinlagen oder Kapitalkonten – sind Grundlage des KG-rechtlichen Gläubigerschutzkonzeptes im Sinne des Haftungsverbundes zwischen Kommanditeinlagen im Gesellschaftsvermögen und Kommanditistenhaftung bei Rückzahlung der Einlage aus dem Gesellschaftsvermögen. Dennoch kommt das Abstellen auf die im Firmenbuch eingetragenen Haftbeträge jedenfalls im Kontext des § 3 SpaltG nicht in Betracht, weil diese Vorschrift auf Bilanzzahlen abstellt, und zwar auf solche, die als Ausschüttungssperren wirken. Der Zweck der Regelung liegt ja, wie ausgeführt darin, den Umfang des gebundenen Vermögens beizubehalten, anders gewendet, die Erhöhung des ausschüttbaren Vermögens zu verhindern. Dies hat – angesichts der Haftungssystem-Unterschiede: nicht überraschend – mit den Haftbeträgen nichts zu tun.

Sind die Haftbeträge für die Anwendung des Summengrundsatzes ungeeignet, könnte man auf die Summe der in der Bilanz ausgewiesenen Kapitalanteile abstellen, zumal das UGB unter Übernahme der jahrzehntelangen Vertragsgestaltungs- und Bilanzierungspraxis einen Systemwechsel zu starren Kapitalanteilen vollzogen hat (§ 109 Abs 1 Satz 1, § 121 Abs 2 UGB). Werden allerdings Sacheinlagen versprochen, hängt die Höhe des Kapitalanteils von der einvernehmlichen Bewertung der Einlage durch die Gesellschafter ab. Zwar dürfen die Gesellschafter dem Kapitalkonto des Sacheinlegers keinen Betrag gutschreiben, der höher ist als der Verkehrswert der Sacheinlage[58]). Eine der Parteiendisposition unterliegende Kapitalanteilsziffer wäre für Gläubigerschutzzwecke aber jedenfalls ungeeignet. In diesem Zusammenhang kann es nur auf den objektiven Wert der Sacheinlage ankommen. Dies ist bei der kapitalgesellschaftsrechtlichen Differenzhaftung (§ 10a GmbHG) aber auch bei der unmittelbaren Kommanditistenhaftung nach § 171 Abs 1 Satz 1 UGB der Fall.

Ob die notwendige Objektivierung der Kapitalkonten für Haftungszwecke zwangsläufig zur analogen Anwendung der Sacheinlageprüfungsvorschriften führt, wird hier nicht im Einzelnen untersucht, weil dies Gegenstand eines anderen Tagungsbeitrages ist. Gleiches gilt für die Frage, ob die Kapitalkonten – wie das Stammkapital – kraft Analogie in das Firmenbuch einzutragen wären. Denn die Firmenbuchpublizität ist ein Eckpfeiler des GmbH-rechtlichen Kapitalschutzes.

Dies zeigt die Problematik von Einzelanalogien zu Vorschriften eines umfassenden Regelungssystems auf: Der vom OGH analog angewendete § 82 GmbHG

---

[58]) Dazu vgl die Hinweise bei *H. Torggler* in *Straube*, HGB I[3] § 120 Rz 10. Der eingelegte Vermögensgegenstand ist jedenfalls mit dem beizulegenden Wert anzusetzen (§ 202 Abs 1 UGB), sodass bei höherem Kapitalkonto eine Unterbilanz entstünde.

baut auf dem gesamten Kapitalaufbringungsrecht des GmbHG auf. Dies erfordert die Festlegung eines Stammkapitals, die Prüfung seiner Aufbringung sowie Publizität. Gleiches gilt für die Kapitalerhaltung. Mit dem Verbot der Einlagenrückgewähr, das der OGH zu beurteilen hatte, ist es nicht getan.

Auch im Kontext von Jahresabschluss und Gewinnverteilung stellt sich die Frage, was im Verhältnis zum Gewinn die komplementäre Größe – das unverteilbare Kapital – ist. *Fritz Rüffler* hat mir schon vor seinem Vortrag verraten, dass er im Ergebnis die Pflichteinlagen als „Kapital" betrachtet, diese aber anders als Stammkapital nicht gebunden sein sollen. Mit anderen Worten: Ähnlich wie die ungebundene Kapitalrücklage einer GmbH könne das Kapitalkonto der GmbH & Co KG bei Feststellung des Jahresabschlusses aufgelöst, als Bilanzgewinn ausgewiesen und ausgeschüttet werden. Wenn man dies zu Ende denkt, folgt aus der Anwendung von § 82 GmbHG immerhin ein befristetes Kapitalerhaltungsgebot: Wie bei der GmbH ist die unterjährige, formlose Entnahme nicht zulässig, sondern die Auflösung des Kapitalkontos darf nur aus Anlass der Feststellung des Jahresabschlusses erfolgen, denn nach § 82 GmbHG hat der Gesellschafter eben nur Anspruch auf den Bilanzgewinn, keinen Anspruch aber auf den unterjährigen Griff in die Kapitalrücklage[59]).

Wenn dem so ist, darf diese – schwache – Bindung des Kapitalkontos durch die Spaltung nicht gemindert werden, sondern erst beim nächsten Jahresabschluss, der unter Verantwortung der Geschäftsführung aufgestellt und häufig von einem Abschlussprüfer testiert wird.

Also doch die analoge Anwendung auch des § 3 SpaltG, mit Restvermögensprüfung bei der spaltenden GmbH & Co KG und Gründungsprüfung bei der übernehmenden Gesellschaft? Am Rande: Wer kann überhaupt als übernehmende Gesellschaft fungieren? Sind künftig Spaltungen von GmbH & Co KGs auf AGs und GmbHs möglich? Vielleicht auch umgekehrt von Kapitalgesellschaften auf GmbH & Co KGs? Ich kann diese Fragen nicht beantworten, weil die interpretative „Umwandlung" der GmbH & Co KG in eine GmbH über gesetzestreue Rechtsanwendung, auch unter Einschluss rechtsfortbildender Analogie, hinausgeht.

IV. Zur künftigen Praxis der Realteilung

Eine dogmatisch begründete, dh aus dem geltenden Recht abgeleitete (rechtsrichtige) Vorgangsweise bei der Realteilung von GmbH & Co KGs kann ich daher nicht bieten. Die Gestaltungs- und Gerichtspraxis wird nach pragmatischen Lösungen fragen. Ausgangspunkt muss dabei die Vermeidung der (Amts-) Haftung der beteiligten Rechtsträger, Berater und Firmenbuchrichter sein.

Die Realteilung ist ohne weiteres zulässig in den allerdings seltenen Fällen, in denen der Verkehrswert des Teilungsvermögens im Bilanzgewinn Deckung findet und eine Sachausschüttung beschlossen wird. Dann liegt eine § 82 GmbHG genügende Gewinnverteilung vor. Folgt man der oben referierten These *Rüfflers*,

---

[59]) Allerdings bleibt die Frage, ob die Kapitalrückzahlung zusätzlich (also insb unterjährig) bei analoger Anwendung der GmbH-rechtlichen Kapitalherabsetzungsvorschriften zulässig ist.

wonach das gesamte Kapitalkonto ausgeschüttet werden kann, erhöht sich das zulässige Spaltungsvolumen entsprechend. Handelte es sich im obigen Bilanzbeispiel um eine GmbH & Co KG, wäre die Abspaltung gleichwohl unzulässig, weil der Verkehrswert des Teilbetriebs von 40 höher ist als das gesamte Eigenkapital. Zumal die Eigenkapitalquote in der Praxis häufig deutlich weniger als 30 % beträgt, wird die Realteilung in den meisten Fällen, obwohl sie als Abspaltung von einer GmbH nach dem SpaltG möglich wäre, unter Zugrundelegung der analogen Anwendung des § 82 GmbHG unzulässig sein. Die Übertragung des Teilungsvermögens ist dann nichtig. Die übernehmende Gesellschaft erwirbt kein Eigentum an den Sachen des Teilungsvermögens. Sie ist der Eigentumsklage (§ 366 ABGB) und unter solidarischer Haftung der Gesellschafter der spaltenden GmbH & Co KG dem Ersatzanspruch gem § 83 GmbHG ausgesetzt[60]).

Die übernehmende Gesellschaft ist dann gut beraten, von den Gesellschaftern der spaltenden GmbH & Co KG die Freistellung von solchen Ansprüchen zu verlangen; ein Verzicht der spaltenden Gesellschaft wäre unwirksam (§ 83 Abs 4 GmbHG)[61]). Auch die Einräumung einer Verfügungsbefugnis zur Übertragung von Eigentum wäre wohl infolge Verstoßes gegen § 82 GmbHG unwirksam; Dritte können Eigentum von der übernehmenden Gesellschaft nur gem § 367 ABGB erwerben.

Die Freistellung löst das Haftungsproblem nicht bei fehlender Bonität oder (späterer) Insolvenz der garantierenden Gesellschafter. Wie oft, wenn die Gestaltungspraxis auf ungesichertem Boden agiert, muss unter Berücksichtigung eines *worst case scenario* der höchste Standard der in Betracht kommenden Vorsichtsmaßnahmen eingehalten werden. Das sind die Gläubigerschutzmaßnahmen nach dem SpaltG. Mehr ist nicht möglich. Auf Basis der analogen Anwendung des § 82 GmbHG müsste der OGH auch die Gläubigerschutzregelungen des SpaltG analog anwenden. Wer darauf vertraut, handelt jedenfalls nicht schuldhaft.

Was bedeutet die faktische Anwendung der Gläubigerschutzregeln des SpaltG im Einzelnen?

Zunächst müssten (soweit nicht verzichtbar) Berichte und Prüfungen analog §§ 4 ff SpaltG erfolgen. Der Realteilungsvertrag, Jahresabschlüsse, Schlussbilanz und Berichte wären analog § 7 SpaltG offen zu legen. Da der Offenlegung und der 1-monatigen Wartefrist auch Gläubigerschutzfunktion zukommt (vgl § 7 Abs 5 SpaltG), ist auch die Wartefrist einzuhalten. Bei der Abspaltung von einer GmbH & Co KG müssen ferner der Summengrundsatz beachtet werden (§ 3 Abs 1 SpaltG). Maßgeblich sind die Pflichteinlagen (starre Kapitalkonten), nicht die im Firmenbuch eingetragenen Haftbeträge. Kann der Summengrundsatz nicht eingehalten werden, müssen ein Gläubigeraufruf und eine Verteilungssperre – entsprechend den GmbH-rechtlichen Kapitalherabsetzungsvorschriften – eingehalten werden. Hinzu kommt die Durchführung einer Restvermögensprüfung. Weigert sich das Gericht, den Restvermögensprüfer zu bestellen, wird den beteiligten Rechtsträgern nichts anderes übrig bleiben, als Auswahl und (vertragliche) Bestellung selbst vorzunehmen. Gegenüber der gerichtlichen Bestel-

---

[60]) Zur Anwendung des § 83 GmbHG auf dritte Empfänger der verbotenen Leistung vgl nur *Koppensteiner/Rüffler*, GmbHG^3 § 83 Rz 7 mwN.

[61]) *Koppensteiner/Rüffler*, GmbHG^3 § 83 Rz 12 mwN.

lung führt dies mE zu keiner relevanten Risikoerhöhung, denn auch die Prüfung nach § 3 Abs 4 SpaltG ist nicht schlechthin bindend; vielmehr kann im Haftungsprozess der Nachweis der Unrichtigkeit der Prüfung erbracht werden.

Zuletzt sollten die Beteiligten die gesetzliche Haftung des § 15 Abs 1 SpaltG vertraglich nachbilden. Im Wege eines echten Vertrags zugunsten der Gläubiger wären die Haftungsfolgen des § 15 Abs 1 SpaltG zu vereinbaren. Gleiches gilt für die Rechtsfolgen des § 14 Abs 4 und Abs 5 SpaltG. Sicherheit ist über Verlangen eines Gläubigers analog § 15 Abs 2 SpaltG zu leisten. Die Frage, ob die Gerichte bereit sind, ein Außerstreitverfahren zur Feststellung der Gläubigergefährdung gem § 15 Abs 3 SpaltG durchzuführen, wird sich bald nicht mehr stellen, weil dieses Sonderverfahren aufgrund der Zuerkennung eines im streitigen Verfahren einklagbaren Sicherheitsleistungsanspruches durch das GesRÄG 2011 demnächst wegfallen wird.[62])

Der Realteilungsbeschluss bedarf gem § 116 Abs 2, § 164 Satz 1 Halbsatz 2 UGB stets der Zustimmung aller Gesellschafter. Eine Mehrheitsspaltung nach § 8 Abs 1 oder Abs 3 SpaltG kommt nicht in Betracht, weil die Analogie des OGH nur die Finanz- und Haftungsverfassung der GmbH betrifft, nicht die Regeln des Innenverhältnisses. Keinesfalls wird das strengere Recht nach § 116 Abs 2, § 164 Satz 1 Halbsatz 2 UGB verdrängt. Somit sind auch keine Barabfindungsangebote (§§ 9, 11 SpaltG) zu stellen. Ferner sind das Zustimmungserfordernis gem § 10 SpaltG und die Nachprüfung des Umtauschverhältnisses gem § 9 Abs 2 iVm §§ 225c ff AktG angesichts des Einstimmigkeitserfordernisses obsolet. Da die Zwischenbilanz des § 7 Abs 2 Z 3 und Abs 3 SpaltG dem Gesellschafterschutz, nicht dem Gläubigerschutz dient[63]), kann sie stets entfallen.

V. Resümee

Die behandelten Probleme der Realteilung einer GmbH & Co KG verdunkeln das düstere Bild noch weiter, das die bereits vorgetragenen Einwände gegen die Analogie zu § 82 GmbHG gezeichnet haben. Diese Einwände, vor allem der ausreichende Gläubigerschutz durch die §§ 171, 172 UGB und das dadurch bedingte Fehlen einer Gesetzeslücke[64]), der unzulässige Schluss von einzelnen Gleichstellungsnormen auf ein allgemeines Prinzip der Gleichstellung der GmbH & Co KG mit einer Kapitalgesellschaft, sollen hier nicht wiederholt werden. Der Zusatzeinwand, den mein Beitrag verdeutlichen sollte, lautet: § 82 GmbHG ist keine isolierte Norm, die man analog anwenden kann wie eine Firmenbildungsvorschrift, den Rücktrittsausschluss nach dem alten Art 8 Nr 21 der 4. Einführungsverordnung oder andere „Einzelbestimmungen", wie ich sie pointiert nennen möchte. Vielmehr ist § 82 GmbHG Bestandteil eines mehrschichtigen Gläubigerschutzsystems, bestehend aus den säuberlich zu trennenden Ebenen

---

[62]) Vgl ErläutRV des GesRÄG 2011 – 1252 BlgNR 24. GP 18 f.

[63]) *Hügel*, Umgründungsbilanzen Rz 2.16; *Strimitzer* in *Helbich/Wiesner/Bruckner*, Handbuch der Umgründungen, Band C, Q3 Rz 29.

[64]) Vgl die Kritik der OGH-Entscheidung vom 29. 5. 2008 bei *Kalss/Eckert/Schörghofer*, GesRZ 2009, 76 ff, die Antikritik bei *Harrer*, wbl 2009, 332 f sowie die Beiträge in diesem Tagungsband.

der Vermögensbindung und des Kapitalschutzes, Letzterer bestehend aus Kapitalaufbringung und Kapitalerhaltung. Eines Systems, zu welchem nicht nur die bei der heutigen Tagung behandelten Teilbereiche der Kapitalaufbringung und Kapitalherabsetzung gehören, sondern vielmehr auch das weite Feld des Jahresabschlusses und der Gewinnverteilung. Müssen GmbH & Co KG künftig gebundene Kapitalrücklagen, vielleicht auch eine gesetzliche Rücklage bilden?[65]) Kommen die Ausschüttungssperren des § 235 UGB zur Anwendung? Vermögensbindung und Kapitalschutz sind schließlich – wie Sachdividende und Realteilung zeigen – untrennbar mit dem SpaltG verknüpft: § 3 und § 15 SpaltG sind teleologisch begründete Folgen der § 52 AktG und § 82 GmbHG.

§ 82 GmbHG lässt sich nicht isoliert auf die GmbH & Co KG übertragen. Es kann keine „halbe" Kapitalgesellschaft geben. Die Umwandlung der GmbH & Co KG in eine „ganze" Kapitalgesellschaft aber wäre ein Großprojekt, das aus methodologischen und verfassungsrechtlichen Gründen nur der Gesetzgeber in Angriff nehmen könnte[66]). Er sollte das nicht tun[67]), vielmehr sollte er der Aussage des OGH entgegentreten, so wie dies auch im Stiftungsrecht richtigerweise geschehen ist, sofern der OGH nicht selbst seine Judikatur revidiert.

VI. Ergebnisse

Wird mit der OGH-Entscheidung vom 29. 5. 2008[68]) die analoge Anwendung des § 82 GmbHG auf GmbH & Co KGs zugrunde gelegt, hat dies folgende Konsequenzen für die Realteilung einer GmbH & Co KG:

1. Die Übertragung von Vermögensgegenständen einer GmbH & Co KG durch Realteilung ist als verbotene Einlagenrückgewähr unzulässig und nichtig.

---

[65]) Dafür *C. Nowotny*, RdW 2009, 329 – mit Bezug auf § 23 GmbHG und § 130 AktG idF vor dem AktRÄG 2009, das die Rücklagenbindung in § 229 Abs 2–7 UGB verankert hat (die Anpassung des § 23 GmbHG wurde vom Gesetzgeber übersehen). Auf Basis dieser neuen gesetzessystematischen Stellung beziehen sich diese Regelungen gem § 221 Abs 5 UGB nunmehr tatsächlich auf unternehmerisch tätige GmbH & Co KGs. Ob die Herstellung dieser Verweisungsbeziehung aus Anlass der Transferierung der Bindungsvorschriften aus § 130 AktG in § 229 UGB, deren Hauptzweck offenkundig doch wohl darin bestand, im Zweiten Unterabschnitt des Vierten Abschnitts des AktG für das neue HV-Recht „Platz zu schaffen", der Sinn der Einbeziehung der GmbH & Co KG in die Rücklagenbindungsvorschrift beizulegen ist, erscheint indessen zweifelhaft. Gegen die Anwendung der Rücklagenbindung auf GmbH & Co KGs: *Hübner-Schwarzinger/Konezny* in *Hirschler*, Bilanzrecht § 229 UGB Rz 38; *C. Nowotny* in GedS Arnold (2011) 107 mit Nachweisen zum Streitstand in FN 31. Nunmehr stellt sich die Frage, ob nicht bereits § 130 AktG, § 23 GmbHG aF analog anzuwenden waren.

[66]) So iE auch *C. Nowotny*, RdW 2009, 331

[67]) Zutreffend *Kalss/Eckert/Schörghofer*, GesRZ: „Aus rechtspolitischer Sicht ist die Erstreckung der kapitalgesellschaftsrechtlichen Kapitalerhaltungsgrundsätze auf die GmbH & Co KG im engeren Sinn möglicherweise diskussionswürdig (wenngleich im Ergebnis wohl nicht besonders sinnvoll)."

[68]) Die analoge Anwendung des § 82 Abs 1 GmbHG auf die GmbH & Co KG ist mE abzulehnen. Dazu im Text unter Punkt II.

2. Zulässig wäre die Vornahme der Realteilung als Sachdividende. Bei der GmbH muss allerdings der Verkehrswert der auszuschüttenden Vermögensgegenstände im Bilanzgewinn Deckung finden. Sollte entsprechend der These *Rüfflers* das Kapitalkonto der GmbH & Co KG für Ausschüttungen zur Verfügung stehen, begrenzt das Kapitalkonto das Realteilungsvolumen. Unter Berücksichtigung der üblichen Eigenkapitalausstattungen sowie des üblicherweise hohen Werts abzuteilender Betriebe, Teilbetriebe und Beteiligungen im Verhältnis zum Gesamtwert des Gesellschaftsvermögens werden Realteilungen häufig nicht im ungebundenen Kapital einer GmbH & Co KG Deckung finden.

3. Abhilfe könnte die analoge Anwendung des SpaltG auf die Realteilung von GmbH & Co KGs bringen. Hier stellen sich aber Anwendungsprobleme, insb im Zusammenhang mit dem Summengrundsatz, der Durchführung einer Restvermögensprüfung, der Eintragung einer Realteilung im Firmenbuch und der Solidarhaftung nach § 15 SpaltG, die zu erheblicher Rechtsunsicherheit führen.

4. Wird eine Realteilung faktisch unter den Gläubigerschutzkautelen des SpaltG durchgeführt, kommt eine Schadenersatzhaftung der beteiligten Organe und Berater oder eine Amtshaftung aufgrund der Tätigkeit des Firmenbuchrichters mangels Verschuldens nicht in Betracht.

5. Das Verbot der Einlagenrückgewähr (§ 82 GmbHG) ist keine isolierte Norm, die allein analog auf eine GmbH & Co KG angewendet werden könnte, sondern Bestandteil eines mehrschichtigen Gläubigerschutzsystems, zu welchem insb Vermögensbindung und Kapitalschutz, Jahresabschluss und Gewinnverteilung sowie die §§ 3 und 15 SpaltG gehören. Die Übertragung dieses Gläubigerschutzsystems auf die GmbH & Co KG fällt nicht in die Rechtsfortbildungs-Kompetenz der Gerichte, sondern wäre dem Gesetzgeber vorbehalten.

6. Rechtspolitisch ist die „Umwandlung" der GmbH & Co KG in eine Kapitalgesellschaft abzulehnen.

Martin Trenker

Bericht über die Diskussion

1.) Der Diskussionsleiter *Ulrich Torggler* schlug als ersten Schwerpunkt für die nachfolgende Debatte die Klärung der Frage vor, wonach sich das gebundene Kapital einer GmbH & Co KG richtet. Die vorangegangenen Vorträge hatten hierfür einerseits die Haftsummen der Kommanditisten und andererseits die Pflichteinlagen angeboten. Die erste Lösung laufe aber in den Fällen, in denen die Haftsumme die Pflichteinlage übersteigt, auf eine problematische Nachschusspflicht der Gesellschafter hinaus. Bei Heranziehung der Pflichteinlage stelle sich die Frage nach der Sinnhaftigkeit einer Kapitalerhaltungspflicht ohne korrelierende Pflicht zur Kapitalaufbringung einer veröffentlichten, ziffernmäßig bestimmten Summe. Nur darauf könne sich schließlich das Vertrauen des Rechtsverkehrs stützen. Denkbar wäre es deshalb, im Wege einer weiteren Analogie die Eintragung der Pflichteinlagen ins Firmenbuch vorzuschreiben.

Zum umgekehrten Fall einer Pflichteinlage, die die Haftsumme übersteigt, äußert *Thomas Wenger* die „Befürchtung", dass jeglicher Vermögenswert, der in die KG eingebracht wurde, vom Rückzahlungsverbot umfasst sei. Die Ansicht, dass ein über die Haftsumme hinausgehender Teil der Pflichteinlage in eine ungebundene Rücklage eingestellt werden könne, sei zu bezweifeln. Denn diese Lösung werde dem umfassenden Vermögensschutz nicht gerecht, der in der OGH-Entscheidung postuliert wurde. Die von *Eveline Artmann* befürwortete analoge Anwendung von § 6a GmbHG auf die Leistung von Sacheinlagen sei ebenfalls zu hinterfragen, zumal gar kein Mindestkapital aufgebracht werden müsse. Außerdem ziele die genannte Bestimmung wertungsmäßig auf die Aufbringung eines Mindeststammkapitals in Höhe von € 35.000,– ab. Ergänzend merkte *Peter Konwitschka* an, dass die analoge Anwendung der Sachgründungsvorschriften in der Praxis zu vermehrten verdeckten Sacheinlagen führen könnte.

Manfred Umlauft befürwortete hingegen, auf die Haftsumme als den vom Vertrauensschutz des Rechtsverkehrs erfassten Betrag abzustellen. Auch das angesprochene Problem einer Haftsumme, welche die Pflichteinlage übersteigt, sei angesichts der GmbH-rechtlichen Parallele bei nicht zur Gänze geleisteten Stammeinlagen kein zwingendes Argument gegen diese Lösung. *Ulrich Torggler* replizierte, dass sich Kommanditisten nicht zur Aufbringung der Haftsumme verpflichten und deshalb die Haftsummen nicht mit der Stammeinlage einer GmbH vergleichbar seien.

Der Kritik, dass die Anwendung von Sachgründungsvorschriften ohne ein bestimmtes Mindestkapital nicht konsequent sei, wurde von *Eveline Artmann* entgegnet, dass es auch bei einer GmbH oberhalb einer bestimmten Mindestschwelle die Entscheidung der Gesellschafter sei, wie viel Vermögen sie in die Gesellschaft einbringen. Aus dem fehlenden Mindeststammkapital folge daher nicht zwingend die Unanwendbarkeit der Sachgründungsvorschriften. Für die Höhe des gebundenen Vermögens sei auf die Pflichteinlagen abzustellen. Davon müsse man strikt die der Außenhaftung unterliegenden Haftsummen unterscheiden. Die GmbH & Co KG sei somit eine „Quasi-Kapitalgesellschaft", bei der zusätzlich ein Teil der Gesellschafter gegenüber den Gesellschaftsgläubigern hafte.

Peter Konwitschka führte zu diesem Themenkomplex ins Treffen, dass die Vereinbarung eines Agios im GmbH-Recht nicht der Kapitalaufbringungskontrolle unterliege. Die Heranziehung einer höheren Pflichteinlage als relevanten Betrag für die Kapitalaufbringungsvorschriften im Recht der GmbH & Co KG führe somit zu einem Wertungswiderspruch zum GmbH-Recht. Es zeige sich folglich, dass es für Kapitalaufbringungspflichten ohne vorgeschriebenes Mindestkapital keine Grundlage gebe. In diesem Zusammenhang wurde insb von *Sebastian Bergmann* darauf hingewiesen, dass seit dem AktRÄG 2009 gem § 221 Abs 5 iVm § 229 Abs 2 Z 1 und Abs 4 UGB ein Agio auch bei einer großen „Kapitalgesellschaft & Co KG" als gebundene Rücklage auszuweisen sei. Diese Auslegung wurde kontrovers diskutiert und schließlich von *Ulrich Torggler* als Folgefrage des am Vormittag erörterten Grundsatzproblems eingeordnet, also der Berechtigung der Rechtsfortbildung durch den OGH.

Eveline Artmann ergänzte schließlich, dass man sich angesichts der möglichen Umgehung der Sacheinlagevorschriften durch Festlegung einer sehr niedrigen Pflichteinlage und der Ergänzung durch ein entsprechend hohes Agio überlegen müsse, ob nicht auch für die GmbH & Co KG ein Mindeststammkapital erforderlich sei. Zum Argument der mangelnden Publizität der Pflichteinlage verwies sie darauf, dass deren Höhe immerhin aus den Jahresabschlüssen ersichtlich sei.

2.) Als zweiter Aspekt wurde die von *Hanns Hügel* vertretene Auffassung diskutiert, dass bei einer Sachausschüttung (Sachdividende) nicht die Buchwerte der ausgekehrten Gegenstände, sondern ihr Verkehrswert maßgeblich sei. Insb sei die Frage interessant, ob dies auch für eine Einpersonengesellschaft oder bei Zustimmung aller anderen Gesellschafter gelte. *Hanns Hügel* führte hierzu aus, dass es sich primär um ein Problem des Gläubigerschutzes und nicht der Gesellschaftergleichbehandlung handle, auch wenn asymetrische Gewinnausschüttungen unter dem zuletzt genannten Gesichtspunkt problematisch sein könnten. § 82 GmbHG und § 52 AktG hätten nämlich auch den Zweck, nur die offene Ausschüttung realisierter Gewinne zuzulassen; die verdeckte Verteilung stiller Reserven sei unzulässig. *Friedrich Rüffler* wandte dagegen ein, dass es aus Gläubigerschutzgründen keinen Unterschied mache, ob ein Grundstück als Gewinnausschüttung (Sachdividende) ausgekehrt oder dieses eine „juristische Sekunde" zuvor verkauft und der daraus resultierende Erlös an den Gesellschafter ausgeschüttet wird. Darauf erwiderte *Hanns Hügel*, dass auch in diesem Beispiel eine Unterscheidung gerechtfertigt sei, weil es beim Verkauf einer Liegenschaft zu einer Realisation des marktgerechten Preises komme und andernfalls der Gesellschaft ein betragsmäßig nicht offengelegter Wert entzogen wird.

3.) Das dritte, besonders kontrovers diskutierte Problem betraf die von *Friedrich Rüffler* angesprochenen Vertragsklauseln, die für ausscheidende Kommanditisten eine Abfindung aus dem Gesellschaftsvermögen vorsehen. Derartige

Vereinbarungen müssten in vielen Fällen wegen Verstoßes gegen § 82 GmbHG *(per analogiam)* nichtig sein. Insb wurde der Vorschlag des Referenten diskutiert, solche Klauseln im Wege der ergänzenden Vertragsauslegung in eine Abfindungsverpflichtung der Mitgesellschafter umzudeuten.

Manfred Umlauft sah eine Parallele dieser Situation zum GmbH-Recht, in dem nach der gesetzlichen Konzeption eine Gesellschafterkündigung nicht möglich ist. Als Ausgleich hierfür habe der Gesetzgeber in § 77 GmbHG Erleichterungen für die Veräußerung vinkulierter Anteile vorgesehen. Da angesichts der nichtigen Abfindungsklausel auch in der GmbH & Co KG eine Kündigung des Kommanditisten *de facto* nicht möglich sei, sei der Inhalt von § 77 GmbHG im Wege der ergänzenden Vertragsauslegung heranzuziehen. Der Gesellschafter könne sich daher um die gerichtliche Zustimmung zur Veräußerung des Anteils bemühen; die übrigen Gesellschaftern hätten aber daraufhin die Möglichkeit, die Übernahme des Anteils durch einen von ihnen bezeichneten Erwerber zu bewirken. So werde gewährleistet, dass es zu keiner (zwangsweisen) finanziellen Belastung der übrigen Gesellschafter komme und ihnen auch kein beliebiger Dritter als Mitgesellschafter aufgedrängt werden könne. Dem stimmte *Friedrich Rüffler* zwar grundsätzlich zu, wies aber gleichzeitig darauf hin, dass das Verfahren nach § 77 GmbHG stets einen Kaufinteressenten voraussetze. Praktisch sei ein Käufer aber oftmals kaum zu finden.

Eine Verpflichtung der übrigen Gesellschafter zur Leistung der Abfindung wurde auch von *Thomas Wenger* abgelehnt. Vielmehr sei das Kündigungsrecht zwingend vorgesehen, weshalb es mangels Einigung über die Abfindung zur Liquidation der Gesellschaft kommen müsse. *Friedrich Rüffler* meinte hierzu, dass das Recht zur Kündigung gesellschaftsvertraglich in aller Regel als Austrittkündigung festgelegt ist. Wenn man die gesamte Austrittsklausel und die damit verbundene Abfindung als nichtig qualifizierte, hätte der ausscheidende Gesellschafter die Möglichkeit, die Auflösung zu erzwingen. Das wäre aufgrund des damit verbundenen Erpressungspotentials aber ein noch schwerer wiegender Eingriff in die Rechte der Mitgesellschafter als die Verpflichtung, den ausscheidenden Gesellschafter abzufinden. Denn immerhin wachse ihnen im Gegenzug dessen Gesellschaftsanteil zu. Zuzugeben sei, dass sich in der Praxis erhebliche Liquiditätsprobleme ergeben könnten.

Hanns Hügel wies darauf hin, dass eine Abfindung des Gesellschafters unter Einhaltung der Kapitalherabsetzungsvorschriften möglich sein müsse. Hierzu könne man die übrigen Gesellschafter sogar klagsweise verpflichten. Auch *Peter Konwitschka* hielt die ergänzende Vertragsauslegung für den im Ansatz richtigen Lösungsweg. Allerdings laufe der hypothetische Parteiwille in aller Regel auf ein möglichst kosteneffizientes und steuerschonendes Vorgehen hinaus. In diesem Sinne müsse versucht werden, die Abfindung durch eine Kapitalherabsetzung, die Auflösung stiller Reserven oder durch Umgründungsmaßnahmen aufzubringen. Eine Umdeutung der nichtigen Klausel in eine Verpflichtung der Mitgesellschafter zur Abfindungsleistung sei höchstens als *ultima ratio* denkbar.

Abschließend dankte *Ulrich Torggler* im Namen der Gesellschaftsrechtlichen Vereinigung Österreichs allen Referenten, Teilnehmern, den Mitarbeitern seines Lehrstuhls sowie allen Unterstützern der Veranstalterin.